QIYE XINXIHUA
SHIZHAN GONGLUE

企业信息化实战攻略

丁 宁　袁铭敏 ◎主编

化学工业出版社

·北京·

内容简介

《企业信息化实战攻略》围绕企业信息化建设展开，全面阐述相关理论、技术与实践方法。

从内容结构上看，本书涵盖了信息化基础架构构建、信息化管理、信息化项目全过程管理、信息系统项目管理、信息配置管理、信息安全体系、信息系统运行维护等内容，信息系统项目管理是相对重要且核心的内容，本书也用了较大篇幅较全面地阐述了项目管理的各个过程组和九大知识领域。

本书内容丰富实用，为企业信息化从业者提供了系统的知识体系和实践指导，有助于推动企业信息化建设，提升企业竞争力。

图书在版编目（CIP）数据

企业信息化实战攻略 / 丁宁，袁铭敏主编 . -- 北京 ：化学工业出版社，2025. 6. -- ISBN 978-7-122-47903-7

Ⅰ. F272.7-39

中国国家版本馆 CIP 数据核字第 2025G9A283 号

责任编辑：廉　静　　　　　　　文字编辑：樊贵丹
责任校对：赵懿桐　　　　　　　装帧设计：王晓宇

出版发行：化学工业出版社
　　　　　（北京市东城区青年湖南街 13 号　邮政编码 100011）
印　　装：大厂回族自治县聚鑫印刷有限责任公司
710mm×1000mm　1/16　印张 16¾　字数 279 千字
2025 年 7 月北京第 1 版第 1 次印刷

购书咨询：010-64518888　　　　售后服务：010-64518899
网　　址：http://www.cip.com.cn
凡购买本书，如有缺损质量问题，本社销售中心负责调换。

定　　价：88.00 元　　　　　　　　　　版权所有　违者必究

《企业信息化实战攻略》
编委会名单

主编：

丁　宁　　袁铭敏

副主编：

李　乾　　朱锦山　　王梓丞　　李　欣

编写人员：

陆翔宇	姚　鹏	邹和平	易　欣
史鹏博	张　缘	刘月骁	李铭凯
杨广华	李　娜	姜　君	魏川凯
张博儒	王飞明	李　蕊	吴小林
李秀芳	刘士峰	李雪城	贾　佳
曾纬和	丁妍婧	王　芳	沈　静
李　佳	蔡宏伟	刘杨晨	孙致远
刘　萱	纪　成	王　林	唐　竹
吕　峥	胡一洋	张　蓓	邹战明
张继伟			

写在前面的话

之所以写这本书，旨在把作者本人多年从业信息化专业及信息化相关专业的经验与广大读者分享，尽可能全面地涵盖企业信息化过程中的各个领域。然而在写作过程中发现，大部分经验是无法脱离基础概念理论存在的，单纯地、孤立地分享经验谈感想，是很难与广大读者引起共鸣的，同时对于刚刚从业信息化的读者也很难从中获取有用的知识和技术。因此，本书在写作过程中更多地罗列了企业信息化的理论、工具和技术，以及开展信息化工作的一些基本思路，希望对广大读者有所帮助。

从内容结构上看，本书涵盖了信息化基础架构构建、信息化管理、信息化项目全过程管理、信息系统项目管理、信息配置管理、信息安全体系、信息系统运行维护等内容，笔者认为信息系统项目管理是相对重要且核心的内容，本书用了较大篇幅较全面地阐述了项目管理的各个过程组和九大知识领域，受限于篇幅，暂未阐明各个知识领域的关系和在实际工作中的举例。

为了让广大读者更好地理解，作者在部分章节中设置了一些思考题，这些思考题本来是没有正确答案的，读者们可根据自己的角度以及对信息化的理解去思考，不过是抛砖引玉罢了。

由于本文作者水平、时间、精力有限，本书难免出现偏差疏漏，在此还请广大读者谅解并批评、指正！

前言
Preface

在当今互联网＋浪潮奔涌不息的时代背景下，企业信息化建设宛如构筑一座宏伟且精密的大厦，每一个环节都需匠心独运、精雕细琢，而事先开展整体规划工作，则无疑是筑牢这座大厦根基的首要之举。

一份科学且详尽的整体规划，恰似精准的导航图，引领企业信息化建设之舟避开暗礁、破浪前行，确保各项工作有的放矢，具备鲜明的侧重性。它并非泛泛而谈、平均用力，而是基于企业自身独特的业务流程、运营模式以及长远发展战略，深度剖析核心业务环节对信息化的迫切需求，将资源聚焦于能切实提升企业竞争力、创造显著价值的关键领域。比如，对于一家以产品研发为主导的科技企业，会优先强化研发流程管理系统的信息化建设，从创意构思、项目立项到产品测试、成果交付，借助信息化手段实现全程无缝对接、高效协同，加速创新成果转化；而对于一家主打零售的企业，则侧重客户关系管理与供应链信息化优化，深挖消费数据，精准把握市场脉搏，同步提升物流配送时效与库存周转率。

与此同时，完善基础资料库与数据库建设，如同为大厦夯实底层基石、铸就坚固承重框架。基础资料库收纳企业运营历程中沉淀的海量原始数据，从客户基本信息、交易明细到产品规格参数、员工档案资料等，皆是企业弥足珍贵的"数字资产"。数据库则依托先进的数据架构与管理技术，对这些繁杂数据进行分类存储、有序整合、高效调用，确保数据安全性、完整性与及时性，让数据真正成为驱动企业决策的"智慧大脑"。

制定契合企业实情的信息化建设培训工作体系，更是为大厦添砖加瓦的关键工序。这一体系犹如知识传递的纽带，面向企业不同层级、不同岗位人员开展分层次、针对性培训。对于高层管理者，着重培养数字化战略思维，使其能精准洞察信息化趋势，掌舵企业转型方向；中层骨干则聚焦系统操作技能与业务流程数字化再造，实现管理效能跃升；基层员工通过基础操作培训，熟练掌握各类办公软件、业务系统，融入信息化工作节奏。培训形式丰富多元，线上课程灵活便捷供随时研习，线下实操演练、模拟场景复盘助力深度掌握，更有师徒结对、小组竞赛激发全员学习热情，确保信息化知识与技能在企业内部生根发芽、遍地开花。

此外，合理剖析当前信息化软硬件行业发展状况，是企业紧跟时代步伐、甄选优质信息化"装备"的必备功课。信息技术迭代瞬息万变，软硬件推陈出新，企业需组建专业调研团队，密切关注前沿动态，深度测评各类产品性价比、适配性、稳定性与扩展性。从高性能服务器、智能办公软件到自动化生产控制系统、大数据分析平台，在琳琅满目的选型中精准抉择，既契合当下建设需求，又预留未来升级空间，避免陷入技术"死胡同"与资源"无底洞"。

尤为值得一提的是，引入信息化咨询服务体系，如同为企业信息化建设请来"智囊团"与"护航舰队"。这些专业咨询机构凭借深厚行业经验、多元跨领域专家资源与海量项目实践沉淀，为企业提供全程陪伴式服务。从规划伊始的战略诊断、蓝图绘制，到建设途中的难题攻克、风险预警，乃至建成后的效果评估、持续优化，事无巨细、悉心指导，查缺补漏、保驾护航，助力企业信息化建设行稳致远。

企业信息化建设工作恰似一幅宏大拼图，涵盖战略、技术、人员、管理等诸多板块，内容繁杂、环环相扣。在此过程中，企业上下唯有凝心聚力，形成全员信息化管理意识，从董事会会议室到车间一线、从市场营销前沿到后勤保障角落，让信息化理念深入人心，化作日常工作自觉行动，方能驱动企业内部全方位数字化、信息化转型，重塑业务流程、优化组织架构、打破信息壁垒，实现工作管理质效飞跃，在互联网＋时代浪潮中踏浪前行、傲立潮头。

编者
2025 年 2 月

目录
Contents

1

**信息化基础架构
构建**

001 ————

2

信息化管理

037 ————

3

**信息化项目
全过程管理**

065

4

**信息系统
项目管理**

5

信息配置管理

199 ————

6

信息安全体系

215 —————

7

**信息系统
运行维护**

243

参考文献

250

1

信息化基础架构构建

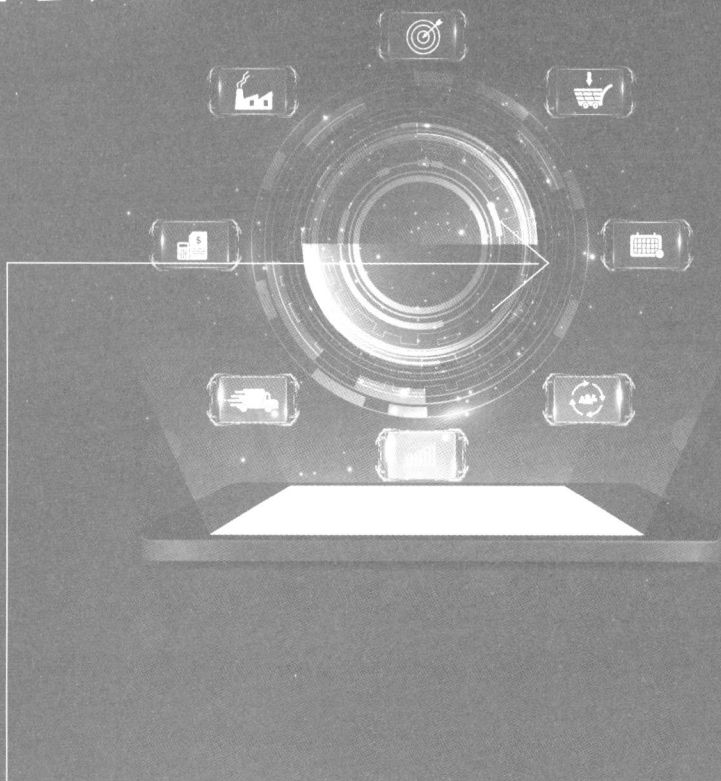

1.1 信息化的目的和意义

笔者认为，企业信息化的主要目的是将知识存储、转化，为进一步的加工处理提供条件。一个没有信息化的企业在实际工作中会生成大量的文档，即纸质材料，包括各类文件、书籍、印刷品、笔记记录等，这些载体承载的信息，或者说是知识依靠传统的生成、保存、处理加工手段，只能采用手写的方法，在不断修改完善后，交由文印室印刷，使用过后，孤立地存放于文件柜、档案柜等位置，甚至还可能杂乱无章地丢在某个角落里。当使用时，除了那些按一定规则存放的材料，其余材料均不可能很快找到，给工作带来了麻烦。当我们需要将一个知识信息传达给多个人时，就需要将同一份文件复制（复印），送达到每个人的手中，如果需要反馈、标记、记录，每个人也只能在自己文件中填写相应的内容。最后这些文件很难被有效整合，造成了企业知识分散，难以整合的局面。同时，如果需要加工这些知识，通常需要反复抄写，工作量极大，工作效率极低。如果想引入外部的技术手段加工企业内部的知识，那么先要将这些纸质资料所承载的信息录入，才能进行后续工作。若真的是上述情况所述，这个企业的运转效率一定极低，所能完成的工作也会非常有限，同时失去了进一步发展提升的空间，属于一个没有希望和未来的企业。所以，当今的企业都必须信息化，只有这样才能保证企业的正常运转，同时为企业带来更好的提升发展空间。综上所述，企业信息化的目的就不言而喻了。

一是为企业完成知识存储、处理、加工、转移提供解决方案。通过信息化手段，扭转手工操作，使企业的各种知识以数据的形式存储在计算机中。这样可以大大提高检索、处理、加工的工作效率，同时还可以对知识进行企业内外部的传递。

二是提升信息交互传递的效率。当企业知识信息化成为数据之后，便可以通过各种方式，如数据库（包括信息系统、OA等）、电子邮件、文件传输（FTP）、搜索引擎等，高效快速地检索信息。

三是为企业接受更先进的技术打下基础。当前，"大云物移智链"技术"满天飞"，如果想涉足利用这些高新技术，首先要做的就是完成企业的信息化，甚至可以说，完成企业信息化才是企业进一步应用高新技术这架"穿梭机"的门票。

一个企业只有完成了信息化建设，才满足发展的基本需求，顺应当今社会企业进步的潮流，换句话说，只有信息化的企业才能步入现代企业行列，由此可见，信息化对于一个企业来说是十分必要和重要的。社会发展到今日，企业无论规模大小、所从事的工作领域如何，都或多或少地实现了信息化，只是有的企业信息化程度高一些，有的企业信息化程度低一些，有些企业可以将"大云物移智链"等高新技术应用到自己的实际工作中，指导引领企业不断发展进步，有些企业可能只应用了简单的计算机及网络，这些都与企业实际需求有关，但不可否认的是他们都已信息化，或是说，正在信息化的道路上。

企业信息化的意义主要包括以下几个方面：

一是企业信息化能够提升企业管理水平。通过企业信息化，不仅能够完成知识存储、处理、加工、转移，而且可以固化企业的工作流程，通过企业知识数据化操作，更好地分析已经发生的业务情景，预测即将发生的业务走向，使企业各项工作、各项决策均做到有理、有据、有节，将业务形成闭环，不仅对企业内部进行管理，还能够对与企业相关的链条，比如供应链进行管控，为企业员工提供标准化的管理工具，同时为企业管理者提供合理的决策支持。

二是企业信息化能够传承企业主要文化。企业信息化特别是信息系统的应用，能够真实客观地记录企业的发展印记，通过对这些知识信息的提炼、总结，可以更好地形成符合企业发展特点的企业文化，并在未来的工作中将这种文化、作风渗透至每个环节，使企业每名员工都不断接触、学习这种文化，为企业的发展传承带来积极的效果。

三是企业信息化可以为企业大幅度节约成本。企业信息化会提高工作效率，并且由于信息化工作会把实际工作固化，同时往往与自动化手段相结合，因此对于企业来说，只需要一次性投入即可以获取相对"永久"的便利，将人员从繁杂的重复性工作中解放出来，大幅度节约了人工成本。由于主要知识数据化，也最大程度节约了知识存储处理成本。

四是企业信息化为企业可持续发展提供动力源泉。企业要想持续发展，应用高新技术解决实际问题是不可或缺的一环，将企业所有知识数据化，既可形成一个"聚宝盆"，后续可以针对某个业务环节，建立分析、处理的主题，对数据进行挖掘处理，又可以将数据与外部数据对接，不仅为与外部建立接口提供条件，而且为应用"大数据""区块链"等高新技术打下基础。企业信息化的浪潮不可阻挡且其自身有着不可比拟的优势。企业不断提高自身的信息化程度，可以优化企业资源管理，极大地增强企业自身的竞争力，帮助企业发展走向新高度。

根据不同企业的规模和实际业务需求，我们实施信息化的意义和目的是什么？

1.2　信息化基础理论

前文所述，企业信息化的目的是为企业完成知识存储、处理、加工、转移提供解决方案，提升企业工作效率，为企业可持续发展打下基础。具体一些指的是将企业生产、经营、管理等各个方面都进行数字化，让本身通过纸质文字传递的信息以数字媒体网络的形式进行传播，辅之以计算机软件，加工利用形成新的信息资源，最大限度地为人们提供便利。

信息化是以电子计算机为基本载体，为人类生产活动提供智能化工具的生产过程，或是工作过程。企业信息化，就是指企业应用计算机提高主营业务的智能化程度的工作过程。企业信息化包括现代通信、网络技术与数据库技术等技术应用。实现企业信息化过程中涉及如下内容：

1.2.1　定义与内涵

信息资源管理（IRM）是对包括信息、信息技术、信息设备和信息人员等在内的信息资源的综合管理。它强调信息是一种有价值的资源，如同人力、物力、财力资源一样，需要进行合理的规划、组织、开发、利用和控制。

例如，企业中的客户数据、产品设计图纸、生产工艺文件等都是信息资源。企业需要对这些资源进行分类存储，建立数据库，以便在需要时能够快速检索和利用。

1.2.2　信息生命周期管理

信息和其他资源一样，也有其生命周期，包括信息的产生、采集、组织、存储、检索、传输、利用和销毁等阶段。在不同阶段，需要采取不同的管理策略。

以产品研发信息为例，在产生阶段，研发部门的工程师们通过实验和设计产生新的产品概念和技术参数，这是信息的产生过程。然后通过数据采集设备和人工记录等方式进行采集，再按照一定的标准（如产品型号、研发阶段等）进行组织和存储。当需要参考这些信息来改进产品或进行生产时，就进行检索和利用，一旦产品被淘汰，相关过时的信息可能会根据企业规定进行销毁。

1.2.3　企业流程再造理论（BPR）

（1）企业流程再造的定义

企业流程再造是对企业的业务流程进行根本性的再思考和彻底性的再设计，从而获得在成本、质量、服务和速度等方面业绩的戏剧性改善。它强调以业务流程为改造对象和中心，以关心客户的需求和满意度为目标。

例如，传统的采购流程可能涉及多个部门的审批，环节烦琐，效率低下。通过企业流程再造，企业可以利用信息化系统，建立一个集成的采购平台，采购人员在平台上提交申请，系统自动根据预设的规则进行审批，大大缩短采购周期。

（2）原则与方法

原则包括以流程为中心、坚持以人为本的团队式管理、顾客导向等。方法主要包括对现有流程进行全面的分析和诊断，找出存在的问题和瓶颈，然后重新设计流程，利用信息技术来支撑新流程的运行。

比如在客户服务流程再造中，企业可以通过分析客户投诉渠道和处理流程，发现客户等待时间过长的问题。于是，企业可以引入客户关系管理（CRM）软件，建立一个集中的客户投诉处理平台，客户的投诉信息直接进入平台，由专门的客服团队及时处理，处理进度和结果可以实时反馈给客户。

1.2.4　系统论在企业信息化中的应用

（1）系统观点下的企业信息化

企业是一个复杂的系统，企业信息化也是一个系统工程。它包括硬件系统（如计算机、服务器、网络设备等）、软件系统（如企业资源规划 ERP 软件、办公自动化 OA 软件等）、人员系统（包括信息系统管理人员、普通员工等）以及数据系统（如企业的各种业务数据、财务数据等）。

例如，在制造企业中，生产管理系统、库存管理系统、销售管理系统等多个软件系统相互关联。生产管理系统根据销售订单和库存情况安排生产计划，库存管理系统根据生产和销售情况更新库存数据，这些系统共同构成企业信息化系统。

（2）系统集成与协同

企业信息化系统需要各个子系统之间的集成和协同。通过系统集成，可以实现数据的共享和交换，避免信息孤岛的出现。协同则强调各个部门和系统之间的配合，以实现企业整体目标。

以企业的供应链管理信息化为例，采购系统、生产系统和销售系统需要集成在一起。采购系统根据生产计划及时采购原材料，生产系统根据销售订单安排生产，销售系统将产品销售情况反馈给生产系统和采购系统，从而实现整个供应链的协同运作。

1.2.5　信息技术采纳与扩散理论

（1）技术接受模型（TAM）

TAM主要用于解释和预测用户对信息技术的接受程度。它认为用户对信息技术的使用意图受到两个主要因素的影响，即感知有用性和感知易用性。感知有用性是指用户认为使用该技术能够提高其工作绩效的程度，感知易用性是指用户认为使用该技术的容易程度。

例如，企业引入一款新的项目管理软件，如果员工认为该软件能够帮助他们更好地安排工作任务，提高项目效率（感知有用性高），并且操作简单方便（感知易用性高），那么他们就更有可能接受和使用这款软件。

（2）创新扩散理论

创新扩散理论主要研究新的技术、观念等在社会系统中的传播过程。在企业信息化中，新的信息技术在企业内部的传播也符合这一理论，一般分为创新者、早期采用者、早期大众、晚期大众和落后者几个阶段。

比如企业引入新的大数据分析技术，刚开始可能只有少数技术爱好者（创新者）尝试使用，然后一些部门的领导（早期采用者）看到其潜在价值后也开始应用，接着越来越多的员工（早期大众和晚期大众）逐渐接受并使用该技术，最后可能只有少数保守的员工（落后者）才会在最后阶段采用。

1.3 信息化基础建设

1.3.1 信息化架构

企业信息化架构是指企业为实现其战略目标，整体规划设计所需信息系统的框架结构。企业信息化架构既包括技术架构，又包括业务架构，一个合理的、目的明确的信息化架构有助于提升企业运营生产效率，提升企业核心竞争力，因此企业信息化架构的制定，是企业信息化工作最重要的一环。

1.3.1.1 企业信息化架构的组成部分

企业信息化架构包括：业务架构、数据架构、技术架构、应用架构和安全架构。

➢ **业务架构**

包括基础业务流程、业务模型和业务目标。

基础业务流程：主要明确企业的核心业务流程，包括采购、生产、营销等各个环节。在企业信息化工作开展之初，必须先优化规范各项业务的流程。

业务模型：建立企业的业务模型，描述企业的业务结构、业务规则和业务关系。业务模型是信息化架构的基础，为信息系统的设计提供了指导。

业务目标：确定企业的业务目标，如提高销售额、降低成本、提高客户满意度等。业务目标是信息化架构的导向，信息系统的建设应围绕业务目标展开。

➢ **数据架构**

包括数据模型、数据库、数据维护等。

数据模型：设计企业的数据模型，包括概念数据模型、逻辑数据模型和物理数据模型。数据模型是数据架构的核心，为数据的存储、管理和分析提供了基础。

数据库：建立企业的数据库，整合企业内部和外部的数据资源，为企业的决策分析提供数据支持。

数据维护：制定企业的数据治理策略，包括数据标准、数据质量、数据安全等方面的管理。数据治理是保证数据质量和数据安全的重要手段。

➢ 应用架构

包括应用系统、系统集成、系统开发等。

应用系统：选择和设计适合企业业务需求的应用系统，如企业资源规划（ERP）、客户关系管理（CRM）、供应链管理（SCM）等。应用系统是信息化架构的重要组成部分，为企业的业务流程提供自动化支持。

系统集成：实现企业内部不同应用系统之间的集成，以及企业与外部合作伙伴之间的应用集成。应用集成是提高企业信息系统协同性和效率的关键。

系统开发：根据企业的业务需求，进行应用系统的开发和定制。应用开发应遵循企业的信息化架构规范，保证应用系统的质量和可维护性。

➢ 技术架构

包括硬件环境、软件环境和技术标准。

硬件环境：选择适合企业业务需求的硬件平台，包括服务器、存储设备、网络设备等。硬件平台是信息化架构的基础，为信息系统的运行提供物理支撑。

软件环境：选择适合企业业务需求的软件平台，包括操作系统、数据库管理系统、中间件等。软件平台是信息化架构的核心，为信息系统的开发和运行提供技术支持。

技术标准：制定企业的技术标准，包括编程语言、开发框架、数据库设计等方面的标准。技术标准是保证信息系统质量和可维护性的关键因素。

➢ 安全架构

安全架构同样是企业信息化架构的重要组成部分，它主要包括以下几个方面：

访问控制：借身份认证、授权等，限定对信息系统与数据的访问。像多因素身份认证，登录需用户名、密码及验证码，保障只有授权者能接触敏感信息。

数据加密：用加密算法保护敏感数据，传输时以 SSL/TLS 协议加密，避免数据遭窃取或篡改。

网络安全：部署防火墙、入侵检测系统等设备软件，划分安全区域，抵御网络攻击与恶意软件。

应用安全：开发部署应用时，经代码审查、漏洞扫描防范漏洞，合理配置权限，防止非法访问。

安全管理：构建安全制度流程，开展安全培训与审计，提升员工安全意识，保障安全措施落地，及时应对安全事件。

1.3.1.2　企业信息化架构的设计原则

➤ **战略导向原则**

信息化架构的设计应与企业的战略目标相一致，为企业的战略实现提供支持。

信息化架构应具有前瞻性，能够适应企业未来的业务发展和技术变革。

➤ **业务驱动原则**

信息化架构的设计应从企业的业务需求出发，以业务流程为导向，为业务流程的优化和创新提供支持。

信息化架构应具有灵活性，能够快速响应业务需求的变化。

➤ **数据为核心原则**

信息化架构的设计应以数据为核心，建立统一的数据模型和数据仓库，实现数据的集成和共享。

信息化架构应具有数据治理能力，保证数据的质量和安全。

➤ **技术创新原则**

信息化架构的设计应积极采用先进的信息技术，如云计算、大数据、人工智能等，提高企业的信息化水平和竞争力。

信息化架构应具有可扩展性和可维护性，能够适应技术的不断发展和变化。

1.3.1.3　企业信息化架构的实施步骤

实现企业信息化架构主要分为以下几个阶段：

➤ **规划阶段**

明确企业的战略目标和业务需求，制定信息化战略规划。

进行业务流程分析和优化，确定信息化架构的业务架构。

进行数据资源分析和规划，确定信息化架构的数据架构。

进行技术选型和评估，确定信息化架构的技术架构。

➤ **设计阶段**

根据规划阶段的结果，进行信息化架构的详细设计，包括业务架构、数据架构、应用架构和技术架构的设计。

制定信息化架构的实施计划和预算，明确实施的步骤和时间表。

> **实施阶段**

按照实施计划和预算，进行信息化架构的实施，包括硬件平台的搭建、软件平台的安装、应用系统的开发和集成等。

进行数据的迁移和整合，建立数据仓库和数据治理体系。

进行用户培训和系统测试，确保信息系统的质量和稳定性。

> **运维阶段**

建立信息化架构的运维管理体系，包括系统监控、故障处理、性能优化等方面的管理。

持续进行信息化架构的优化和改进，适应企业业务发展和技术变革的需求。

总之，企业信息化架构是企业信息化建设的重要基础，它能够为企业提供一个统一的、集成的、可扩展的信息系统框架，提高企业的运营效率、决策能力和竞争力。企业在进行信息化建设时，应重视信息化架构的规划和设计，确保信息化建设的顺利实施。

1.3.2　主要内容

企业信息化基础建设是一个复杂的系统工程，涵盖了多个重要的方面，以下是其主要内容：

1.3.2.1　硬件设施

计算机设备：这是企业信息化的基本工具，包括台式电脑、笔记本电脑、服务器等。台式电脑通常用于办公室的固定办公场景，为员工提供日常办公操作的平台，如文档处理、数据录入等。笔记本电脑则方便员工在外出差、移动办公等情况下使用。服务器是企业数据存储和处理的核心设备，像文件服务器用于集中存储企业的各种文件，数据库服务器则负责管理和运行企业的业务数据库。

网络设备：如路由器、交换机、防火墙等。路由器主要用于连接不同的网络，实现企业内部网络与外部网络（如互联网）的通信，它能够根据 IP 地址等信息将数据包转发到正确的目的地。交换机则用于连接企业内部的计算机等设备，构建企业局域网，使得这些设备之间能够高效地进行数据交换。防火墙是保障企业网络安全的重要设备，它能够监控和控制进出企业网络的网络流量，防止未经授权的外部访问，保护企业的敏感信息。

存储设备：包括磁盘阵列（RAID）、磁带库、网络附属存储（NAS）和存储区域网络（SAN）等。磁盘阵列通过将多个磁盘组合在一起，提高数据存储的性能和可靠性，例如可以实现数据的冗余存储，防止因单个磁盘故障导致数据丢失。磁带库主要用于数据备份，它能够存储大量的数据磁带，适用于对历史数据或冷数据（不经常访问的数据）的长期保存。NAS 设备通过网络连接为企业用户提供文件级的数据存储服务，多个用户可以方便地访问和共享存储在 NAS 中的文件。SAN 则是一种高速的专用存储网络，主要用于企业关键业务的数据存储和管理，提供块级别的数据存储服务，具有高带宽、低延迟的特点，适合对数据读写性能要求极高的应用场景，如大型数据库系统。

1.3.2.2 软件系统

操作系统：是计算机系统的基础软件，如 Windows Server、Linux 等。Windows Server 操作系统在企业中被广泛应用，它具有良好的用户界面和兼容性，适合运行各种企业级的应用程序，如邮件服务器、文件共享服务器等。Linux 操作系统则以其开源、安全和稳定的特性受到很多企业的青睐，特别是在一些对成本敏感且对系统安全性和稳定性要求较高的场景下，如网站服务器、云计算平台等。

数据库管理系统：像 Oracle、MySQL、SQL Server 等，用于存储和管理企业的各种数据。Oracle 数据库是一款功能强大、性能卓越的大型商业数据库管理系统，适用于处理海量数据和高并发的业务场景，如金融、电信等行业的核心业务系统。MySQL 是一种开源的关系型数据库管理系统，具有成本低、易用性好等特点，被广泛应用于中小企业的各种业务应用中，如网站后台数据库、小型企业资源规划（ERP）系统等。SQL Server 是微软推出的数据库管理系统，与 Windows Server 操作系统有良好的集成性，提供了丰富的企业级功能，如数据仓库、商业智能等功能，适合基于微软技术栈的企业应用开发。

办公自动化软件：如 Microsoft Office、WPS Office 等，可实现文档处理、电子表格制作、演示文稿制作等功能。Microsoft Office 是全球使用最广泛的办公软件套件，其中的 Word 用于文档编辑，能够方便地进行文字排版、文档审阅等操作；Excel 是强大的电子表格软件，可以进行复杂的数据计算、数据分析和图表制作；PowerPoint 则用于制作演示文稿，帮助企业员工进行高效的会议展示、项目汇报等。WPS Office 是国产办公软件的代表，它与 Microsoft Office 功能类似，并且在本地化服务、云存储等方面具有一定的优势，也受到很多企业用户的欢迎。

1.3.2.3　网络基础设施

企业局域网（LAN）建设：通过综合布线系统，将企业内部的计算机、服务器等设备连接起来，实现企业内部的数据通信和资源共享。综合布线系统需要考虑建筑物的结构、办公区域的分布等因素，合理规划布线线路，包括水平布线（连接各个办公室的信息插座和楼层配线间）和垂直布线（连接不同楼层配线间和设备间）。在局域网中，通常采用以太网技术，根据企业的规模和需求，可以选择百兆以太网、千兆以太网甚至万兆以太网，以满足不同的数据传输速度要求。

互联网接入：企业需要通过合适的方式接入互联网，如光纤宽带、专线接入等。光纤宽带接入具有带宽高、稳定性好的特点，适合中小企业的日常办公和互联网应用，如网页浏览、邮件收发、云服务访问等。专线接入则主要用于对网络连接质量和安全性要求极高的企业，如金融机构、大型企业的核心业务系统等。专线接入能够提供独立的网络通道，保证数据传输的速度、稳定性和安全性，并且可以根据企业的需求提供定制化的网络服务，如固定的 IP 地址、高优先级的数据传输等。

1.3.2.4　信息安全体系

安全策略制定：企业需要制定完善的信息安全策略，明确信息安全的目标、原则和范围。安全策略应该涵盖企业的所有信息资产，包括数据、软件、硬件等，并且要考虑到不同业务部门和用户角色的安全需求。例如，对于企业的核心财务数据，安全策略可能规定只有财务部门的特定授权人员才能访问和修改；对于企业的公共信息资源，如公司新闻、产品介绍等，则可以允许所有员工和外部客户在授权范围内访问。

安全技术应用：包括防病毒软件、入侵检测系统（IDS）、加密技术等。防病毒软件是企业信息安全的第一道防线，它能够实时监控计算机系统中的文件和程序，检测和清除病毒、木马等恶意软件。入侵检测系统则可以对企业网络和系统中的异常活动进行监测，如发现可疑的网络连接、非法的用户登录等行为，并及时发出警报。加密技术用于保护企业的敏感信息，如企业的商业机密、客户的隐私信息等，通过对数据进行加密处理，使得只有拥有正确密钥的授权人员才能解密和访问这些数据，在数据存储和传输过程中都可以采用加密技术，如在企业内部网络中对重要文件进行加密存储，在通过互联网传输敏感数据时采用加密通信协议。

1.3.2.5 数据管理与治理

数据标准制定：企业要建立统一的数据标准，包括数据格式、编码规则、数据字典等。例如，在企业的客户关系管理（CRM）系统和销售管理系统中，对于客户信息（如客户名称、联系方式、地址等）应该采用统一的数据格式，这样可以避免因数据格式不一致导致的数据混乱和错误。数据编码规则也非常重要，比如对于产品编码，应该按照一定的规则进行编制，使企业内部各个部门都能够准确地识别和使用产品信息。数据字典则是对企业所有数据元素的定义和解释的集合，它可以帮助企业员工更好地理解和使用数据。

数据备份与恢复策略：为了应对数据丢失或损坏的风险，企业需要制定数据备份与恢复策略。备份策略要考虑备份的周期、备份的方式（如完全备份、增量备份、差异备份等）和备份存储介质等因素。例如，对于企业的核心业务数据，可能需要每天进行一次完全备份，并且备份数据存储在异地的数据中心，以防止因本地灾难（如火灾、洪水等）导致备份数据也丢失。恢复策略则要明确在数据丢失或损坏的情况下，如何快速、准确地恢复数据，包括恢复的流程、恢复的时间目标（如在几个小时内恢复关键业务数据）等。

1.3.3 企业信息化建设之硬件系统

这里所提及的硬件系统暂不包括网络相关设备，因为网络设备地位等同于服务器等设备甚至更高，需单独论述，本节主要相对具体地论述计算机（主机、终端）、存储设备等系统的建设。

1.3.3.1 主机

通常意义上计算机分为主机和终端，其中主机（服务器）是指在网络环境中为其他设备（如终端）提供各种服务的计算机系统。它通常具有强大的计算能力、大容量的存储和高速的网络连接。主机运行服务器软件，能够处理多个用户或设备的请求，对资源进行集中管理和分配。从硬件角度看，主机一般配备高性能的处理器（如多核 CPU）、大容量内存（如数十 GB 到数 TB）和大量的存储设备（如磁盘阵列），以保证其能够同时处理多个复杂的任务。

应用举例

文件服务器：在企业内部网络中，文件服务器作为主机存储着企业的各种文件，包括文档、图像、视频等。员工可以通过网络连接到文件服务器，上传和下载文件，实现文件的共享和协作。例如，设计公司的设计师们可以将设计作品存储在文件服务器上，方便团队成员、客户以及其他部门的人员查看和审核。

数据库服务器：用于运行数据库管理系统（如 Oracle、MySQL、SQL Server 等），存储和管理企业的关键业务数据。像电商企业的数据库服务器，会存储海量的商品信息、订单信息、用户信息等。当用户在电商平台上下单时，网站服务器会向数据库服务器发送请求，执行查询商品库存、记录订单详情等操作。数据库服务器通过高效的数据处理能力确保这些操作能够快速、准确地完成。

邮件服务器：是企业邮件系统的核心主机。它负责接收、存储和发送企业内部和外部的电子邮件。例如，员工使用 Outlook 等邮件客户端连接到企业的邮件服务器，发送工作邮件给同事或者接收来自合作伙伴的邮件。邮件服务器还能够对邮件进行过滤、分类和存储，以便用户管理邮件。

应用服务器：用于部署企业的各种业务应用程序，如企业资源规划（ERP）系统、客户关系管理（CRM）系统等。以 ERP 系统为例，制造企业通过 ERP 应用服务器协调采购、生产、销售、库存等多个环节的业务流程。不同部门的员工通过终端设备访问应用服务器上的 ERP 系统，进行数据录入、查询和业务操作，应用服务器则对这些请求进行处理和响应。

1.3.3.2 终端

终端则是指在计算机网络中，用户用于访问主机或服务器所提供服务的设备。终端设备主要用于输入用户请求和输出系统响应的结果，其本身的计算能力相对较弱，但可以通过网络连接与主机进行通信。终端设备的形式多样，包括桌面终端（如台式计算机、笔记本电脑）和移动终端（如智能手机、平板电脑）等。

办公场景中的台式计算机终端：在企业办公室中，员工使用台式计算机作为终端设备连接到企业内部的各种主机。例如，行政人员通过台式计算机终端连接到文件服务器，获取公司的规章制度文件进行编辑和更新；财务人员使用终端设备上的财务软件连接到数据库服务器，进行财务数据的录入、统计和报表生成等操作。

移动终端在移动办公中的应用：智能手机和平板电脑作为移动终端，使员工能够随时随地开展工作。例如，销售人员在外出拜访客户时，可以使用手机终端连接到企业的客户关系管理（CRM）应用服务器，查询客户信息、记录拜访内容，并及时更新销售机会等相关数据。移动终端还支持各种企业级移动应用，如移动审批应用，员工可以在终端设备上接收并审批工作流程，提高工作效率。

1.3.3.3　存储设备

存储设备是用于存储数据的硬件装置，它能够长时间保存计算机系统中的信息，包括程序、文件、数据库等各类数据。这些设备通过各种接口与计算机或网络相连，提供数据的写入和读取功能。存储设备的性能指标主要包括存储容量（能够存储数据的多少）、读写速度（数据写入和读取的快慢）、数据可靠性（数据存储的安全性和稳定性）等。

应用举例

➤ 磁盘阵列（RAID）

定义：通过将多个独立的磁盘组合成一个逻辑单元，以提供更高的性能、数据冗余或两者兼具的存储解决方案。不同的 RAID 级别（如 RAID 0、RAID 1、RAID 5、RAID 10 等）提供不同的数据存储方式和保护程度。

应用场景

视频编辑行业：在视频制作公司，大量的高分辨率视频素材需要快速读写。采用 RAID 0 级别磁盘阵列，将数据分散存储在多个磁盘上，可以显著提高读写速度。例如，一部 4K 电影的后期制作团队，通过 RAID 0 存储设备能够更快地加载和处理视频片段，加快剪辑、特效添加等工作流程。

企业数据中心的关键业务数据存储：对于企业的核心业务数据，如金融机构的交易记录、企业的财务数据等，RAID 1 或 RAID 10 更适用。以银行的数据存储为例，RAID 1 通过数据镜像方式，将数据同时存储在两个或多个磁盘上，当一个磁盘出现故障时，另一个磁盘可以立即接替工作，保证数据的完整性和系统的不间断运行。

➢ 磁带库

定义：磁带库是一种用于数据备份和长期存档的存储设备，它由磁带驱动器、磁带槽位和机械臂等部件组成。磁带库能够自动加载和卸载磁带，实现大容量数据的存储和管理。

应用场景

金融行业的数据备份与合规存储：银行、证券等金融机构需要按照监管要求保存多年的交易记录和客户信息。磁带库可以存储海量的数据磁带，一盘磁带容量可达数 TB 甚至更高。例如，大型银行每天会将交易数据备份到磁带库中，并且这些磁带需要保存数年，以满足审计和合规要求。

企业历史数据存档：企业可以将过期的项目文件、历史财务报表等数据存储到磁带库中。如大型制造企业，会将多年前的生产订单记录、产品设计图纸等存储在磁带库，这些数据不经常使用，但对于追溯企业历史、进行数据分析等具有重要价值。

➢ 网络附属存储（NAS）

定义：NAS 是一种通过网络连接为用户提供文件级数据存储服务的设备。它内置操作系统，支持多种网络协议，如 NFS、SMB 等，使不同操作系统（如 Windows、Linux、macOS）的用户可以方便地通过网络访问和共享存储在 NAS 中的文件。

应用场景

小型企业的文件共享与协作：在小型办公环境中，NAS 可以作为集中的文件存储中心。例如，一个小型广告公司，设计师将设计稿件存储在 NAS 中，文案人员、市场人员等可以通过网络从自己的电脑终端（台式计算机或笔记本电脑）访问这些文件，方便进行协作和沟通。企业还可以在 NAS 上设置用户权限，确保只有授权人员能够访问敏感文件。

家庭多媒体存储与播放：在家庭网络环境中，NAS 可以存储大量的多媒体文件，如照片、音乐、电影等。用户可以通过智能电视、智能手机、平板电脑等设备连接到 NAS，实现多媒体文件的播放。例如，家庭用户可以将所有的电影资源存储在 NAS 中，在客厅的智能电视上随时播放喜欢的影片。

➤ 存储区域网络（SAN）

定义：SAN 是一种高速的专用存储网络，它提供块级别的数据存储服务。与 NAS 提供文件级存储不同，SAN 允许服务器将存储设备看作是本地磁盘一样直接进行数据块的读写操作。SAN 通常采用光纤通道（FC）或 iSCSI 等协议连接存储设备和服务器，具有高带宽、低延迟的特点。

（应用场景）

大型数据库存储与管理：在大型企业的数据库应用中，如企业资源规划（ERP）系统、大型电子商务平台的数据库系统等，SAN 提供了高性能的数据存储解决方案。以大型电商平台的订单处理为例，在促销活动期间，大量的订单数据需要快速写入和读取数据库，SAN 能够满足这种高并发、高速度的存储需求，保证数据库系统的高效运行。

高性能计算环境：在科研机构、数据中心的高性能计算场景中，如气象模拟、基因测序等领域，大量的数据处理需要高速的存储支持。SAN 通过其高带宽和低延迟的特性，能够为高性能计算集群提供快速的数据存储和读取服务，确保计算任务的顺利进行。

1.3.3.4 主机、终端计算机设备系统建设

➤ 选型规划

服务器是企业信息化的核心硬件之一。根据企业的业务规模和应用场景来选择服务器类型。对于小型企业，入门级服务器可能就足以满足文件存储、简单的业务应用（如小型的客户关系管理系统）等需求。这种服务器通常配备单颗多核处理器（如英特尔至强 E 系列）、16~32GB 内存和由几块大容量的机械硬盘或固态硬盘组成的磁盘阵列。中型企业可能需要配置性能更高的服务器，用于运行企业资源规划（ERP）系统、数据库管理系统等关键业务。这些服务器可能配备双路多核处理器、64~128GB 内存和高性能的磁盘阵列。大型企业的核心业务服务器，如金融机构的

交易服务器、大型电商企业的订单处理服务器等，往往需要多颗高端处理器、数百GB 的内存和高速的存储区域网络（SAN）存储设备，并且可能采用服务器集群的方式来提高系统的可用性和处理能力。

企业需要根据自身业务需求和预算来选择合适的计算机设备。对于一般办公用途，如文字处理、数据录入和简单的数据分析等工作，中低端的台式计算机或笔记本电脑就可以满足要求。在选型时，要考虑处理器性能、内存容量、存储容量等因素。例如，处理器可以选择英特尔酷睿 i3 或锐龙 3 系列，内存至少 8GB，存储可以是 256GB 固态硬盘或 1TB 机械硬盘。

对于需要运行专业软件的部门，如设计部门（使用图形设计软件、3D 建模软件）、工程部门（使用工程设计软件、CAD 软件）和开发部门（使用编程开发环境），则需要配置高性能的计算机。这些计算机可能需要更强大的处理器，如英特尔酷睿 i7 或锐龙 7 系列，16GB 以上的内存，以及大容量的固态硬盘（如 1TB 或更大）来确保软件的流畅运行。

➤ 采购与部署

在采购计算机设备时，要考虑设备的质量、售后服务和供应商的信誉。可以通过招标、询价等方式选择合适的供应商。对于大规模采购，还可以考虑与供应商签订长期合作协议，以获得更好的价格和售后服务。

部署计算机设备时，要考虑办公环境的布局。对于台式计算机，要合理安排办公桌的位置，确保电源线、数据线的布线整齐、安全。同时，要安装操作系统、办公软件和企业所需的其他专业软件。对于笔记本电脑，要进行基本的配置设置，如连接企业无线网络、安装防病毒软件等。

➤ 更新与维护

企业应建立计算机设备的更新计划。随着技术的发展和业务需求的变化，计算机设备的性能可能会逐渐无法满足要求。一般来说，办公用计算机设备可以每 3～5 年更新一次，而对于高性能的专业计算机，更新周期可能会更短，大约 2～3 年。

维护工作包括硬件维修和软件更新。企业可以设立内部的 IT 维修团队，或者与外部的维修服务提供商合作。对于软件更新，要及时安装操作系统补丁、办公软件更新和专业软件更新，以保证计算机设备的安全性和性能。

1.3.3.5　存储设备系统建设

➤ 存储需求评估

　　企业要对自身的数据存储需求进行评估，包括数据量、数据类型、数据增长速度和数据重要性等因素。例如，数据量可以通过统计现有数据（如文件服务器中的文件大小、数据库中的数据记录数量）和预测未来数据增长（如根据业务发展计划、新的项目开展等）来确定。

　　数据类型不同，对存储设备的要求也不同。如结构化数据（如数据库中的数据）可能更适合存储在数据库服务器或存储区域网络（SAN）中，而非结构化数据（如文档、图片、视频）可以存储在文件服务器、网络附属存储（NAS）或磁带库中。对于重要的数据，如企业的财务数据、客户的隐私数据等，需要采用高可靠性的存储方式，如磁盘阵列（RAID）中的 RAID 1 或 RAID 10 级别。

➤ 存储设备选型与配置

　　磁盘阵列（RAID）：根据数据存储需求和对数据安全性、读写速度的要求选择 RAID 级别。如 RAID 0 适用于对读写速度要求极高且数据安全性要求相对较低的场景，RAID 1 适用于对数据安全性要求极高的场景，RAID 5 和 RAID 10 则兼顾了数据安全性和读写性能。在配置磁盘阵列时，要考虑磁盘容量、磁盘数量、控制器性能等因素。例如，对于一个小型企业的数据存储，可能选择 RAID 5 级别，配置 4～5 块容量为 2～4TB 的磁盘，配合一个中高端的 RAID 控制器。

　　磁带库：主要用于数据备份和长期存档。企业要根据需要备份的数据量和备份策略（如备份周期、备份数据保留时间）来选择磁带库的容量。同时，要考虑磁带驱动器的读写速度、磁带的类型（如 LTO 系列磁带）和磁带库的机械结构（如磁带槽位数量、机械臂的性能）。例如，一个需要保存大量历史数据的金融企业，可能会选择具有高容量磁带槽位（如几十或上百个槽位）和高速磁带驱动器的磁带库。

　　网络附属存储（NAS）：NAS 设备的选型要考虑存储容量、网络接口速度、用户访问数量和功能特性等因素。存储容量可以根据企业当前和未来的文件存储需求来确定。网络接口一般选择千兆以太网或万兆以太网接口，以满足文件共享的速度要求。对于用户访问数量较多的企业，要选择具有高性能处理器和大容量内存的 NAS 设备，以保证多用户同时访问文件的流畅性。NAS 设备还应具备完善的用户认证、权限管理和文件共享功能。

存储区域网络（SAN）：SAN 主要用于企业关键业务系统的数据存储。在选型时，要考虑存储容量、存储协议（如光纤通道或 iSCSI）、网络带宽和服务器连接方式等因素。对于大型企业的关键业务，如大型数据库系统、高性能计算系统等，可能需要选择具有高容量（如数十 TB 或更高）、高带宽（如光纤通道的 16Gbps 或 32Gbps）的 SAN 存储设备，并通过专业的存储管理软件进行管理。

➤ **存储系统管理与维护**

对于存储设备，要建立完善的管理和维护制度，包括存储设备的监控（如磁盘阵列中磁盘的健康状况、NAS 和 SAN 设备的性能指标）、数据备份和恢复策略的实施、存储设备的固件更新等。

数据备份是存储系统管理的重要环节。企业要根据数据的重要性和恢复时间目标（RTO）、恢复点目标（RPO）制定备份策略。例如，对于关键业务数据，可能需要每天进行多次备份，备份数据存储在异地的数据中心，以确保在本地数据丢失或损坏的情况下能够快速恢复。同时，要定期进行备份数据的恢复测试，以验证备份策略的有效性。

? 思考

① 计算机设备系统建设的后续管理和维护要点；② 除计算机设备外，企业信息化硬件系统建设还包括哪些内容？③ 如何保障企业信息化硬件系统的安全性？

1.3.4　企业信息化建设之软件系统

1.3.4.1　企业信息化软件系统建设的定义与内涵

企业信息化软件系统建设是指企业运用信息技术，通过引入、开发和整合一系列软件系统，以优化企业的业务流程、提高运营效率、增强管理水平和提升竞争力的过程。

它不仅仅是简单地安装软件，而是将企业的战略目标、业务需求与软件功能深度融合。这些软件系统涵盖了企业运营的各个层面，包括但不限于企业资源规划（ERP）系统、客户关系管理（CRM）系统、供应链管理（SCM）系统、办公自动化（OA）系统等。其内涵在于利用软件实现信息的高效采集、存储、处理和共享，使企业能够基于准确和及时的信息做出科学决策。

1.3.4.2　软件系统建设的主要内容

对企业现有的业务流程进行全面梳理和详细分析，找出其中存在的问题，如流程烦琐、效率低下、信息孤岛等。根据分析结果，结合行业最佳实践，对业务流程进行重新设计和优化，以确保新的软件系统能够支持更高效的业务运作。例如，在制造业中，对生产计划、物料采购、质量控制等流程进行优化，以提高生产效率和产品质量。

➤ 软件系统选型与采购

根据企业的业务需求和优化后的流程，选择合适的软件系统。这需要对市场上的各种软件产品进行广泛调研，评估其功能、性能、易用性、可扩展性、兼容性等因素。对于通用的业务需求，可以选择成熟的商业软件，如 SAP、Oracle 等公司的 ERP系统；对于一些特殊的行业需求或企业个性化需求，可以考虑定制开发或选择开源软件进行二次开发。同时，要与软件供应商进行谈判，确定采购价格、服务条款等。

➤ 系统集成与数据整合

企业通常会有多个软件系统，这些系统需要进行集成，以实现数据的顺畅流动和共享。通过建立企业应用集成（EAI）平台或采用中间件技术，将不同系统的数据进行整合。例如，将 CRM 系统中的客户信息与 ERP 系统中的订单信息、财务信息进行关联，使企业能够全面了解客户的业务情况，为客户提供更好的服务。同时，要确保数据的一致性和准确性，建立数据质量管理机制。

➤ 用户培训与支持

软件系统的成功实施离不开用户的有效使用。为企业员工提供全面的培训，包括系统功能培训、操作流程培训、数据录入与查询培训等，使员工能够熟练掌握软件的使用方法。此外，还需要建立完善的用户支持体系，包括设立技术支持热线、在线帮助文档、常见问题解答等，及时解决用户在使用过程中遇到的问题。

➤ 安全与风险管理

在软件系统建设过程中，要高度重视安全问题，包括网络安全、数据安全、系统安全等方面。采取防火墙、入侵检测、数据加密、用户认证等技术手段，防止企业数据泄露、被篡改或遭受网络攻击。同时，要建立风险管理机制，对软件系统建设和使用过程中的风险进行识别、评估和应对，如项目进度风险、软件功能风险、数据质量风险等。

1.3.4.3 技术路线选择

> **基于传统架构的技术路线**

传统的企业软件系统大多采用客户端/服务器（C/S）架构或浏览器/服务器（B/S）架构。C/S架构具有较强的交互性和数据处理能力，适用于对数据安全性和处理效率要求较高的业务场景，如财务管理系统等。但它的缺点是客户端需要安装专门的软件，升级和维护的成本较高。B/S架构则具有易于部署、用户可以通过浏览器随时随地访问系统的优点，适用于办公自动化、客户信息查询等应用场景。在选择传统架构时，需要根据企业的业务特点和需求来权衡。

> **基于云计算的技术路线**

云计算为企业信息化软件系统建设提供了新的选择。企业可以选择使用软件即服务（SaaS）模式，通过互联网租用软件供应商提供的软件系统，无须在企业内部安装和维护服务器等硬件设备。这种模式降低了企业的信息化建设成本和维护难度，同时具有很强的可扩展性。例如，企业可以使用 Salesforce 的 CRM 系统作为 SaaS 应用。此外，还有平台即服务（PaaS）和基础设施即服务（IaaS）模式，可以根据企业的技术能力和需求进行选择。云计算技术路线适合中小企业和创业企业，但对于对数据安全和隐私要求极高的企业，需要谨慎评估。

> **基于微服务架构的技术路线**

微服务架构将大型的软件系统拆分成多个小型的、独立的服务，每个服务都有自己的业务功能和数据存储。这些微服务可以通过轻量级的通信机制（如 RESTful API）进行交互。这种架构具有高度的灵活性和可扩展性，能够快速响应业务需求的变化。例如，企业可以将订单管理、库存管理、物流管理等功能分别构建成微服务，当业务扩展需要增加新的功能或修改现有功能时，只需要对相关的微服务进行调整，不会影响整个系统的其他部分。但微服务架构也带来了一些挑战，如服务之间的协调和管理、数据一致性等问题。

> **混合技术路线**

在实际的企业信息化软件系统建设中，往往会采用混合技术路线。例如，对于核心业务系统，可能采用传统的 C/S 架构或基于微服务架构的本地部署方式，以确保数据安全和系统性能；而对于一些非核心业务系统，如员工培训系统、企业内部门户等，可以采用基于云计算的 B/S 架构或 SaaS 模式。这种混合技术路线能够充分发挥不同技术的优势，满足企业复杂的业务需求和信息化建设预算。

1.3.4.4　组织机构建设

> ➢ 信息化领导团队

成立由企业高层领导组成的信息化领导团队，负责制定企业信息化战略和规划，协调信息化建设过程中的资源分配和重大决策。这个团队要对企业的整体战略和业务目标有深入的理解，能够将信息化建设与企业发展紧密结合起来。例如，首席信息官（CIO）作为领导团队的核心成员，要向其他高层领导汇报信息化建设的进展和成果，争取领导支持。

> ➢ 项目管理团队

建立专门的项目管理团队，负责软件系统建设项目的具体实施和管理。项目管理团队成员包括项目经理、业务分析师、技术专家等。项目经理要具备良好的项目管理能力，制定详细的项目计划，包括项目进度安排、质量控制、成本管理等。业务分析师要深入了解企业的业务需求，与软件供应商或开发团队沟通协调，确保软件系统能够满足业务需求。技术专家则负责技术选型、系统架构设计和技术难题的解决。

> ➢ 运维团队

软件系统上线后，需要有专业的运维团队来保障系统的稳定运行。运维团队负责系统的日常监控、故障排除、性能优化、数据备份与恢复等工作。他们要建立完善的运维管理制度，包括值班制度、应急响应机制等。同时，要与软件供应商保持密切联系，及时获取软件的更新和补丁信息，确保系统的安全性和稳定性。

> ➢ 用户代表团队

从企业各个业务部门选拔用户代表，组成用户代表团队。他们在软件系统建设过程中参与需求分析、测试等环节，代表最终用户提出意见和建议。用户代表团队要与项目管理团队和软件供应商密切沟通，确保软件系统的易用性和符合业务实际。系统上线后，他们还可以作为内部培训师，向其他员工传授系统的使用经验。

1.3.4.5　企业信息化软件系统建设的重要意义

> ➢ 提升企业竞争力

在当今激烈的市场竞争环境下，信息化软件系统能够帮助企业快速响应市场变化。通过先进的 CRM 系统，企业可以更好地了解客户需求，及时调整营销策略，提高客户满意度和忠诚度，从而在市场中占据更有利的地位。例如，企业能够利用数据分析功能预测客户的购买行为，提前推出针对性的产品和服务。同时，高效的供应链管理软件可以优化企业的采购、生产和配送流程，降低成本，使企业在价格上更具竞争力。

> ### 提高运营效率

软件系统对业务流程的优化和自动化处理极大地提高了企业运营效率。例如，办公自动化（OA）系统实现了文件审批、流程流转等工作的自动化，减少了人工干预和纸质文件的传递，大大缩短了办公时间。ERP 系统整合了企业的各个业务部门，使信息能够在财务、采购、销售、生产等环节之间快速准确地传递，避免了信息孤岛现象，减少了因信息不畅导致的工作延误和错误，提高了整体运营效率。

> ### 增强决策科学性

企业信息化软件系统能够收集、整理和分析大量的业务数据。通过数据挖掘、商业智能等技术，为企业管理者提供全面、准确的决策支持信息。例如，管理者可以通过分析销售数据、成本数据、市场趋势数据等，制定更合理的生产计划、定价策略和投资决策。这种基于数据的决策方式比传统的凭经验决策更加科学、可靠，有助于企业避免决策失误，把握发展机遇。

> ### 促进企业创新

信息化软件系统为企业创新提供了平台和工具。一方面，员工可以利用协同办公软件、项目管理软件等进行知识共享和团队协作，激发创新思维。另一方面，软件系统可以引入新的业务模式和管理方法，如电子商务平台的建设可以拓展企业的销售渠道，创新营销模式。同时，企业可以利用软件系统对研发过程进行管理和优化，加快新产品的研发和推向市场的速度。

> ### 实现企业可持续发展

从长远来看，企业信息化软件系统建设有助于企业实现可持续发展。通过优化资源配置、降低能耗、提高产品质量等方式，满足社会对企业在环保、社会责任等方面的要求。同时，软件系统可以帮助企业建立良好的企业形象和品牌声誉，吸引更多的客户、投资者和合作伙伴，为企业长期稳定发展奠定坚实的基础。

1.3.5 企业信息化建设之网络系统

企业信息化建设中的网络系统建设是指企业为满足内部信息流通、数据共享、业务协同以及与外部沟通交流等需求，通过构建包括计算机网络设备、通信线路、网络软件等在内的一整套网络基础设施，创建一个高效、稳定、安全的网络环境的过程。这个网络环境能够支持企业的各种应用系统，如企业资源规划（ERP）、客户关系管理（CRM）、办公自动化（OA）等的运行，是企业信息化的关键组成部分。

在网络系统建设过程中需要遵循以下几个原则：

高可用性原则： 企业网络系统要保证高可用性，以确保企业业务的连续性。这可以通过采用冗余设备（如双路由器、双交换机、双链路接入等）、负载均衡技术（将网络流量均匀分配到多个设备或链路）和故障切换机制（如服务器的双机热备）来实现。确保在部分设备或链路出现故障时，网络系统能够快速恢复正常运行，减少对企业业务的影响。

网络安全原则： 网络安全是网络系统建设的重中之重。要构建多层次的网络安全防护体系，包括防火墙、入侵检测系统、入侵防御系统、数据加密、用户认证等措施。同时，要加强网络安全管理，定期进行安全评估和更新，以应对不断变化的网络威胁，保护企业的核心数据和敏感信息。

性能优化原则： 为了满足企业业务应用对网络性能的要求，要注重网络性能的优化。这包括合理规划网络拓扑结构、优化设备配置（如调整交换机的端口参数、路由器的路由策略等）、选择合适的通信线路和网络协议，以及对网络流量进行有效管理（如流量控制、优先级划分）等措施，以提高网络的带宽利用率、降低延迟和减少丢包率。

我们把网络系统建设分为规划阶段、采购阶段、建设阶段、维护阶段和升级阶段。

1.3.5.1 规划阶段

➤ 需求调研与分析

与各部门沟通，了解其业务流程、信息处理和共享需求。例如，销售部门可能需要快速的网络连接来访问客户关系管理系统和产品数据库，以便及时响应客户咨询；设计部门可能需要高带宽来传输大型设计文件。

分析企业未来的发展规划，预估网络流量增长趋势。如企业计划拓展新业务或增加分支机构，需要考虑相应的网络扩展需求。

> 网络拓扑结构设计

根据企业的地理分布（如集中在一栋办公楼还是多个办公地点）和业务需求，选择合适的拓扑结构。常见的有星型拓扑（易于管理和维护，故障隔离性好）、树型拓扑（适用于具有层次结构的企业网络）或混合型拓扑。

确定核心设备（如核心交换机）、汇聚设备和接入设备的位置和连接方式，规划网络的层次结构。

> IP 地址规划和子网划分

结合企业规模和网络设备数量，合理分配内部 IP 地址。可以采用静态 IP 分配给服务器和关键设备，动态 IP 分配给终端设备。

根据部门或业务功能进行子网划分，便于网络管理和安全控制。例如，财务部门可以划分一个独立的子网，设置更严格的访问控制策略。

> 网络安全规划

确定网络安全策略，包括访问控制策略（如设置用户权限和访问级别）、数据加密方式（如对敏感数据传输进行加密）和防火墙规则（如允许或禁止特定的网络流量）。

规划网络安全防护体系，如部署入侵检测系统（IDS）或入侵防御系统（IPS）的位置和功能。

1.3.5.2 采购阶段

> 网络设备选型

路由器：根据网络接入方式（如光纤、专线等）和带宽需求选择合适的路由器。考虑路由器的性能指标，如转发能力（每秒转发的数据包数量）、端口类型（如以太网接口、广域网接口）和支持的网络协议 [如边界网关协议（BGP）、开放最短通路优先协议（OSPF）等]。对于需要远程访问的企业，还应关注路由器的虚拟专用网络（VPN）功能。

交换机：按照接入层、汇聚层和核心层的功能需求选择交换机。接入层交换机关注端口数量（如 24 口或 48 口）和端口速度（如百兆位每秒或千兆位每秒），以满足终端设备的接入需求；汇聚层和核心层交换机更注重交换能力（如背板带宽）

和可靠性（如冗余电源）。同时，根据网络应用需求考虑是否需要支持三层交换功能[用于实现不同虚拟局域网（VLAN）间的通信]。

防火墙：评估防火墙的防护能力，包括访问控制精度（如基于用户、IP地址、端口、协议等多维度的访问控制）、入侵检测和防御能力[如检测和阻止常见的网络攻击，如SQL注入、分布式拒绝服务（DDoS）攻击等]和安全认证功能（如支持多种身份认证方式）。根据企业的安全需求和预算，选择硬件防火墙或软件防火墙。

无线接入点（AP）：如果企业需要无线网络覆盖，选择合适的无线AP。考虑无线标准（如Wi-Fi6或Wi-Fi6E）、覆盖范围（根据办公区域面积和布局确定）、并发接入用户数量（以满足员工和访客的无线设备接入需求）和安全功能（如WPA3加密、访客网络隔离等）。

➢ 通信线路选择

根据企业对网络速度、稳定性和成本的要求，选择合适的通信线路。常见的有光纤宽带（速度快、稳定性高，适用于对网络质量要求较高的企业）、数字用户线路（DSL，成本较低，但速度和稳定性相对较差）或专线（如MPLS专线，提供高质量的专用网络连接，适用于金融、大型企业等对网络安全和稳定性要求极高的场景）。

考虑线路的冗余备份，如采用双线路接入（如一条光纤和一条专线），以提高网络的可用性。

➢ 网络软件采购

购买网络操作系统（如Windows Server、Linux等）用于服务器的管理和运行。根据企业的应用系统需求和技术人员的技能水平选择合适的操作系统。

选择网络管理软件，用于监控网络设备的运行状态（如设备的CPU使用率、内存使用率、端口流量等）、配置备份和恢复、故障报警等功能。例如，SolarWinds Network Performance Monitor等软件可以帮助网络管理员实时掌握网络性能情况。

1.3.5.3 建设阶段

➢ 网络布线工程

根据设计好的网络拓扑结构和布线方案，进行物理布线。对于有线网络，铺设电缆（如双绞线、光纤），注意布线的规范性，包括线缆的走向、标识（如为每根线缆标注起点和终点）和安装线槽或线管保护线缆。

合理规划布线路径，避开强电磁干扰源和易受损区域。在建筑物内进行垂直布线（如连接不同楼层）和水平布线（如在同一楼层的不同房间布线），确保每个办公区域都有网络接口。

> ### 设备安装与配置

将采购的网络设备安装到指定位置，如服务器安装在机房的机柜中，交换机安装在配线间的机柜里。连接设备的电源线、通信线路，确保连接牢固。

对网络设备进行初始配置，包括设置设备的基本参数（如路由器的 IP 地址、子网掩码、默认网关；交换机的 VLAN 划分、端口参数等）、配置安全策略（如防火墙的访问规则）和建立网络连接（如配置路由器的广域网接口和局域网接口）。

安装和配置无线接入点，设置无线网络名称（SSID）、加密方式和接入密码，调整无线信号覆盖范围和强度，确保无线网络的稳定性和安全性。

> ### 网络测试与联调

进行网络连通性测试，使用工具如 Ping、Traceroute 检查设备之间是否能够正常通信。例如，从终端设备 Ping 服务器的 IP 地址，检查是否能够收到响应。

测试网络性能，包括带宽测试（如使用 Iperf 等工具测试网络链路的实际带宽）、延迟测试（测量数据包在网络中传输的延迟时间）和丢包率测试（检查网络传输过程中丢失数据包的比例）。根据测试结果，对网络设备的配置或通信线路进行调整，以满足设计要求。

进行网络安全测试，如漏洞扫描（使用 Nessus 等工具检查网络设备和服务器是否存在安全漏洞）、防火墙规则验证（检查防火墙是否按照设定的规则允许或禁止网络流量）和入侵检测测试（模拟网络攻击，检查入侵检测系统是否能够及时发现并报警）。

1.3.5.4 维护阶段

> ### 设备监控与管理

利用网络管理软件，实时监控网络设备的运行状态。定期查看设备的性能指标，如 CPU 使用率、内存使用率、端口流量等，及时发现设备的性能瓶颈或异常情况。

对网络设备进行定期巡检，包括检查设备的物理状态（如设备的温度、风扇运转情况）、清洁设备（如清除交换机端口和服务器散热器上的灰尘）和检查线缆连接是否牢固。

> **网络故障排除**

建立网络故障处理流程，当网络出现故障时，能够快速定位故障点。例如，通过网络管理软件的报警功能，结合设备的日志信息（如路由器的系统日志、交换机的端口日志等），确定故障发生的位置和原因。

对于常见的网络故障，如网络连接中断、网速慢等问题，制定相应的解决方案。如检查设备的配置是否被修改、通信线路是否损坏、是否存在网络环路等。

> **数据备份与恢复**

对网络设备的配置文件进行定期备份，将备份文件存储在安全的位置（如异地存储）。这样在设备出现故障或配置错误时，可以快速恢复设备的原始配置。

对于重要的网络数据（如服务器中的企业数据），制定完善的数据备份策略，包括备份周期（如每天备份、每周全备份和每日增量备份）、备份方式（如磁带备份、磁盘备份、云备份等）和备份存储位置（如本地存储和异地存储相结合）。同时，定期进行数据恢复演练，确保在数据丢失时能够有效恢复。

1.3.5.5　升级阶段

> **设备升级规划**

根据网络设备的使用寿命、性能瓶颈和企业的业务发展需求，制定设备升级计划。例如，当企业的网络流量增长导致现有交换机端口带宽不足时，考虑升级交换机或增加交换机端口。

关注网络技术的发展动态，如新一代的网络设备（如 Wi-Fi7 无线设备、更高性能的交换机和路由器）和网络标准（如新的以太网标准）的推出，适时对网络设备进行升级，以提高网络的性能和增强网络的功能。

> **设备升级实施**

在设备升级前，备份设备的原有配置和数据，确保升级过程中数据不会丢失。同时，对升级操作进行风险评估，制定应急预案，以应对升级过程中可能出现的问题。

按照设备升级的操作指南，逐步进行升级操作。如升级网络设备的固件（以修复安全漏洞或增加新功能）、扩展设备的硬件（如增加服务器的内存或硬盘）或更新网络软件（如升级网络操作系统）。升级完成后，进行全面的测试和验证，确保网络设备和系统能够正常运行。

1.3.5.6　需要关注的问题

标准化与兼容性： 在网络系统建设过程中，要遵循行业标准和规范，确保网络设备、通信线路和软件之间的兼容性。例如，不同厂商的网络设备可能在协议支持、配置方式等方面存在差异，要在选型和安装过程中充分考虑这些因素，避免出现设备无法协同工作的情况。

预算控制： 网络系统建设涉及多个环节的费用，包括设备采购、布线工程、软件购买、人员培训等。在建设过程中要合理控制预算，避免超支。同时，要在预算范围内选择性价比高的设备和服务，确保网络系统的质量。

法律法规遵守： 企业网络系统建设和运营要遵守相关的法律法规，如网络安全法、数据保护法规等。在数据存储、传输和处理过程中，要确保企业的数据安全和用户隐私安全，避免因违法违规行为给企业带来法律风险。

人员培训： 网络系统建设完成后，需要企业的网络管理人员和普通员工能够正确使用和维护网络系统。因此，要对相关人员进行培训，包括网络设备的操作培训、网络安全意识培训和简单故障排除培训等，提高人员的技能水平和网络素养。

1.3.5.7　网络系统主要应用场景

远程办公应用： 企业通过构建网络系统，使员工能够在家或其他远程地点进行办公。例如，员工通过虚拟专用网络（VPN）连接到企业内部网络，访问企业资源规划（ERP）系统，进行订单处理、库存管理等业务操作；通过企业的邮件服务器收发工作邮件；使用企业的即时通信工具与同事进行沟通协作。

视频会议应用： 企业利用网络系统部署视频会议软件，实现不同地点的员工或与外部合作伙伴之间的实时视频沟通。例如，销售团队通过视频会议与客户进行产品演示和沟通；管理层通过视频会议进行跨地区的业务会议和决策讨论。在这个过程中，网络系统需要提供足够的带宽来保证视频和音频的流畅传输，同时要确保网络安全，防止会议内容泄露。

云计算服务应用： 企业将部分业务应用迁移到云端，通过网络系统与云服务提供商进行连接。例如，企业使用云存储服务存储企业数据，通过网络上传和下载数据；使用云主机服务运行企业的应用程序，通过网络访问和管理这些应用程序。网络系统的稳定性和性能直接影响企业对云计算服务的使用体验，因此需要构建高效、安全的网络连接来支持云计算服务应用。

1.3.6　企业信息安全体系

企业信息安全体系建设是指企业为保护其信息资产（包括数据、软件、硬件、文档以及人员信息等）的保密性、完整性和可用性，通过制定一系列的策略、流程、技术措施和管理机制，构建一个全面的、多层次的防护架构，以预防、检测和应对各种信息安全威胁的系统性工程。

企业信息安全体系主要包括：安全策略与制度、人员安全管理、物理安全防护、网络安全防护、数据安全防护和应用系统安全等内容。

1.3.6.1　安全策略与制度

安全策略制定：明确企业信息安全的总体目标、原则和范围。例如，规定哪些数据是敏感信息，如客户的个人隐私、企业的商业机密等，以及这些信息在存储、传输和使用过程中的安全要求。

安全制度建设：包括访问控制制度（规定谁可以访问哪些信息以及如何访问）、数据备份与恢复制度、安全审计制度（定期检查安全策略的执行情况）、信息资产分类管理制度（对企业的各种信息资产进行分类，以便实施不同级别的安全管理）等。

1.3.6.2　人员安全管理

安全意识培训：对企业员工进行信息安全意识培训，包括识别网络钓鱼邮件、避免使用弱密码、保护公司设备和数据等内容。例如，通过定期开展安全培训课程、发送安全提醒邮件等方式，提高员工的安全意识。

人员权限管理：根据员工的工作职责和岗位需求，分配相应的系统访问权限。例如，财务人员可以访问财务系统和相关的财务数据，而普通员工则无法访问这些敏感信息。同时，要定期审查和更新员工的权限，当员工离职或岗位调动时，及时调整其权限。

1.3.6.3　物理安全防护

机房安全：对于企业的数据中心机房，要采取物理安全措施，如安装门禁系统（限制未经授权的人员进入）、监控摄像头（实时监控机房内的情况）、消防系统（预防火灾等灾害）和 UPS（不间断电源，防止停电导致数据丢失）等。

设备安全：保护企业的计算机设备、存储设备等硬件资产，防止被盗、损坏或非法访问。例如，对重要设备进行固定，使用加密锁等安全设备，对便携式设备（如笔记本电脑）设置开机密码和加密存储。

1.3.6.4　网络安全防护

网络访问控制：通过防火墙、访问控制列表（ACL）等技术，限制外部网络对企业内部网络的访问，只允许授权的网络流量通过。例如，设置防火墙规则，禁止外部网络访问企业内部的数据库服务器，除非通过特定的安全通道（如 VPN）。

网络入侵检测与防御：部署入侵检测系统（IDS）或入侵防御系统（IPS），实时监测网络中的异常活动，如黑客攻击、恶意软件传播等，并及时采取措施进行防御。例如，当 IDS 检测到可疑的网络连接尝试时，会及时发出警报，IPS 则可以直接阻断攻击行为。

VPN（虚拟专用网络）：对于需要远程访问企业内部网络的员工，使用 VPN 技术建立安全的远程连接通道。VPN 可以加密远程连接的数据，确保数据在传输过程中的安全性。

1.3.6.5　数据安全保护

数据加密：对企业的敏感数据进行加密处理，无论是在存储状态还是在传输过程中。例如，使用加密算法对企业的客户信用卡信息进行加密存储，在通过网络传输时也采用加密协议，如 SSL/TLS，确保数据的保密性。

数据备份与恢复：建立完善的数据备份策略，包括备份周期（如每天备份、每周全备份和每日增量备份）、备份存储介质（如磁带、磁盘、云存储）和备份存储位置（本地和异地存储相结合）。同时，要定期进行备份数据的恢复测试，确保在数据丢失或损坏的情况下能够快速恢复。

1.3.6.6　应用系统安全

软件安全开发：在企业的应用系统开发过程中，遵循安全的软件开发生命周期（SDLC），包括安全需求分析、代码安全审查、安全测试等环节。例如，在开发企业的客户关系管理（CRM）系统时，要对用户输入进行验证，防止 SQL 注入等安全漏洞。

应用系统安全配置：对企业的各种应用系统（如 ERP、CRM、办公自动化系统等）进行安全配置，包括设置用户认证和授权机制、更新系统补丁、配置安全参数等。例如，及时更新企业 Web 应用的服务器软件补丁，防止已知的安全漏洞被利用。

1.3.6.7　建设时应遵从的原则

整体性原则：信息安全体系建设应涵盖企业的所有信息资产和业务流程，不能有遗漏。要从整体上考虑安全策略、人员、技术和管理等各个方面，构建一个全面的防护体系。

动态性原则：信息安全威胁是不断变化的，企业的信息安全体系也应具有动态性。要定期评估安全风险，更新安全策略、技术措施和管理制度，以适应新的安全挑战。

适度安全原则：在保证企业信息安全的前提下，要考虑成本效益。安全措施不是越严格越好，而是要根据企业的业务需求、信息资产的重要性等因素，实施适度的安全防护，避免过度投入。

合规性原则：企业的信息安全体系建设要符合国家和地方的法律法规、行业标准以及监管要求。例如，金融企业要遵守金融监管机构关于数据安全和隐私保护的规定。

1.3.6.8　安全系统的建设与运转

➤ 规划与设计

进行信息安全风险评估，识别企业面临的安全威胁（如外部黑客攻击、内部人员泄露数据等）和安全漏洞（如系统软件漏洞、网络配置缺陷等）。

根据风险评估结果，结合企业的业务战略和信息安全目标，设计信息安全体系的总体架构，包括安全策略框架、技术架构（如网络安全、数据安全等技术措施的布局）和管理体系（如安全组织架构、人员职责等）。

➤ 体系构建

制定和完善安全策略与制度，明确安全目标、原则和具体的安全规则。例如，制定数据分类分级标准和相应的安全管理制度。

部署安全技术措施，如安装防火墙、IDS/IPS、加密系统等设备和软件，构建安全的网络环境和数据存储环境。

建立安全管理组织架构，明确安全管理部门和人员的职责，设立安全审计岗位等。同时，开展人员安全意识培训和权限管理工作。

➤ 测试与验收

对构建的信息安全体系进行测试，包括技术测试（如检查防火墙规则是否有效、加密系统是否正常工作等）和管理流程测试（如测试安全事件响应流程是否顺畅）。

邀请内部审计部门或外部专业机构对信息安全体系进行验收，确保体系符合设计要求和相关标准。

➤ 日常监控与维护

利用安全管理工具和技术，对企业的信息安全状况进行日常监控。例如，通过网络监控工具实时查看网络流量、检测异常活动；通过系统管理工具检查服务器和应用系统的运行状态。

定期维护安全设备和软件，如更新防火墙规则、升级加密算法、打补丁等，确保安全技术措施的有效性。

➤ 安全事件响应

建立安全事件响应流程，当发生信息安全事件（如数据泄露、网络攻击等）时，能够迅速启动响应机制，包括事件的报告、评估、遏制、根除和恢复等环节。例如，当发现数据泄露事件时，应立即停止相关系统的运行，防止数据进一步泄露，同时进行事件调查和数据恢复。

➤ 持续改进

定期对信息安全体系进行评估和审查，根据企业业务变化、安全威胁演变和安全技术发展，对体系进行调整和改进。例如，随着企业业务拓展，增加新的安全策略和技术措施；根据新出现的安全漏洞，优化安全防护体系。

1.4 笔者的经验与感受

本章节着重论述了企业信息化的目的和意义、信息化基础理论以及企业信息化基础建设等内容。笔者根据从业信息化工作数十年经验再次重申，企业信息化基础建设是企业迈出信息化的第一步，也是关键一步，前文论述的基础理论、软硬件架构、网络架构都要符合企业自身的规模和需求，打好基础和选好技术路线是企业可持续性发展的重要前提。适合企业发展的规划和路线将助力企业持续发展，否则信息化建设不但不能助力发展，还将掣肘企业进步发展的步伐。在企业信息化建设过程中，急功近利、好大喜功，为了上系统而上系统进行信息化建设不是信息化的本质和初衷。那么我们到底该如何选择技术路线开展企业信息化基础建设呢？笔者认为应遵从以下几个原则：

一是充分考虑企业规模和发展速度。如果企业规模足够大，可以选择一些比较主流的，发展较为稳定的技术路线和架构。比如，服务器用国内外主流品牌，开发技术选择微软或 Java 等技术，数据库选用最为流行的 Oracle。当然如果是国有企业，需要考虑国产化问题，那么服务器选择国产的服务器为好，同时开发技术和数据库就要用 Java 和 MySQL 了。这里需要注意，根据笔者多年信息化经验，所谓数据库转移更换基本上属于无稽之谈，对于数据结构简单和数据量小的数据库，当然可以用较小的代价在不同技术中切换，但是一旦数据库形成一定规模，且有一定的业务依赖性，那么数据库转移更换便是不可能完成的任务了，即使下决心切改，也要付出大量的人力物力成本，且效果如何也还值得商榷。

二是考虑系统资金实力。企业的经济实力也是极为重要的一个因素，如果经济实力薄弱，那么就不要选择大型主流的技术，即使确有需求，也要慎重考虑。因为越是主流大型的技术架构，除了前期投入外，后期投入成本也会增大，运行维护成本极高。即使国内一些知名产品，也会有较高的价格，需花费大量资金。这些费用有的是按年度收取，有些是按模块收取，收取方式不一，但可以肯定的是，大部分企业没有余力投入后续的升级改造、运行维护等工作。

三是认清技术发展的规律。在技术路线的选取上，首要考虑的事项不是这个技术多么优秀、多么流行，而是这个技术的发展趋势。在信息化领域，信息技术的更迭可谓日新月异，我们既不能盲目跟风去选择流行的新技术，也不能去追求一个即将淘汰的老技术，在信息技术领域免费的、开源的技术不一定不是好技术，而一些成熟的、垄断市场几十年的技术不一定契合企业发展需要。总之，我们需要运用客观的思维方式，高度结合企业发展规划，用发展的眼光去选择技术路线。这样我们不仅会找到最适合企业发展的技术，还会大幅节省资金。

四是尽量在建设过程留有余地和升级改造空间。无论是在机房、综合布线等环境系统建设，还是在网络、主机、终端等硬件系统建设，抑或是在开发等应用系统建设中，我们都要根据企业的发展去留有升级、改造的空间。结合企业 5~10 年后的情况进行信息化基础建设。比如机房的容量设计一定要有余量，因为只有留有足够余量才能应对未来业务需求激增带来的冲击，我们在未来很可能要有几十倍的服务器数量增长需求，如不留出冗余，将面临极大窘境。

信息化管理

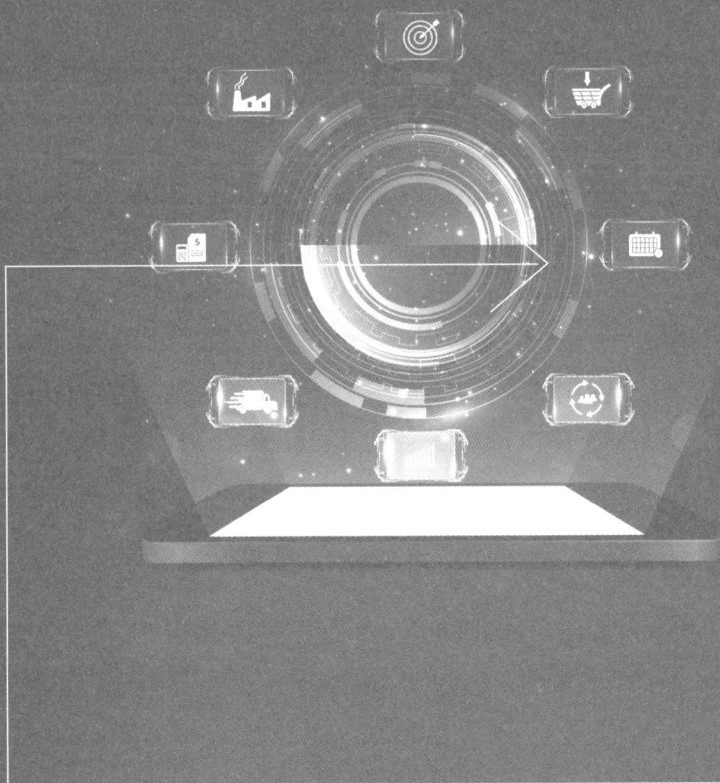

2.1.1　企业信息化管理的定义

企业信息化管理是指企业通过信息技术手段，对企业的各类信息资源进行系统整合、优化配置、有效利用和科学管理，以实现企业生产、经营、管理、决策等各个环节的信息化、自动化和智能化，从而提高企业的运营效率、经济效益和核心竞争力的一系列管理活动和过程。它不仅仅是简单地引入信息技术设备和软件系统，更是将信息技术与企业的管理理念、业务流程、组织结构等深度融合，形成一套全新的、适应信息化环境的企业管理模式和运行机制。

2.1.2　企业信息化管理的重要意义

提高运营效率：通过信息化管理系统，如企业资源规划（ERP）系统、办公自动化（OA）系统等，可以实现企业业务流程的自动化和标准化。例如，在采购流程中，从采购申请、审批到采购订单的生成和供应商的选择，都可以在系统中快速完成，大大减少了人工操作的时间和降低了错误率，提高了采购效率。同时，信息的快速传递和共享也使得各部门之间的协作更加顺畅，避免了因信息不畅导致的工作延误和重复劳动，进一步提高了企业整体的运营效率。

增强决策科学性：企业信息化管理能够为决策提供及时、准确、全面的信息支持。借助数据分析工具和商业智能系统，企业可以对大量的业务数据进行深入挖掘和分析，了解市场动态、客户需求、竞争对手情况等。例如，通过对销售数据的分析，企业可以预测市场趋势，提前调整生产计划和营销策略；通过对客户数据的分析，企业可以制定个性化的客户服务方案，提高客户满意度和忠诚度。这些基于数据的决策更加科学、合理，能够有效降低决策风险，为企业的发展指明正确的方向。

提升企业竞争力：在当今数字化时代，企业信息化管理水平的高低直接影响着企业的竞争力。信息化管理能够帮助企业更好地适应市场变化，快速响应客户需求。例如，通过电子商务平台，企业可以突破地域限制，拓展销售渠道，增加市场份额；

通过客户关系管理系统，企业可以及时了解客户反馈，改进产品和服务质量，提升企业品牌形象。此外，信息化管理还可以促进企业的创新能力，推动企业技术创新、管理创新和商业模式创新，为企业在激烈的市场竞争中赢得优势。

优化资源配置：企业信息化管理有助于企业对各类资源进行合理配置和有效利用。通过信息化系统，企业可以实时监控资源的使用情况，如库存水平、生产设备的运行状态等，从而实现资源的动态调配。例如，根据市场需求的变化，及时调整库存策略，减少库存积压和资金占用；合理安排生产计划，提高生产设备的利用率，降低生产成本。同时，信息化管理还可以促进企业内部知识资源的共享和传承，提高员工的工作效率和创新能力，进一步优化企业的人力资源配置。

加强企业内部控制：信息化管理为企业内部控制提供了更加有效的手段和工具。通过信息化系统的权限管理、流程控制、数据加密等功能，可以实现对企业各项业务活动的严格管控，防止舞弊和错误行为的发生。例如，在财务管理方面，通过财务信息化系统，可以对财务数据进行实时监控和审计，确保财务信息的真实性和完整性；在项目管理方面，通过项目管理系统，可以对项目的进度、质量、成本等进行全程跟踪和控制，提高项目管理的效率和质量。

2.2　信息化管理范围

企业信息化管理范围广泛，涵盖多个关键领域。在基础硬件设施管理方面，包括计算机设备管理，如依据需求采购、配置、维护及更新服务器和办公电脑；网络设施管理，涉及有线与无线网络布局、带宽分配，保障信号稳定和安全；通信设备管理，如企业内部电话系统建设和员工移动通信设备管理。

在软件系统应用管理方面，企业资源规划（ERP）系统管理财务、采购、销售、库存等模块，需做好数据更新和流程优化；客户关系管理（CRM）系统用于管理客户信息、销售机会和售后服务，可定制和扩展以满足企业的独特需求；办公自动化（OA）系统涵盖文档管理、工作流程审批和即时通讯，要注重安全和权限管理。

在数据资源管理方面，包含数据采集管理，需确保从多渠道采集的数据准确及时；数据存储管理，要考虑容量、方式和安全，结合本地与云端存储并加密；数据分析和利用管理，要利用工具挖掘数据价值，为企业决策提供支持。

信息安全管理至关重要，包括物理安全管理通过门禁、监控保护硬件设施；网络安全管理依靠防火墙、入侵检测系统等防范攻击，并更新软件和补丁；数据安全管理保障数据的保密性、完整性和可用性，加密数据并建立备份恢复机制。

在人员信息化管理方面，涉及员工培训管理，包括信息化技能和安全意识培训；员工权限管理，要根据岗位和职责赋予相应权限，并定期审核调整。这些方面相互配合，共同构成企业信息化管理的完整范畴，推动企业高效、安全运营。

2.2.1 基础硬件设施管理

2.2.1.1 计算机设备管理

计算机设备管理包括企业内部服务器、个人办公电脑、笔记本电脑等设备的采购、配置、维护和更新。例如，服务器的选型要根据企业的数据存储需求、运算能力要求等来确定。对于数据量较大的企业，可能需要配置高性能的存储服务器，以确保数据的安全存储和快速读写。办公电脑的配置则要考虑员工的工作性质，如设计部门可能需要高配置的图形处理电脑，而行政部门的电脑配置要求相对较低。

设备维护涉及硬件故障的修复、硬件升级等。例如，定期对服务器进行硬件检查，更换老化的硬盘、内存等部件，以避免因硬件故障导致的数据丢失或系统瘫痪。

2.2.1.2 网络设施管理

企业网络的构建包括有线网络和无线网络的布局。有线网络要考虑网络布线的合理性，确保网络信号的稳定传输。无线网络则要关注信号覆盖范围和安全性。例如，在办公区域合理布置无线接入点，使员工能够在各个办公地点方便地接入网络，同时要设置复杂的无线网络密码和加密方式，防止外部非法入侵。

网络带宽的管理也很重要。根据企业的业务需求分配带宽，如视频会议较多的企业，需要保证足够的上行和下行带宽，以确保会议的流畅进行。

2.2.1.3 通信设备管理

通信设备管理包括企业的固定电话系统、移动电话设备等通信工具的管理。对于有多个分支机构的企业，要建立内部电话系统，方便内部沟通。例如，采用虚拟专用网络（VPN）电话，实现免费的内部通话。同时，对员工的移动通信设备进行适当的管理，如统一配置企业通信软件，方便工作联系。

2.2.2 软件系统应用管理

2.2.2.1 企业资源规划（ERP）系统管理

ERP 系统集成了企业的财务、采购、销售、库存等多个模块。在财务模块，它能够进行会计核算、成本控制等。例如，通过 ERP 系统，企业可以准确地记录每一笔财务收支，自动生成财务报表。在采购模块，它可以管理供应商信息、采购订单等。企业可以根据库存情况和生产计划自动生成采购订单，提高采购效率。

系统的维护包括数据更新、流程优化等。随着企业业务的变化，需要及时更新 FRP 系统中的数据，如新产品的信息录入、供应商价格调整等。同时，要根据企业的实际运作情况，优化系统中的业务流程，如简化采购审批流程等。

2.2.2.2 客户关系管理（CRM）系统管理

CRM 系统主要用于管理客户信息、销售机会、售后服务等。它可以记录客户的基本信息、购买历史、偏好等。例如，企业的销售人员可以通过 CRM 系统快速了解客户的需求和购买意向，有针对性地进行销售活动。对于售后服务，通过 CRM 系统可以及时跟踪客户的投诉和维修请求，提高客户满意度。

系统的定制和扩展也是重要方面。不同企业的客户关系管理需求不同，可能需要对 CRM 系统进行定制化开发。如一些企业需要增加客户忠诚度管理模块，通过积分系统、会员等级制度等方式增强客户黏性。

2.2.2.3 办公自动化（OA）系统管理

OA 系统涵盖文档管理、工作流程审批、即时通讯等功能。在文档管理方面，它可以实现文档的存储、共享和版本控制。例如，企业的员工可以将工作文档存储在 OA 系统中，方便团队成员之间的共享和协作。工作流程审批功能可以使企业的各种审批流程，如请假审批、费用报销审批等实现电子化。

系统的安全和权限管理是关键。要确保 OA 系统中的文档安全，根据员工的职位和工作内容设置不同的权限。如高层管理人员可以查看和审批所有文件，而普通员工只能查看和编辑与自己相关的文件。

2.2.3 数据资源管理

2.2.3.1 数据采集管理

企业需要从各个业务渠道采集数据，包括市场调研数据、生产数据、销售数据等。例如，通过市场调研问卷收集消费者的需求和意见，在生产线上安装传感器采集生产设备的运行数据和产品质量数据。数据采集的准确性和及时性是关键，要确保采集的数据能够真实反映企业的实际情况。

2.2.3.2 数据存储管理

数据存储要考虑存储容量、存储方式和存储安全。企业可以采用本地存储和云端存储相结合的方式。对于重要的核心数据，如财务数据、客户隐私数据等，可能采用本地服务器存储，并进行定期备份。对于一些非核心数据，如日常办公文档等，可以存储在云端，方便员工随时随地访问。同时，要采用数据加密等安全措施，防止数据泄露。

2.2.3.3 数据分析和利用管理

利用数据分析工具和技术，如数据挖掘、商业智能（BI）等，对企业的数据进行分析。例如，通过对销售数据的分析，企业可以发现销售趋势、客户购买行为模式等，从而制定更有效的销售策略。数据分析结果要能够为企业的决策提供支持，如产品研发方向的调整、市场推广策略的优化等。

2.2.4 信息安全管理

2.2.4.1 物理安全管理

保护企业的信息系统硬件设施的物理安全。其包括数据中心的安全防护，如设置门禁系统、监控系统等，只有授权人员才能进入数据中心，并且可以通过监控系统实时查看数据中心的情况，防止设备被盗或被破坏。

2.2.4.2 网络安全管理

防范网络攻击，如防火墙的配置、入侵检测系统的安装等。防火墙可以阻止外部非法网络访问，对进出企业网络的数据包进行过滤。入侵检测系统则可以实时监测网络中的异常活动，如黑客攻击、恶意软件入侵等，并及时发出警报。同时，要定期更新防病毒软件和安全补丁，提高网络的安全性。

2.2.4.3　数据安全管理

保障数据的保密性、完整性和可用性。采用数据加密技术，对敏感数据进行加密处理。例如，对客户的银行卡信息、企业的商业机密等进行加密存储和传输。同时，要建立数据备份和恢复机制，确保在数据丢失或损坏的情况下能够及时恢复数据。

2.2.5　人员信息化管理

2.2.5.1　员工培训管理

对员工进行信息化技能培训，包括软件系统操作培训、信息安全意识培训等。例如，当企业引入新的 ERP 系统时，要组织员工进行系统操作培训，使员工熟悉系统的各个功能模块，能够熟练地进行日常业务操作。信息安全意识培训则要让员工了解信息安全的重要性，如不随意点击可疑链接、妥善保管企业信息等。

2.2.5.2　员工权限管理

根据员工的工作岗位和职责，赋予不同的系统访问权限和数据操作权限。例如，企业的财务人员可以访问财务系统并进行财务数据的录入和修改，而普通员工可能只有查看财务报表的权限。权限管理要定期进行审核和调整，以适应员工岗位的变化和企业的安全需求。

2.3　企业信息化技术和工具

2.3.1　什么是企业信息化技术和工具

企业信息化管理的技术和工具是指一系列利用现代信息技术，帮助企业实现业务流程优化、信息资源整合、决策支持以及提升管理效率和竞争力的手段与方法。这些技术和工具以计算机技术、网络技术、数据库技术等为基础，通过软件系统、硬件设备以及相关的管理理念和方法，对企业的各类业务活动和信息系统进行全面的管理和支持。

2.3.2　信息化技术和分类

2.3.2.1　提升企业各项业务工作效率的信息系统

这类信息系统的共性是：实现数据整合与共享、实现流程优化和自动化、提高业务数据实时性和动态性，能够提升协同和沟通能力，同时还可以根据企业业务需求定制和适应性改变，具有较强的易用性，能够给用户带来较高的用户体验。

➢ 数据整合与共享

这些信息系统都能够将企业内不同部门、不同业务环节所产生的数据进行有效的整合，打破数据孤岛。例如，ERP 系统整合了财务、采购、生产、销售等多方面的数据，CRM 系统则汇集了客户的各类信息，使得企业内部的信息能够在各个相关部门和岗位之间实现共享，从而避免了重复劳动和信息不一致的问题，提高了工作效率和决策的准确性。

➢ 流程优化与自动化

均致力于对企业的业务流程进行梳理和优化，去除烦琐、不必要的环节，并通过自动化技术来加速流程的执行。无论是 ERP 系统中的采购流程、生产计划流程，还是 OA 系统中的审批流程等，都能够按照预设的规则自动流转，大大减少了人工干预和等待时间，提高了业务处理的速度和质量，降低了因人为因素导致的错误率。

➢ 实时性与动态性

具备实时更新和反馈数据的能力，能够让企业管理者和员工及时了解业务的最新进展和状态。比如 SCM 系统可以实时监控供应链上的库存、物流等信息，CRM 系统能实时反映客户的动态变化和市场趋势，使企业能够迅速做出响应，及时调整策略和行动，以更好地适应市场的变化和满足客户的需求，增强企业的竞争力。

➢ 协同与沟通增强

促进了企业内部不同部门、不同岗位之间的协同工作和沟通交流。无论是项目团队成员之间通过项目管理工具进行协作，还是企业员工利用 OA 系统进行信息共享和沟通，都能够提高团队的协作效率，避免信息传递不畅和误解，确保各项业务工作能够顺利推进。

> **可定制性与适应性**

具有一定的可定制化程度，能够根据企业的特定业务需求和管理模式进行个性化的配置和调整。不同企业的业务流程和管理方式可能存在差异，这些信息系统可以在一定范围内灵活适应企业的个性化要求，确保系统与企业的实际业务紧密结合，更好地发挥其提升工作效率的作用。

> **易用性与用户体验**

注重用户界面的友好性和操作的简便性，以降低员工的学习成本和使用难度。一个易于上手和操作的信息系统能够更快地被企业员工所接受和使用，从而提高系统的应用效果和业务工作效率。同时，良好的用户体验也能够提高员工的工作积极性和满意度，进一步促进企业的发展。

2.3.2.2　实现业务分析和辅助决策的信息系统

业务分析类信息系统是企业运用信息技术和工具，针对业务活动产生的各类数据进行收集、整理、存储、分析和展现的系统，旨在助力企业深入了解业务运营状况，挖掘业务流程中的问题与潜在机会，为企业优化流程、提升运营效率、增强市场竞争力提供数据支持与决策依据；辅助决策类信息系统则是基于信息技术，综合分析和处理企业内外部数据，利用先进数据分析模型、人工智能算法和可视化技术将数据转化为有价值的信息和知识的信息系统，其作用是为企业管理者在复杂业务环境中科学、合理决策提供支持，以达成企业战略目标并提高经济效益。业务分析和辅助决策类信息系统主要有以下特点：

> **深度数据分析能力**

此类信息系统具备强大的数据挖掘和分析功能。它们可以处理海量、复杂的数据，运用先进的算法和模型，从多维度对数据进行剖析。与提高业务工作效率的信息系统相关联，它所分析的数据来源往往是那些系统在日常业务运作中所积累的，如 ERP 系统中的财务、生产数据，CRM 系统中的客户行为数据等。这种深度分析能够挖掘出隐藏在数据背后的关系和趋势，为决策提供更有价值的信息，从而进一步优化业务流程，提高工作效率。

➢ 可视化呈现与快速洞察

以直观的可视化方式展示分析结果是其重要共性。通过图表（如柱状图、折线图、饼图等）、仪表盘、地图等形式，将复杂的数据信息转化为易于理解的可视化界面。这与提高工作效率类信息系统紧密相连，因为这种可视化展示能让企业管理者和相关人员快速洞察业务状况，无须花费大量时间解读数据。例如，在评估销售业绩时，管理者可以通过可视化报表迅速了解不同区域、产品的销售趋势，进而快速做出调整销售策略的决策，避免了因信息获取缓慢导致的决策延迟，间接提高了工作效率。

➢ 预测性分析功能

辅助决策分析类信息系统大多具有预测性分析能力。它们基于历史数据和当前数据，运用机器学习、统计分析等技术，对未来的业务趋势进行预测。这和提高工作效率类信息系统逻辑相关，因为准确的预测可以帮助企业提前规划资源、调整业务方向。比如，通过对市场需求的预测，企业可以提前安排生产计划（结合 ERP 系统）、调整库存水平（涉及 SCM 系统），优化客户服务准备（依据 CRM 系统），使企业在面对变化时更加从容，减少因突发情况导致的效率下降。

➢ 情景模拟与决策优化

能够进行情景模拟是这类系统的又一特点。企业可以在系统中设定不同的条件和参数，模拟各种可能的业务场景，并分析不同决策在这些场景下的结果。这与提高工作效率类的信息系统相辅相成，管理者可以在模拟环境中评估不同决策对现有业务流程和效率的影响，选择最优决策方案。例如，在制定新产品推广策略时，结合 CRM 和市场调研数据，通过情景模拟分析不同营销活动、价格策略对客户获取和销售的影响，避免在实际执行中因试错导致的资源浪费和效率低下。

➢ 实时数据驱动决策

和提高工作效率类信息系统一样，辅助决策分析类信息系统强调实时性。它们能够实时获取和分析最新的数据，使决策基于当前的业务状态。当业务中出现异常情况（如供应链中断、客户投诉激增等）时，系统能及时反馈给决策者，决策者可以迅速启动应对措施，协调相关的业务系统（如 SCM 系统调整物流、CRM 系统处理客户问题）来解决问题，保证业务的连续性和效率。

➢ 与业务流程的融合性

辅助决策分析类信息系统并非孤立存在，而是与提高工作效率的信息系统深度融合。它们的决策建议和分析结果能够直接反馈到业务流程中，指导业务操作。例如，当分析系统发现某个产品的库存周转率异常时，可将信息传递给 ERP 和 SCM 系统，触发库存调整或采购优化的流程，使企业的业务决策和执行形成一个高效的闭环，从而提高整个企业的业务工作效率。

2.3.2.3 用于辅助支撑企业信息系统高效运行的信息系统

这类信息系统主要用于支撑业务应用高效稳定运行，而其自身也是一类信息系统。

从功能角度来看，是指一系列相互关联、相互作用的组件或子系统所构成的整体，其目的在于通过提供各种支持和保障措施，确保企业信息系统能够稳定、高效地运行，实现企业信息的有效管理、传递、处理和利用，从而支持企业的业务流程和决策活动。

从运行机制角度来讲，它通过监控、优化、管理等手段，对企业信息系统的硬件、软件、数据、网络等资源进行合理调配和有效管理，及时发现并解决系统运行过程中出现的问题，预防潜在的故障和风险，保障信息系统的连续性和可靠性。

从与企业信息系统的关系来看，它是企业信息系统的重要补充和支撑体系，与企业信息系统紧密结合、协同工作，共同为企业的运营和发展提供有力的信息技术支持。

辅助支撑企业信息系统高效运行的信息系统主要特点包括：❶ 可靠性，这是最为关键的特点之一。辅助支撑系统需要具备高度的可靠性，确保在企业信息系统运行的过程中，能够稳定地提供各种支持服务，不会因为自身的故障或问题导致企业信息系统的中断或数据丢失。例如，数据备份与恢复系统需要在任何时候都能够准确地备份数据，并在需要时迅速恢复数据，以保障企业信息的完整性和可用性。❷ 高效性，能够快速地响应用户的请求和系统的需求，提高企业信息系统的运行效率。例如，缓存系统可以缓存常用的数据和信息，减少数据的重复查询和传输，从而加快系统的响应速度，提高用户体验和工作效率。❸ 灵活性，可以根据企业信息系统的不同需求和变化，灵活地进行配置和调整。随着企业业务的发展和变化，信息系统也需要不断地进行升级和优化，辅助支撑系统必须能够适应这种变化，及时调整自身的功能和参数，以更好地满足企业信息系统的运行需求。❹ 安全性，保障企业信息系统的信息安全是辅助支撑系统的重要职责。它需要通过各种安全机制和技术手段，防止数据泄露、非法访问、病毒攻击等安全威胁，确保企业信息的保密性、完整性和可用性。比如，防火墙系统可以阻止未经授权的外部访问，入侵检测系统可以及时发现并阻止潜在的入侵行为。❺ 可管理性，具备良好的可管理性，方便管理员对其进行监控、配置、维护和管理。通过直观的管理界面和有效的管理工具，管理员可以轻松地了解辅助支撑系统的运行状态，及时发现和解决问题，确保系统的正常运行。❻ 兼容性，辅助支撑系统需要与企业信息系统的各种硬件、软件环境以及其他相关系统具有良好的兼容性。只有与企业现有的信息技术基础设施无缝集成，才能够充分发挥其辅助支撑作用，避免因兼容性问题导致的系统冲突和运行故障。❼ 智能性，在当今数字化时代，越来越多的辅助支撑系统具备智能性特点。它们可以通过数据分析、机器学习等技术手段，对企业信息系统的运行数据进行深入挖掘和分析，自动发现潜在的问题和优化点，并提供相应的建议和解决方案，从而实现智能化的管理和优化。

2.3.2.4　用于保证企业物理安全和信息安全的信息系统

这类信息系统是一种综合的技术体系和管理框架，旨在通过一系列技术手段、管理策略和监控措施，确保企业的物理环境和信息资产的安全性、完整性和可用性。它融合了物理安全技术与信息安全技术，对企业的人员、设备、设施、数据以及网络等进行全面的保护和管理。

➢ 物理安全方面

（1）环境安全

机房环境监控系统，用于监测机房的温度、湿度、漏水等情况，确保机房环境处于适宜设备运行的状态。例如，当温度过高或湿度过大时，系统会自动触发报警并启动空调、除湿机等设备进行调节。

防火系统，包括火灾探测器、灭火器、自动喷水灭火系统等，能够及时发现并扑灭火灾，保护机房设备和数据。

防雷系统，防止雷电对电子设备造成损害，如避雷针、浪涌保护器等设备可将雷电电流引入地下，保障设备的安全运行。

（2）设备安全

设备防盗系统，如门禁系统、监控摄像头、红外报警等设备，防止未经授权的人员进入设备存放区域，盗窃或破坏设备。例如，企业的服务器机房设置严格的门禁系统，只有授权人员才能进入。

设备维护管理系统，对设备的运行状态进行实时监测和维护，记录设备的使用情况、故障信息等，以便及时进行维修和保养，延长设备的使用寿命。

电力供应系统，确保设备的稳定供电，包括不间断电源（UPS）、备用发电机等设备，防止因电力故障导致设备停机或数据丢失。

（3）介质安全

存储介质管理系统，对存储数据的硬盘、U盘、光盘等介质进行管理，包括介质的登记、存储、使用和销毁等环节，防止介质丢失或数据泄露。

数据备份系统，定期对重要数据进行备份，将数据存储在不同的物理介质或地理位置，以便在数据丢失或损坏时能够快速恢复。

➤ 信息安全方面

（1）网络安全

防火墙系统，作为网络边界的安全防护设备，阻止外部未经授权的访问和攻击，对进出企业网络的流量进行过滤和监控。例如，企业的网络防火墙可以阻止外部的恶意攻击和非法访问，保护企业内部网络的安全。

入侵检测系统（IDS）和入侵防御系统（IPS），能够实时监测网络中的异常流量和攻击行为，并及时采取相应的防护措施，如报警、阻断攻击等。

虚拟专用网络（VPN），为远程办公或分支机构提供安全的网络连接，通过加密技术保证数据在传输过程中的安全性。

（2）主机安全

操作系统安全，对操作系统进行安全配置和加固，及时安装系统补丁，关闭不必要的服务和端口，防止操作系统被攻击或漏洞利用。

应用程序安全，对企业内部使用的各种应用程序进行安全测试和漏洞扫描，确保应用程序的安全性和稳定性。例如，企业的财务软件需要定期进行安全检测，防止数据泄露或被篡改。

病毒防护系统，安装防病毒软件，对计算机病毒、恶意软件等进行实时监测和查杀，保护主机系统的安全。

（3）数据安全

数据加密系统，对敏感数据进行加密处理，防止数据在存储和传输过程中被窃取或篡改。例如，企业的客户信息、财务数据等敏感信息在存储和传输时都需要进行加密处理。

访问控制管理，通过身份认证、授权等技术手段，控制用户对数据的访问权限，确保只有授权用户能够访问和操作相应的数据。

数据泄露防护系统，对企业内部的数据传输和使用进行监控，防止数据通过电子邮件、移动存储设备等途径泄露出去。

（4）安全管理

安全策略管理，制定企业的信息安全策略和规章制度，明确信息安全的目标、原则和要求，为企业的信息安全管理提供指导和依据。

安全培训系统，对企业员工进行信息安全培训，提高员工的安全意识和安全技能，使员工能够正确使用信息系统和保护企业的信息资产。

安全审计系统，对企业信息系统的运行情况、用户行为、安全事件等进行审计和记录，以便及时发现安全问题和违规行为，并进行追溯和调查。

用于保证企业物理安全和信息安全的信息系统主要包括以下特点：❶ 综合性，该信息系统将物理安全和信息安全的各个方面进行整合，形成一个统一的安全防护体系，能够全面地保护企业的安全。物理安全措施为信息系统的硬件设备和存储介质提供基础的保护，而信息安全技术则保障了数据的保密性、完整性和可用性，两者相互配合，缺一不可。❷ 实时性，具备实时监测和预警功能，能够及时发现安全隐患和攻击行为，并迅速采取相应的防护措施。例如，入侵检测系统可以实时监测网络流量，一旦发现异常行为立即报警；环境监控系统可以实时监测机房的温度、湿度等参数，当超出设定范围时自动启动调节设备。❸ 预防性，通过安全策略的制定、安全培训的实施等措施，提高企业员工的安全意识和防范能力，预防安全事件的发生。例如，定期对员工进行信息安全培训，使员工了解常见的安全威胁和防范方法，避免因员工的疏忽或不当操作导致安全问题。❹ 可扩展性，随着企业的发展和业务的变化，信息系统的规模和安全需求也会不断增加。该信息系统具有良好的可扩展性，能够方便地添加新的安全设备和功能模块，满足企业不断发展的安全需求。❺ 管理性，提供集中的管理平台，方便管理员对物理安全和信息安全进行统一管理和监控。管理员可以通过管理平台实时了解系统的运行情况、安全事件等信息，并进行远程管理和控制，提高管理效率和响应速度。

2.4　信息化组织架构

　　一个健康良好运转的企业，需要一个合理、清晰的组织架构，那么我们企业信息化管理也同样需要一个强有力的组织架构。这种架构根据企业自身的特点，会有很人差异，有些企业信息化组织架构和行政组织架构是相统一的，也有的企业是与行政架构单独分离的一个系统，但无论是怎样的架构，都要保证企业信息化工作的高效开展，并保证这个架构在切实运转。

　　信息化组织架构管理涵盖了组织架构的设计、人员管理、运行与协调、优化与变革等多方面的内容，以下是详细介绍：

2.4.1　组织架构设计

　　确定组织目标与战略：明确企业信息化的长期目标和战略规划，如提升企业运营效率、增强市场竞争力等，并据此设计与之匹配的组织架构。

　　职能与分工设计：根据信息化工作的不同职能，如系统开发、运维、数据分析等，划分相应的部门或团队，明确各部门和岗位的职责与权限。

　　层级与汇报关系：建立合理的管理层级，明确各层级之间的汇报关系和决策流程，确保信息流通顺畅，决策高效执行。

2.4.2　人员管理

　　人员招聘与配置：根据组织架构和业务需求，招聘具备相应专业技能和经验的信息化人才，合理配置到各个岗位。

　　培训与发展：为员工提供持续的培训和发展机会，帮助其提升专业技能和综合素质，以适应信息化技术的快速发展和企业业务的变化。

绩效考核与激励：建立科学合理的绩效考核体系，对员工的工作表现进行评估，并根据评估结果给予相应的激励，调动员工的工作积极性。

2.4.3 运行与协调机制

沟通机制：建立多种沟通渠道，如定期会议、项目汇报、即时通信工具等，促进各部门和团队之间的信息共享和交流，及时解决工作中的问题。

协作流程：明确跨部门、跨团队的协作流程和规范，如项目立项、需求变更、问题处理等流程，确保各项工作有序进行。

资源分配与协调：合理分配信息化资源，包括硬件设备、软件工具、项目资金等，并协调解决资源分配过程中的冲突和问题。

2.4.4 信息化项目管理

项目规划与立项：对信息化项目进行规划和可行性研究，确定项目的目标、范围、时间、成本等要素，组织项目立项评审。

项目执行与监控：按照项目计划组织实施，对项目进度、质量、成本等进行监控和管理，及时解决项目执行过程中出现的风险和问题。

项目验收与交付：组织项目验收，对项目成果进行评估和审核，确保项目达到预期目标，完成项目成果的交付和推广应用。

2.4.5 安全与风险管理

信息安全管理：建立健全信息安全管理制度和技术体系，加强对信息系统和数据的安全防护，防止信息泄露、篡改和破坏等安全事件的发生。

风险管理：识别和评估信息化工作中的各种风险，如技术风险、项目风险、安全风险等，制定相应的风险应对策略，降低风险发生的概率和影响程度。

2.4.6 组织文化建设

信息化意识培养：通过培训、宣传等方式，培养全体员工的信息化意识和数字化思维，营造积极支持和参与信息化建设的文化氛围。

团队文化建设：打造团结协作、积极向上的信息化团队文化，增强团队凝聚力和战斗力，提高团队的工作效率和创新能力。

2.4.7 优化与变革管理

绩效评估与反馈：定期对信息化组织架构的运行效果进行评估，收集各方反馈意见，发现存在的问题和不足之处。

调整与优化：根据评估结果和企业发展的需要，适时对组织架构、人员配置、流程制度等进行调整和优化，确保信息化组织始终保持高效运行。

变革管理：在组织架构发生重大变革时（如企业数字化转型、业务流程重组等），做好变革管理工作，引导员工积极适应变革，减少变革阻力，确保变革的顺利实施。

2.5　信息化资产与设备

我们在开展企业信息化的过程中，能够主动地、有意识地用信息化手段和技术去管理和企业主营业务相关的资产和设备，事实上，由于信息化手段和技术的应用也确实提高了对于这些资产和设备的管理能力，那么信息化资产和设备用不用管理，用什么技术手段去管理呢？在很多企业特别是规模不大的企业，常常会忽略这个问题，然而，如果不对信息化资产和设备有效管理，我们的信息系统将无法持续保证良好的运行状态，而且在业务需求和规模发展到一定复杂度后，如不对信息化资产和设备进行管理，信息系统对业务支撑效率将会逐步降低，甚至彻底崩溃。为应对这些风险，我们必须高度重视信息化资产和设备管理，形成高效、健康的管理运行机制。

信息化资产与设备管理是指企业或组织对其拥有的各类信息化资产和设备进行全面规划、有效控制、合理配置、科学维护以及安全管理等一系列活动的总称。它涵盖了从信息化资产与设备的采购、部署、使用、维护到报废处置的全生命周期管理，旨在通过科学的管理方法和手段，确保这些资产与设备能够高效、稳定、安全地运行，为企业的信息化建设和业务发展提供有力支持。

深化加强信息化资产和设备管理可以实现：

保障业务连续性：信息化资产与设备是企业业务运营的重要支撑，如服务器、网络设备等的稳定运行直接关系到企业各项业务的正常开展。通过有效的管理，可以及时发现和解决设备故障，预防潜在风险，避免因设备问题导致业务中断，确保企业业务的连续性和稳定性。

提高资产利用率：合理规划和配置信息化资产与设备，能够避免资源的闲置和浪费。通过对资产使用情况的监控和分析，企业可以了解设备的利用率，及时调整资源分配，实现资产的优化配置，提高资产的利用率，降低企业的运营成本。

提升信息安全水平：信息化资产与设备中存储和传输着大量的企业敏感信息，如客户数据、财务数据等。加强管理可以确保这些设备的安全性，防止数据泄露、篡改、丢失等安全事件的发生。例如，通过定期的安全漏洞扫描、访问控制管理等措施，保护企业信息资产的安全，维护企业的声誉和利益。

支持企业决策：准确的信息化资产与设备信息是企业进行决策的重要依据。通过管理，企业能够清晰地了解资产的数量、分布、状态、价值等情况，为企业的信息化战略规划、预算编制、投资决策等提供数据支持，帮助企业做出更加科学合理的决策。

促进企业数字化转型：在数字化时代，企业的发展离不开信息化的支持。有效的信息化资产与设备管理能够为企业数字化转型提供坚实的基础保障，确保企业能够顺利引入和应用新的信息技术，提升企业的数字化能力和竞争力，更好地适应市场变化和客户需求。

符合合规要求：随着法律法规的不断完善，企业在信息安全、数据保护等方面面临着越来越严格的合规要求。加强信息化资产与设备管理有助于企业满足相关法律法规和标准的要求，避免因违规行为而面临的法律风险和处罚。

2.5.1　企业信息化资产和设备管理主要内容

硬件设备：包括服务器、存储设备、网络设备、计算机终端、打印机、扫描仪等。这些设备是信息化系统的物理基础，为数据处理、存储和传输提供支持。

软件资产：涵盖操作系统、数据库管理系统、应用软件、中间件等。软件是实现各种业务功能和数据处理的关键，不同类型的软件在信息化环境中发挥着不同的作用。

数据资产：作为企业的重要资产之一，包括结构化数据（如数据库中的数据）、半结构化数据（如 XML、JSON 格式的数据）和非结构化数据（如文档、图片、视频等）。数据是企业决策的依据和核心竞争力的重要体现。

网络资源：指企业内部的局域网、广域网以及与外部网络的连接等网络基础设施，包括网络带宽、IP 地址、域名等资源，保障信息的互联互通。

信息安全设备与技术：如防火墙、入侵检测系统、加密设备、防病毒软件等，用于保护信息化资产免受各种安全威胁，确保信息的保密性、完整性和可用性。

移动设备：随着移动办公的普及，智能手机、平板电脑等移动设备也成为信息化资产的一部分。这些设备需要进行有效的管理，以确保企业信息的安全和合规使用。

2.5.2 信息化资产和设备的管理方法

资产清单管理：建立详细的信息化资产清单，记录每项资产的名称、型号、规格、购置时间、购置价格、使用部门、责任人等信息，以便对资产进行全面的跟踪和管理。

分类与分级管理：根据资产的重要性、价值、敏感性等因素对信息化资产进行分类和分级，针对不同级别的资产制定相应的管理策略和保护措施，确保重点资产得到重点保护。

采购与配置管理：规范信息化资产的采购流程，包括需求评估、选型、采购、验收等环节，确保所采购的资产符合企业的业务需求和技术标准。同时，做好资产的配置管理工作，记录资产的配置信息和变更历史，保证资产的配置始终处于有效和可控状态。

使用与维护管理：制定信息化资产的使用规范和操作流程，加强对用户的培训和指导，确保资产的正确使用和维护。定期对资产进行巡检、保养和维修，及时处理资产故障和问题，延长资产的使用寿命，提高资产的运行效率。

安全管理：建立健全信息安全管理制度，加强对信息化资产的安全防护，包括访问控制、数据加密、备份恢复、安全审计等措施，防止资产受到非法访问、篡改、泄露等安全威胁。

报废与处置管理：对达到使用寿命或因技术更新等原因不再使用的信息化资产，按照规定的流程进行报废和处置，确保资产的安全销毁或合理再利用，防止资产流失和信息泄露。

2.5.3 管理工具与技术

资产管理软件：通过使用专业的资产管理软件，实现信息化资产的全生命周期管理，包括资产的登记、查询、统计、变更、折旧等功能，提高资产管理的效率和准确性。

配置管理工具：如网络设备配置管理工具、服务器配置管理工具等，用于自动化地管理和监控资产的配置信息，及时发现配置变更和潜在的配置问题，保证资产配置的一致性和合规性。

远程监控与管理技术：利用远程监控工具和技术，对信息化设备进行实时监控和远程管理，包括设备的运行状态监测、故障诊断、远程维护等，提高设备的管理效率和响应速度，降低管理成本。

自动化部署与运维工具：借助自动化部署工具和运维管理平台，实现软件的自动化安装、配置和更新，以及系统的自动化运维和故障处理，提高信息化系统的部署效率和运维质量，减少人为操作失误。

信息安全管理工具：如防火墙管理工具、入侵检测系统管理工具、漏洞扫描工具、加密管理工具等，帮助企业有效地管理和维护信息安全设备和技术，及时发现和处理安全威胁，保障信息化资产的安全。

数据分析与报表工具：利用数据分析和报表工具，对信息化资产的相关数据进行收集、分析和挖掘，生成各种管理报表和分析报告，为资产管理决策提供数据支持，帮助企业优化资产管理策略和提高资产利用率。

2.6 信息化制度管理

信息化制度管理是指企业或组织为了实现信息化建设的目标，对信息化相关的各项活动、流程、人员等进行规范化、标准化管理的一系列措施和过程。它通过制定和执行一系列制度，确保信息化工作的有序开展，提高信息化资源的利用率，保障信息系统的安全稳定运行，促进信息技术与企业业务的深度融合，从而推动企业的发展和提升企业的竞争力。

2.6.1 信息化制度的分类

2.6.1.1 信息系统建设与运维制度

系统开发制度：规范信息系统的需求分析、设计、编码、测试、上线等开发流程，确保系统开发的质量和进度。

系统运维制度：明确系统日常运行维护的职责、流程和标准，包括系统监控、故障处理、性能优化、数据备份与恢复等内容，保障系统的稳定运行。

系统升级与变更管理制度：规定信息系统升级和变更的申请、审批、实施、测试等流程，确保系统的变更不会对业务产生不利影响。

2.6.1.2 信息安全管理制度

网络安全制度：涵盖网络访问控制、防火墙配置、入侵检测与防御、VPN 使用等方面的规定，保护企业网络免受外部攻击。

数据安全制度：包括数据分类分级、数据加密、数据访问授权、数据备份与恢复策略等，确保数据的保密性、完整性和可用性。

信息安全审计制度：建立信息安全审计的流程和标准，对信息系统的安全状况进行定期审计和评估，发现并整改安全隐患。

2.6.1.3 信息化项目管理制度

项目立项制度：明确信息化项目的立项流程、审批标准和项目可行性研究的要求，确保项目符合企业战略和业务需求。

项目实施制度：规范项目的计划制定、资源分配、进度控制、质量保证等实施过程，提高项目的成功率。

项目验收制度：制定项目验收的标准、流程和方法，对项目成果进行严格验收，确保项目达到预期目标。

2.6.1.4 信息化人员管理制度

人员招聘与培训制度：规定信息化人员的招聘标准、流程和培训计划，提高人员的专业素质和技能水平。

绩效考核与激励制度：建立信息化人员的绩效考核指标和激励机制，调动员工的工作积极性和创造性。

岗位责任制：明确信息化各岗位的职责和权限，确保每个岗位的工作都有明确的规范和要求。

2.6.1.5 数据管理制度

数据质量管理制度：制定数据质量的评估标准和管理流程，确保数据的准确性、完整性和一致性。

数据标准管理制度：规范数据的编码、格式、命名等标准，提高数据的规范性和共享性。

元数据管理制度：对元数据的定义、采集、存储、使用等进行管理，为数据管理提供基础支持。

2.6.1.6 信息化资产和设备管理制度

资产设备清单管理制度：建立详细的信息化资产和设备清单，记录资产和设备的名称、型号、规格、购置时间、购置价格、使用部门、责任人等信息，便于全面跟踪和管理。

采购与配置管理制度：规范信息化资产和设备的采购流程，包括需求评估、选型、采购、验收等环节，确保所采购的资产和设备符合企业业务需求和技术标准。同时，明确资产和设备的配置管理要求，记录配置信息和变更历史。

使用与维护管理制度：制定信息化资产和设备的使用规范和操作流程，指导员工正确使用，加强对使用情况的监控。规定定期巡检、保养和维修计划，及时处理故障，确保资产和设备正常运行，延长使用寿命。

报废与处置管理制度：明确信息化资产和设备报废的条件、审批流程和处置方式，确保达到报废标准的资产和设备能安全、合规地进行处理，防止资产流失和信息泄露。

资产设备安全管理制度：针对信息化资产和设备，尤其是存储有重要数据的设备，制定安全防护措施，包括物理安全防护（如机房环境安全）、访问控制、防盗窃、防破坏等内容，保障资产和设备安全。

2.6.2　主要工作内容

企业信息化制度管理的主要内容包括：制定制度管理计划、制度建设和制度保证。

2.6.2.1　制定制度管理计划

这是企业信息化制度管理的起始环节，是对整个制度管理工作的规划与安排。它旨在根据企业的战略目标、信息化发展现状及需求，确定制度管理的方向、目标、步骤和资源分配等，为后续的制度建设和保证工作提供指导框架。主要工作内容如下：

分析现状与需求：对企业当前的信息化水平、业务流程、信息系统应用情况、人员信息素养等进行全面评估。同时，结合企业战略规划，确定信息化发展方向，分析在这一过程中对制度管理的需求，例如，是否需要新的安全制度以应对数据量增加带来的风险，或者是否需要调整项目管理流程以适应新的信息化项目特点。

确定目标与范围：明确制度管理计划的目标，如在特定时间内完善信息安全制度、提高制度的执行率等。同时，确定计划涵盖的范围，包括涉及哪些信息化领域（是仅信息系统还是涵盖数据、人员、设备等所有相关方面）、哪些部门和人员等。

规划工作步骤与时间表：将制度管理工作分解为具体步骤，如先进行信息安全制度的梳理，再开展信息化项目管理制度的优化等。为每个步骤设定合理的时间期限，形成详细的时间表，确保各项工作有序推进。例如，计划第一季度完成信息安全制度初稿的制定，第二季度进行内部评审等。

资源分配：确定开展制度管理工作所需的资源，包括人力资源（如安排专人负责制度制定、审核人员等）、资金资源（如用于聘请外部顾问、购买相关工具的费用）、技术资源（如使用特定的文档管理系统来存储和更新制度文件）等，并合理分配到各个工作阶段。

2.6.2.2　制度建设

制度建设是企业信息化制度管理的核心内容，是指根据企业信息化战略和实际情况，制定、完善一系列信息化相关制度的过程。这些制度将为企业信息化建设和运行的各个环节提供明确的规范和准则，确保信息化工作的科学性、合理性和有效性。主要工作内容包括：

确定制度框架：根据企业信息化涉及的领域和环节，构建完整的制度框架。例如，包括信息系统开发与运维制度、信息安全管理制度、信息化项目管理制度、信息化人员管理制度、数据管理制度以及信息化资产和设备管理制度等主要模块，每个模块再细分具体的制度条款。

制定具体制度条款：信息系统开发与运维制度条款，即详细规定信息系统开发的流程，从需求收集、分析、设计、编码、测试到上线的各个环节的标准和参与人员的职责。对于运维，明确系统监控的指标和频率、故障处理的流程和响应时间、性能优化的方法和周期以及数据备份与恢复的策略和测试要求等。

信息安全管理制度条款：涵盖网络安全方面的访问控制策略、防火墙和入侵检测系统的配置与管理规定；数据安全方面的数据分类分级标准、加密方法、访问授权机制以及安全审计的流程和频率等，确保企业信息资产在各个层面的安全防护。

信息化项目管理制度条款：在项目立项阶段，明确项目的可行性研究要求、立项审批流程和立项文档的规范；在项目实施过程中，确定项目计划制定的要素、资源分配原则、进度控制方法和质量保证措施；在项目验收时，规定验收的标准、流程和验收报告的内容。

信息化人员管理制度条款：包括人员招聘的专业技能和素质要求、招聘流程、培训计划的制定依据和实施方式、绩效考核的指标（如工作完成情况、对信息化项目的贡献等）和激励机制（如奖金、晋升等），以及各岗位的职责范围和权限界定。

数据管理制度条款：规定数据质量管理制度中的数据准确性、完整性和一致性的评估方法和改进措施；数据标准管理制度中的数据编码、格式和命名规范；元数据管理制度中的元数据定义、采集、存储和使用的流程和标准。

信息化资产和设备管理制度条款：在资产设备清单管理制度中，确定详细的资产和设备信息记录要求；采购与配置管理制度中，规范采购流程中的需求评估、选型、采购和验收环节以及配置信息的管理；使用与维护管理制度中，制定资产和设备的使用规范、操作流程、巡检保养计划和故障处理流程；报废与处置管理制度中，明确报废条件、审批流程和处置方式；资产设备安全管理制度中，规定针对资产和设备的物理安全防护、访问控制和防盗防破坏措施。

审核与修订制度内容：组织相关部门和专业人员对制定的制度内容进行审核。审核人员包括信息化部门的技术专家、业务部门代表、法律合规人员等。从不同角度检查制度的合理性、可行性、合规性以及与企业实际情况的契合度。根据审核意见对制度进行修订，确保制度内容完善且符合企业利益。

2.6.2.3　制度保证

制度保证是确保企业信息化制度能够有效实施和持续发挥作用的一系列活动。它关注制度在企业日常运营中的执行情况，通过监督、评估、反馈和调整等手段，保障制度的权威性和有效性，使信息化制度真正成为企业信息化建设和发展的有力支撑。其工作内容包括：

制度培训与宣传：通过组织培训课程、制作培训资料、线上学习平台等方式，向企业员工详细介绍信息化制度的内容、意义和要求。培训对象包括信息化部门人员、业务部门员工以及涉及信息化相关工作的所有人员。同时，利用企业内部公告、邮件、宣传栏等渠道对制度进行广泛宣传，提高员工对制度的知晓度和认同感。

监督与检查制度执行情况：建立监督机制，定期或不定期对各部门和员工执行信息化制度的情况进行检查，检查方式包括自查、互查、专项检查等。例如，检查信息系统运维人员是否按照规定的流程和时间进行系统监控和故障处理，业务部门员工是否遵守信息安全制度中关于数据访问和使用的规定等。对检查结果进行记录和分析，发现执行过程中的问题和偏差。

评估制度有效性：定期对信息化制度的有效性进行评估。从制度目标达成情况、对企业信息化建设的促进作用、与业务发展的匹配度、员工满意度等多个维度进行分析。例如，评估信息安全制度是否有效降低了信息安全事件的发生率，信息化项目管理制度是否提高了项目的成功率和质量等。通过数据分析、员工反馈、业务指标变化等途径收集评估信息。

反馈与调整制度：根据监督检查和评估的结果，将发现的问题和改进建议及时反馈给相关部门和领导。对于制度执行过程中的问题，分析原因，如是否是制度本身不够清晰、员工理解有误，还是其他原因，采取针对性措施进行解决。如果是制度本身存在缺陷，如某些条款已不适应企业新的业务模式或信息化技术发展，应及时对制度进行调整和优化，确保制度的持续有效性。

2.6.3　制度管理注意事项

制度管理是一个重要且复杂的管理过程，我们既不能脱离实际去建立一些毫无实操性可言的制度，又不能不建立任何制度，同时我们还要注重制度的执行，因此我们在制度管理过程中应注意以下问题：

合规性： 信息化制度必须符合国家法律法规和行业监管要求，确保企业的信息化活动合法合规。

适应性： 制度应紧密结合企业的实际情况和信息化发展阶段，具有较强的适应性和可操作性。

系统性： 信息化制度应形成一个完整的体系，各项制度之间相互协调、相互补充，避免出现制度漏洞和冲突。

动态性： 随着信息技术的快速发展和企业业务的不断变化，信息化制度需要及时更新和调整，保持其动态性和有效性。

沟通与协调： 在制度制定和执行过程中，要加强与各部门之间的沟通与协调，充分听取各方意见，确保制度的顺利实施。

2.6.4　制度管理的重要意义

规范信息化工作流程： 明确信息化各项工作的流程和标准，减少工作的随意性和不确定性，提高工作效率和质量。

保障信息系统安全： 通过建立健全信息安全管理制度，加强信息安全防护措施，有效防范信息安全风险，保障企业信息资产的安全。

提高信息化资源利用率： 合理配置信息化资源，规范资源的使用和管理，避免资源的浪费和闲置，提高资源的利用率。

促进信息化与业务的融合： 明确信息化部门与业务部门的职责和协作机制，推动信息技术在企业业务中的广泛应用，促进信息化与业务的深度融合。

提升企业管理水平： 信息化制度管理有助于实现企业信息化建设的规范化、标准化和科学化，提升企业的整体管理水平和竞争力。

2.7　信息化管理的有机性

本章主要阐述了信息化管理的含义、所包含的主要内容以及各部分内容的特点和性质，信息化管理是从有信息化这项工作时就开始的，各个部分必须形成有机闭环。

信息化是一个复杂且有机统一的系统，其中信息化范围管理、组织架构、管理技术和工具、资产和设备，以及管理制度相互关联、相互作用。信息化范围管理明确了信息化建设的边界和目标，这为信息化组织架构的设计提供了方向，决定了组织内各部门和岗位的职责设定以及资源分配方式，以确保各个环节都围绕着既定的信息化目标展开工作。而合理的信息化组织架构则是保障信息化建设顺利推进的骨架，它需要依据信息化范围管理确定的目标来安排人员和流程，同时也为信息化管理技术和工具的选择与应用提供组织层面的支撑，确保这些技术和工具能在合适的人员操作下发挥最大效能。信息化管理技术和工具则是实现信息化范围管理目标的有力手段，它们能高效地处理信息化资产和设备相关的运维、监控等工作，比如利用先进的配置管理工具对信息化设备进行精准配置和管理。信息化资产和设备是信息化建设的物质基础，其采购、使用、维护等管理流程需要依据信息化范围管理的要求进行规划，通过信息化组织架构中的人员来实施，并且在信息化管理技术和工具的辅助下实现优化配置和高效利用。信息化管理制度则像一条贯穿始终的红线，规范着信息化范围管理的流程、信息化组织架构中人员的行为、信息化管理技术和工具的使用规则，以及信息化资产和设备的全生命周期管理，确保各个部分在统一的标准和规范下协同工作，共同促进企业信息化建设朝着预定目标稳定、高效地发展。

？ 思考

① 在企业信息化发展过程中，如果信息化范围管理发生了重大调整，比如拓展新的业务领域纳入信息化范畴，那么这将如何影响信息化组织架构、管理技术和工具、资产和设备以及管理制度？请详细阐述其连锁反应机制。② 假设企业引入了一套全新的、高度先进的信息化管理技术和工具，从信息化范围管理的精准实施、信息化组织架构的适应性变革、信息化资产和设备的高效利用以及信息化管理制度的配套更新等角度出发，分析企业需要做出哪些相应的调整和优化措施？为什么？

3

信息化项目
全过程管理

3.1.1 项目的定义

项目是为提供某项独特的产品、服务或成果所进行的一次性努力。具体解释为用有限的时间、有限的资源为特定的用户完成特定目标的一次性工作。

资源：人、财、物，其中人包括厂家（乙方）进行开发、运维、实施、服务的专业人员。

时间：项目的开始和结束时间，说明项目实施的时限性，任何项目不可能无限期地延长。

用户：提供资金、确定需求并拥有项目成果的组织或个人。

目标：满足需求的产品、服务和成果（有时是无形的，为什么？）。

例如，企业开发一款新的办公自动化软件就是一个项目，这个项目在软件上线并稳定运行后结束，其目标是为企业员工提供高效便捷的办公工具。

3.1.2 项目管理的理论和方法

国际上公认的项目管理理论包括五大过程组和九大知识领域

五大过程组：启动过程组、计划过程组、执行过程组、监督和控制过程组、收尾过程组。

九大知识领域：整体管理、范围管理、时间管理、成本管理、质量管理、人资管理、沟通管理、风险管理和采购管理。

以上内容是从千百个项目管理过程中总结和提炼出来的，我们在项目管理中做的任何工作都不出五大过程组、九大知识领域的藩篱，但有可能我们并不察觉正在开展的工作属于九大知识领域中的哪一域。在我们开展某些工作不顺畅之时，思考所开展工作与项目管理理论的对应关系，可能会得到更好的工具和解决办法，有助于提高项目工作整体效能。

请大家认真思考，自己所开展的工作与"项目定义""项目过程组和知识领域"的对应关系。

3.1.3　项目管理的几个阶段

信息系统项目管理对于项目的成功实施至关重要。它通过科学的方法和流程，保障项目在有限资源和时间限制下达到预期目标。其主要涵盖以下几个方面：

启动阶段，要确定项目的可行性和必要性。这需要评估组织的战略需求、技术能力和资源状况等。例如，一家电商企业想要建立一套基于大数据分析的精准营销系统，启动时要分析企业现有的数据量、技术人员对数据分析技术的掌握程度以及项目预算等因素。

规划阶段，包括制定项目计划、成本预算、质量计划等。以开发一款移动应用程序为例，需要规划各个功能模块的开发顺序和时间安排，估算开发成本，确定应用程序要达到的性能和用户体验质量标准。

执行阶段，按照规划好的方案组织人员和资源开展项目工作。例如，安排程序员编写代码、设计师设计界面、测试人员准备测试环境等，确保项目按计划推进。

监控阶段，实时跟踪项目的进度、成本和质量。若发现项目进度滞后，如开发某个功能模块花费时间过长，需及时分析原因，可能是技术难题或人员安排问题，并采取相应措施，如增加技术支持或调整人员分工。

收尾阶段，对项目成果进行验收，确保信息系统符合预期功能和质量要求。同时整理项目文档，释放资源，并对项目团队成员的绩效进行评估，为后续项目积累经验。通过有效的信息系统项目管理，可以提高项目成功率，为企业和组织创造价值。

以上基本阐明了项目的定义、概念和不同阶段，那么我们如何立项呢？

3.1.4　项目来源

在实际工作中，我们会参与各种项目，虽然不一定作为项目负责人（甲方项目经理），但也会参与到项目工作中来。近些年，我们工作中遇到的信息化项目占的比重越来越大。我们所说的信息化项目不一定是由单位负责信息化管理的部门下达的项目，往往很多营销项目究其实质，其实就是信息化项目。这些项目是如何形成的？它们的来源是什么？

统推： 即上级统推，这是当前最主要的来源。各部门都有这类项目。这类项目的特点是标准化程度高，个性化调整余地少，立项成功率较高。

内部产生： 某部门想通过信息化来改善提升业务水平而产生的项目。这类项目的特点是立项成功率相对低，资金额度相对少，需求调整相对随意。

在我们接到上级工作要求后，或在实际工作中产生了一些需求设想后，就可以开始准备以项目的方式完成上级工作要求，实现我们自己的工作设想。当然这仅仅是一切的开端，因为到目前为止，我们还没有真正形成项目，所以我们需要做一些准备工作。

? 思考

我们有哪些项目是统推？哪些项目是内部产生的？

3.1.5　立项相关工作

我们在立项时至少要做好项目需求分析、可行性研究、提交立项申请等工作，做好需求分析，可以明确企业信息化的目标，让相关资金有的放矢地被使用，而可行性研究旨在讨论在现有技术能力和资源的情况下，企业需求目标能否实现，是否可以形成产品，这些工作做好之后，就要向有关管理部门提交申请，以求得资金批复。

3.1.5.1　项目需求分析

➢ 内部调研

与企业内各部门沟通，了解其业务流程、工作方式和当前面临的问题。例如，销售部门可能需要更高效的客户信息管理系统来提高销售效率，财务部门可能需要信息化系统优化财务报表生成流程。通过面谈、问卷调查等方式收集这些详细需求。

分析现有信息系统的使用情况，包括其功能的满足程度、性能瓶颈、数据准确性等问题。如果企业已有库存管理系统，但存在库存数据更新不及时的情况，这就是需要在新的信息化项目中解决的问题之一。

> **外部调研**

研究同行业其他企业的信息化水平和应用案例。了解竞争对手或行业领先企业所采用的信息化解决方案，分析其优势和可借鉴之处。比如，同行业企业采用了先进的数据分析系统来优化供应链管理，这可以为自身项目提供参考。

关注行业的技术发展趋势，如新技术在本行业信息化中的应用情况。例如，随着人工智能技术的发展，制造业企业可以考虑在质量检测环节引入基于人工智能的图像识别技术来提高检测效率和准确性。

3.1.5.2 项目可行性研究

> **技术可行性**

评估现有技术能否满足项目需求。分析项目所需的软件、硬件技术是否成熟，企业内部技术人员是否具备相应的技术能力，或者是否可以通过培训或外部招聘获得相关技术支持。例如，若计划开发一款基于虚拟现实（VR）技术的培训系统，要考虑企业是否有能力开发 VR 相关的软件和是否有合适的硬件设备来运行该系统。

研究技术发展趋势对项目的潜在影响。如果项目周期较长，要考虑在项目实施过程中可能出现的新技术对项目的冲击，如是否会使项目所采用的技术在未完成时就已经落后。

> **经济可行性**

进行成本估算，包括项目前期的调研成本、软件开发或购买成本、硬件设备采购成本、人员培训成本、项目实施过程中的运维成本等。例如，一个企业资源规划（ERP）系统项目，要计算购买 ERP 软件的许可证费用、服务器等硬件设备费用、对员工进行 ERP 操作培训的费用以及后续系统维护和升级的费用。

进行效益分析，主要从直接经济效益和间接经济效益两方面考虑。直接经济效益如通过信息化系统降低了人力成本、提高了生产效率带来的利润增加；间接经济效益如提升了企业的品牌形象、增强了客户满意度等。通过建立合适的经济模型，如投资回收期、净现值等方法来评估项目的经济可行性。

> **社会可行性**

分析项目对企业内部组织架构和员工的影响。例如，新的信息化系统可能会改变员工的工作流程和职责，需要考虑员工对这种变化的接受程度，是否需要进行相应的组织变革和员工培训来适应新系统。

考虑项目对外部环境的影响，如是否符合法律法规、行业规范等要求。如果是涉及金融数据处理的信息化项目，要确保系统的设计和运行符合金融监管部门的相关规定。

3.1.5.3　项目立项申请与审批

> **立项申请书编制**

立项申请书内容包括项目名称、项目背景、项目目标、项目需求分析结果、可行性研究结论、项目计划（包括进度安排、预算分配等）、项目预期效益等信息。以清晰、准确的语言阐述项目的整体情况，使审批者能够全面了解项目。

附上相关的调研资料、技术文档、成本效益分析报告等作为支撑材料，增强立项申请书的可信度。

> **审批流程**

根据企业的组织架构和管理规定，将立项申请书提交给相关的审批部门或领导。通常先由技术部门评估技术可行性，财务部门审核经济可行性，再由高层领导综合考虑社会可行性等因素进行最终审批。

在审批过程中，可能需要对项目进行进一步的论证和修改。如果审批部门对项目预算有疑问，项目申请方需要重新评估和调整成本估算；如果对项目目标有不同意见，需要重新明确项目目标和范围。

通过以上信息化项目立项相关工作，为项目的正式启动和成功实施奠定坚实的基础。

3.1.6　信息化可行性研究报告编制

要编制信息化可行性研究报告需要从总体论述、需求分析、建设方案、项目实施进度计划、投资估算与资金筹措、效益分析、风险分析与对策、结论与建议八个方面去编制。

3.1.6.1 总体论述

➢ 项目背景

阐述项目提出的背景，包括企业或组织当前面临的信息化发展形势、行业竞争压力等，如市场全球化竞争加剧促使企业寻求信息化手段提升竞争力，或是国家相关政策对行业信息化建设提出新要求等。

介绍项目名称、承办单位、主管部门等基本信息。

➢ 可行性研究报告编制依据

列出编制报告所依据的相关法律法规、政策文件，如国家信息化发展战略规划等。

说明参考的行业标准、规范，以及企业内部的相关制度和规定。

提及所依据的调研资料、咨询报告等信息来源。

➢ 项目提出的理由与过程

深入分析项目提出的具体原因，如业务流程烦琐、效率低下需要信息化优化，或是数据管理混乱亟须信息化系统整合等。

描述项目从构思到提出的完整过程，包括前期内部讨论、需求调研、与外部机构交流等环节。

➢ 项目概况

简述项目的目标，例如提高办公效率百分之多少、降低成本多少金额等量化目标，以及提升管理水平、增强客户满意度等定性目标。

介绍项目的主要建设内容，如建设信息系统的功能模块（包括财务管理系统、客户关系管理系统等具体模块）、配套的硬件设施（服务器、网络设备等）。

说明项目建设的规模，如信息系统预计覆盖的部门数量、用户数量、数据存储容量等规模指标。

明确项目的建设期安排和进度计划，包括各阶段的起止时间和标志性成果。

3.1.6.2 需求分析

➢ 企业或组织信息化现状

详细描述现有信息系统的情况，包括系统名称、功能、使用部门、运行状态等，如企业现有的 ERP 系统仅涵盖财务和采购模块且版本老旧。

分析现有信息化基础设施状况，如网络带宽、服务器性能、存储设备容量等硬件条件，以及数据库管理系统、操作系统等软件环境。

评估现有信息化建设和应用过程中存在的问题，如系统之间数据不兼容、信息孤岛现象严重、信息安全防护薄弱等。

> **业务流程分析**

对企业或组织的核心业务流程进行梳理，如制造业企业的生产流程（从订单处理、原材料采购、生产加工到产品交付）、服务业企业的服务流程（从客户咨询、服务提供到售后跟踪）。

找出业务流程中可以通过信息化手段改进的环节，如自动化审批流程、实时物流信息跟踪等。

> **功能需求分析**

根据业务需求，详细分析信息化系统应具备的功能，如对于销售管理系统，需具备客户信息管理、销售订单处理、销售数据分析等功能。

对每个功能需求进行详细描述，包括功能的操作流程、输入输出要求、数据处理逻辑等。

> **性能需求分析**

确定系统在响应时间方面的要求，如普通操作的响应时间应在几秒内，复杂查询的响应时间不超过几分钟等。

规定系统的吞吐量要求，例如系统每秒应能处理的业务交易数量等。

提出系统在稳定性方面的要求，如系统的年故障率应低于某个百分比。

> **信息安全需求分析**

评估企业面临的信息安全风险，包括网络攻击、数据泄露、恶意软件入侵等风险。

明确对信息安全防护的需求，如用户认证与授权机制、数据加密方式、网络防火墙设置等。

3.1.6.3　建设方案

> **建设目标与原则**

再次明确项目的建设目标，确保与需求分析部分一致，并进一步细化和量化目标。

阐述建设过程中遵循的原则，如先进性原则（采用先进的信息技术）、实用性原则（系统功能满足实际业务需求）、安全性原则（保障信息安全）、可扩展性原则（便于系统后续升级扩展）等。

> **总体架构设计**

提出信息化系统的总体架构，包括应用架构（各个应用系统及其相互关系）、数据架构（数据的组织、存储和流向）、技术架构（采用的技术框架和平台）。

绘制总体架构图，直观展示系统的层次结构和各部分之间的联系。

> **信息系统功能模块设计**

针对需求分析中的功能需求，详细设计每个功能模块的内部结构、操作界面、业务逻辑等，如设计财务管理系统中账务处理模块的会计分录录入界面和核算逻辑。

描述功能模块之间的接口设计，保证数据的顺畅交互和系统的协同工作。

> **信息化基础设施建设方案**

制定网络系统建设方案，包括网络拓扑结构设计（如星型、总线型等）、网络设备选型（路由器、交换机等）、网络带宽规划等。

确定服务器和存储系统建设方案，根据业务需求和数据量选择服务器类型（塔式、机架式、刀片式）和存储设备（磁盘阵列、磁带库等），并规划服务器的配置和存储容量。

考虑其他配套硬件设施建设，如机房建设（机房布局、电力供应、空调系统等）、终端设备配备（电脑、打印机等）。

> **信息安全保障方案**

设计信息安全防护体系，包括网络安全防护（防火墙、入侵检测系统等）、应用安全防护（身份认证、访问控制等）、数据安全防护（数据加密、备份恢复等）。

制定安全管理制度和应急预案，如人员安全培训制度、安全事件应急响应流程等。

3.1.6.4　项目实施进度计划

> **项目建设周期**

明确项目建设的总时长，如项目预计从启动到验收需要 12 个月或其他具体时长。

将项目建设过程划分为多个阶段，如需求调研阶段、方案设计阶段、系统开发阶段、硬件采购与安装阶段、系统测试阶段、试运行阶段、正式验收阶段等。

为每个阶段确定起止时间，详细列出每个阶段的主要工作任务和标志性成果，如系统开发阶段 3~6 个月，完成各个功能模块的开发和初步集成。

➤ **项目实施进度表**

绘制项目实施进度表，以表格形式清晰展示各阶段、各任务的时间安排和相互关系，可采用甘特图等形式。

3.1.6.5　投资估算与资金筹措

➤ **投资估算依据和说明**

列出投资估算所依据的价格信息来源，如设备供应商报价、市场调研价格等。

说明投资估算中各项费用的计算方法和取费标准，如硬件设备按购置成本计算、软件开发费用按人均月工作量估算等。

➤ **项目总投资估算**

分别估算项目建设过程中的硬件投资（服务器、网络设备、终端设备等）、软件投资（购买软件许可证、软件开发费用等）、网络通信费用（网络带宽租赁、通信设备购置等）、信息安全投资（安全设备、安全软件等）、人员培训费用、项目管理费用等各项费用。

汇总计算项目总投资，列出详细的投资估算表。

➤ **资金筹措方案**

确定项目资金的来源渠道，如企业自有资金、银行贷款、政府专项资金等。

明确各渠道资金的比例和金额，如自有资金占总投资的百分之多少，银行贷款金额等。

3.1.6.6　效益分析

➤ **经济效益分析**

成本节约分析：计算信息化建设后在人力成本（减少人工操作、提高工作效率）、物力成本（降低物资损耗、优化资源配置）、运营成本（减少通信费用、节约能源等）等方面的节约金额。

收入增长分析：分析信息化系统对业务拓展（开拓新市场、增加客户数量）、产品或服务增值（提高产品质量、提升服务水平促进价格提升）等方面带来的收入增长情况，估算增长的收入金额。

投资回收期和内部收益率计算：根据成本节约和收入增长情况，计算项目的投资回收期（从项目投资开始到累计净现金流量为零所需要的时间）和内部收益率（使项目净现值为零的折现率）等经济评价指标。

> **社会效益分析**

从提升企业社会形象、促进就业（如因业务拓展增加岗位）、推动行业信息化发展（为同行提供经验借鉴）等角度分析项目建设带来的社会效益。

3.1.6.7　风险分析与对策

> **风险分析**

技术风险：分析在项目建设中可能面临的技术难题，如新技术应用不成熟、技术选型失误等风险，以及这些风险对项目进度、质量和成本的影响。

管理风险：考虑项目管理过程中可能出现的问题，如项目进度失控、质量监管不到位、人员协调困难等风险因素。

信息安全风险：重新评估信息安全方面的潜在风险，如黑客攻击导致系统瘫痪、数据泄露造成重大损失等。

市场风险：对于涉及市场竞争的信息化项目，分析市场变化（如竞争对手推出更先进的信息化解决方案）对项目效益的影响。

> **风险对策**

针对技术风险，提出相应的对策，如加强技术研发力量、引入技术专家进行指导、预留技术改进的时间和预算等。

对于管理风险，制定完善的项目管理制度，加强项目进度、质量和人员管理，如建立严格的进度监控机制、质量检验标准和人员绩效考核制度。

针对信息安全风险，加强信息安全防护措施，定期进行安全评估和应急演练。

应对市场风险，密切关注市场动态，及时调整项目策略，如优化系统功能以增强竞争力。

3.1.6.8　结论与建议

➢ **可行性研究结论**

综合上述各方面的分析，对项目的可行性给出明确结论，如项目在技术、经济、管理等方面均可行，或指出项目存在的主要问题和风险导致项目部分不可行需要进一步改进。

➢ **建议**

根据结论部分提出建议，如对项目建设方案的优化建议、在项目实施过程中需要注意的关键问题、后续运营维护的建议等。

3.2　企业信息化需求管理

我们单独来讨论企业信息化需求管理，足见其重要性！足够高的需求管理水平将事半功倍，为实现企业战略目标打下坚实的基础。

3.2.1　什么是企业信息化需求管理

企业信息化需求管理是指在企业信息化项目的全生命周期中，对企业内外部用户（包括业务部门、管理层、合作伙伴和客户等）对于信息系统的功能、性能、数据、安全等各种需求进行获取、分析、定义、优先级排序、变更控制以及验证的一系列管理活动。它是一个系统性的过程，通过协调各方利益相关者，确保信息化项目能够精准地满足企业业务需求，并且能够在项目实施过程中有效地应对需求的动态变化。

通过前文对信息化项目立项工作的描述，我们不难发现，企业信息化需求管理不仅存在于项目管理周期内，在务虚阶段，往往就会有一定的需求设想，而在项目结束关闭后，也会针对本项目交付产品衍生出一些改进和优化建议，因此企业信息化需求管理周期要长于项目周期本身。

3.2.2　重要意义

3.2.2.1　确保项目与企业战略目标相契合

　　企业信息化项目通常是为了支持企业的长期战略发展而实施的。通过需求管理，能够将企业战略目标层层分解为具体的信息化需求。例如，如果企业的战略是向数字化服务转型，那么需求管理可以明确需要建设哪些数字化服务平台，如客户自助服务系统、在线售后支持系统等。这样可以保证信息化项目的方向正确，每个功能模块和系统特性都紧密围绕企业战略展开，避免出现项目与企业战略脱节的情况。

3.2.2.2　提高项目成功率

　　精准把握需求减少返工：在项目前期准确获取和定义需求可以避免因需求模糊或错误导致的项目返工。例如，在开发企业资源规划（ERP）系统时，如果在需求管理阶段能够详细明确财务模块的报表格式、数据统计规则等需求，开发团队就能够按照要求进行精准开发，减少后期因需求不符而进行的代码修改和系统调整，从而提高项目的开发效率和质量。

　　有效应对需求变更：需求管理中的变更控制机制能够在项目过程中合理处理需求的变化。当业务部门因为市场变化或内部流程调整提出新的需求时，通过规范的变更评估和控制流程，如评估变更对项目进度、成本和质量的影响，能够及时做出合理的决策。这样可以在满足企业业务动态需求的同时，最大程度地降低需求变更对项目的负面影响，确保项目能够顺利推进。

3.2.2.3　优化资源配置

　　合理安排人力资源：通过需求优先级排序，企业可以根据需求的重要性和紧急程度分配开发人员和项目团队成员。例如，对于与企业核心业务流程相关的高优先级信息化需求，如生产制造企业中的生产排程系统更新需求，可以优先安排经验丰富的软件开发人员和业务专家进行项目实施。这样可以确保有限的人力资源能够投入到最关键的项目任务中，提高人力资源的利用效率。

　　有效利用资金资源：需求管理可以帮助企业在信息化项目预算分配方面更加合理。通过对需求的成本－效益分析，明确哪些需求能够为企业带来高价值回报，从而合理分配资金。例如，在构建企业数据中心时，通过分析不同存储设备和服务器配置的需求，结合其对企业数据处理能力和业务增长的潜在贡献，合理安排采购资金，避免资金浪费在低价值的信息化需求上。

3.2.2.4 增强企业内部沟通与协作

打破部门壁垒：需求管理过程涉及企业多个部门，包括业务部门、IT 部门、管理层等。在需求获取阶段，通过组织跨部门会议、访谈等方式，促进不同部门之间的沟通和理解。例如，销售部门和 IT 部门在讨论客户关系管理系统（CRM）的需求时，可以增进双方对彼此工作的了解，销售部门能够更好地理解技术实现的可能性和局限性，IT 部门也能更深入地了解销售业务的实际需求，从而打破部门之间的信息孤岛，加强协作。

协调利益相关者关系：企业信息化项目有多个利益相关者，如供应商、合作伙伴等。需求管理可以通过明确各方在项目中的需求和期望，协调好他们之间的关系。例如，在与软件供应商合作开发信息系统时，通过需求管理明确企业的功能和质量要求，同时也了解供应商的技术限制和交付期望，找到双方利益的平衡点，促进良好的合作关系。

3.2.2.5 提升企业竞争力

满足客户需求提升客户满意度：通过有效的需求管理，企业能够构建出更加贴合客户需求的信息系统。例如，电商企业通过对客户需求的管理，开发出方便客户购物的界面、快速的物流查询系统和个性化的推荐引擎，能够提高客户的购物体验，从而提升客户满意度和忠诚度，在市场竞争中占据优势。

优化内部流程提高运营效率：信息化需求管理可以帮助企业优化内部业务流程。如通过对生产流程信息化需求的管理，实现生产计划自动排程、质量数据实时监控等功能，能够提高生产效率、降低成本，使企业在同行业中更具竞争力。同时，企业能够利用信息系统快速响应市场变化，根据市场需求及时调整产品或服务，从而在激烈的市场竞争中保持领先地位。

3.2.3 企业信息化需求特点

3.2.3.1 业务导向性

紧密结合业务流程：企业信息化需求首先是由业务需求驱动的。企业的各个业务部门，如销售、采购、生产、财务等，都有其特定的业务流程和工作目标。信息化需求就是为了优化这些业务流程，提高工作效率和质量。例如，在制造业企业中，生产部门的信息化需求可能围绕着生产计划的精确安排、生产进度的实时监控以及质量检测数据的自动化采集。这些需求直接与生产业务流程紧密结合，目的是确保生产活动的高效、稳定运行。

支持企业战略目标实现： 信息化需求要与企业的战略目标保持一致。如果企业的战略是扩大市场份额，那么销售和市场部门的信息化需求就可能侧重于客户关系管理系统（CRM）的优化，以提高客户获取、客户服务和客户忠诚度。例如，企业可能需要通过 CRM 系统更好地分析客户数据，挖掘潜在客户，制定精准的营销活动，从而助力战略目标的实现。

3.2.3.2　多样性与复杂性

跨部门需求差异大： 不同部门的信息化需求因业务性质不同而呈现多样性。以金融企业为例，前台业务部门（如投资银行部）可能需要高效的交易系统来快速执行金融交易，对系统的交易处理速度和实时数据更新要求很高；后台部门（如风险管理部）则更关注数据的准确性和风险评估模型的精确性，需要信息系统能够提供复杂的数据分析和风险预警功能。这种部门间的差异使得企业信息化需求涵盖了从简单的数据录入系统到复杂的数据分析和决策支持系统等多种类型。

系统集成需求复杂： 企业往往有多个信息系统同时运行，这些系统需要相互集成和协同工作。例如，企业资源规划（ERP）系统需要与客户关系管理（CRM）系统、供应链管理（SCM）系统集成，实现数据共享和业务流程的无缝衔接。这就要求在信息化过程中，要考虑系统之间的接口设计、数据格式统一以及业务逻辑的连贯性等复杂问题。此外，随着企业业务的拓展和新技术的应用，还可能涉及将新兴技术［如物联网（IoT）设备、人工智能（AI）系统］与现有企业信息系统集成的需求，进一步增加需求的复杂性。

3.2.3.3　动态性与可扩展性

需求随业务发展动态变化： 企业所处的市场环境和自身业务状况是不断变化的，这导致信息化需求也具有动态性。例如，随着电商行业竞争的加剧，电商企业可能需要不断优化其电商平台的功能，从最初的简单商品展示和交易功能，发展到增加个性化推荐、直播带货、社交电商等功能。这种动态变化要求信息化解决方案能够及时跟上业务发展的步伐，灵活调整和更新。

考虑未来可扩展性：企业在规划信息化需求时，需要考虑系统的可扩展性，以应对未来可能出现的业务增长、业务转型或新技术应用。例如，在构建企业数据中心时，要考虑到未来数据量的增长趋势，预留足够的存储空间和计算资源，同时确保系统架构能够方便地进行升级和扩展，如添加新的服务器、存储设备或应用新的大数据处理技术。

3.2.3.4　数据驱动性

重视数据的采集与存储：企业信息化需求强调对数据的有效采集。各个业务环节都需要准确、完整的数据记录，如销售点的数据采集系统用于记录每一笔销售交易的详细信息，包括商品信息、客户信息、销售时间等。同时，企业需要安全、高效的存储方式来保存大量的数据，如通过建立数据仓库或采用云存储服务，以满足数据备份、数据恢复和数据长期保存的需求。

强调数据分析与利用：企业希望通过信息化系统对采集到的数据进行深度分析，以获取有价值的商业信息。例如，通过数据分析来优化库存管理，根据销售数据预测商品需求，合理安排库存水平，减少库存积压和缺货现象。还可以通过对客户行为数据的分析，制定个性化的营销策略，提高客户满意度和忠诚度。因此，数据分析功能，如数据挖掘、报表生成、数据可视化等，是企业信息化需求的重要组成部分。

3.2.3.5　安全性与合规性

安全需求至关重要：企业存储了大量的敏感信息，如客户隐私数据、商业机密、财务数据等，因此信息化需求中对安全的要求极高。这包括网络安全（如防火墙设置、防止网络攻击）、数据安全（如数据加密、访问控制）和应用安全（如用户认证、权限管理）等多个方面。例如，金融机构需要通过多重身份验证机制确保网上银行用户的资金安全，防止账户被盗用。

合规性要求严格：企业必须遵守各种法律法规和行业规范。不同行业有不同的合规要求，如医疗行业需要遵守医疗数据保护法规，金融行业需要遵循严格的金融监管规定。信息化需求必须考虑这些合规性因素，确保企业信息系统的设计、建设和运营符合相关法律和规范的要求。例如，企业在处理员工个人信息时，要按照隐私保护法规的要求，对数据的收集、使用和存储进行严格管理。

3.2.4　需求管理的主要工作

3.2.4.1　需求获取

➢ 多渠道收集需求

与用户沟通：通过与最终用户、业务部门人员等进行面对面的访谈、小组讨论等方式，深入了解他们在日常工作中对信息系统的期望和需求。例如，在医院信息系统项目中，与医生、护士、药房工作人员等交谈，了解他们在患者信息查询、医嘱下达与执行、药品管理等方面的工作流程和需求。

观察业务流程：深入业务现场，观察业务人员的实际操作，发现潜在需求。比如，在物流企业的信息系统项目中，观察货物入库、分拣、出库等环节，可能会发现需要在系统中增加对特殊货物标记和处理流程的功能需求。

分析现有文档：审查企业现有的业务文档，如流程手册、政策文件、旧系统的用户手册等。在升级企业财务系统时，分析财务报表编制规范、财务审计要求等文档，从中挖掘对新系统功能和数据处理的需求。

市场调研与竞品分析：研究同行业类似信息系统的功能和特点，分析市场上的最佳实践。对于电商企业的订单管理系统项目，可以调研其他知名电商平台的订单处理流程和系统功能，获取改进和创新的需求点。

➢ 需求整理与分类

将收集到的需求进行整理，去除重复和模糊不清的内容。例如，在企业办公自动化系统项目中，如果不同部门都提到了文件共享功能，但描述略有不同，需要统一整理。

按照不同的维度对需求进行分类，常见的分类方式包括功能需求、性能需求、安全需求、数据需求等。例如，在开发一款移动支付系统时，功能需求包括支付方式选择、交易记录查询等；性能需求如交易处理的快速响应、高并发处理能力；安全需求有用户信息加密、支付安全认证等；数据需求则涉及交易数据的存储、备份和分析。

3.2.4.2　需求分析与定义

➢ 需求的可行性分析

技术可行性：评估现有的技术手段能否满足需求。对于要求实现实时视频监控和智能分析的安防信息化项目，要分析当前的视频处理技术、人工智能算法等是否能够支持，企业是否具备相应的技术能力或可获取的技术资源。

经济可行性：考虑需求实现的成本与收益。如果一个小型企业提出开发一套高度定制化、功能复杂的客户关系管理系统，需要分析开发成本是否会超过预期收益，是否有更经济的替代方案，如使用现有的商业化软件并进行部分定制。

操作可行性：分析需求在实际业务环境中的可操作性。在设计一个生产车间的信息化管理系统时，要考虑工人操作新系统的便捷程度、是否需要复杂的培训，以及系统对生产效率的影响。

➢ 需求的优先级排序

根据企业战略目标确定需求优先级。如果企业当前的战略重点是拓展市场，那么与市场推广和客户获取相关的信息化需求（如营销自动化功能）可能具有较高优先级。

考虑需求的紧急程度和对业务的影响程度。例如，对于金融交易系统，数据安全和交易准确性相关的需求是高优先级，因为一旦出现问题会对业务产生严重影响；而一些界面美化等相对次要的需求可以排在较低优先级。

综合权衡资源分配情况。如果项目资源有限，先满足核心功能需求。在软件开发项目中，如果开发人员和时间紧张，优先开发与关键业务流程相关的功能，如电商系统中的订单处理和支付功能。

➢ 需求定义与规格说明

清晰、准确地定义每个需求，明确需求的内容、边界和条件。在开发一个人力资源管理系统时，对于员工考勤功能，要明确考勤方式（如打卡、人脸识别等）、考勤数据的统计规则、与薪酬计算的关联等具体内容。

编写需求规格说明书，这是项目开发的重要依据。需求规格说明书应包括系统概述、功能需求详细描述、性能指标、数据要求、用户界面要求、外部接口等内容，使开发团队、测试团队和用户等都能清楚地了解项目的目标和要求。

3.2.4.3　需求变更管理

➢ 变更控制流程建立

制定正式的需求变更控制流程，明确需求变更的提出、评估、审批和实施的步骤。例如，规定业务部门提出变更需求后，先由项目经理组织相关人员进行初步评估，然后提交给变更控制委员会（由项目利益相关者组成）审批。

确定变更控制委员会的成员和职责。成员通常包括项目经理、用户代表、开发团队负责人、测试团队负责人等，其职责是从不同角度评估变更对项目进度、成本、质量等方面的影响，并做出决策。

➤ 变更影响评估

当有需求变更请求时，全面评估其对项目各个方面的影响。从技术角度，分析变更是否需要新的技术实现或对现有技术架构的修改；从成本角度，计算额外的开发成本、测试成本和可能的硬件升级成本等；从进度角度，判断是否会导致项目里程碑延迟；从质量角度，考虑变更是否会引入新的风险或影响系统的稳定性。

量化变更的影响，如预计变更会使项目进度延迟多少天、成本增加多少金额等，为变更审批提供依据。

➤ 变更实施与跟踪

如果变更请求得到批准，制定详细的变更实施计划，包括安排开发人员进行代码修改、更新测试计划和文档等内容。在软件开发项目中，对于一个新的功能需求变更，要确定由哪些程序员负责开发，需要修改哪些模块的代码，以及如何进行测试。

跟踪变更的实施过程，确保变更按计划执行。定期检查变更实施的进度和质量，及时发现和解决问题。同时，将变更信息及时传达给项目相关人员，如告知测试人员需要更新测试用例，告知用户变更后的系统功能和使用方法。

通过全面、系统的需求变更管理，可以提高信息化项目的成功率，确保项目成果符合用户需求和企业战略目标。

3.3　信息化项目概要设计

在信息化项目的可行性研究报告通过审批，项目正式立项之后，就需要开展概要设计。当已经明确项目要实施，且对项目的需求有了较为清晰的梳理时，概要设计作为从需求到实际开发的过渡环节登场，为后续的详细设计和开发工作构建蓝图。例如，一家企业决定建设新的供应链管理系统，完成可行性研究后，就要进行概要设计，初步规划系统架构、模块划分等内容。

3.3.1 信息化项目概要设计的含义和功能

概要设计的含义：信息化项目概要设计是在需求分析基础上，对信息化系统的整体架构、主要功能模块、数据库结构、接口以及系统部署架构等方面进行的高层次设计。它从宏观角度描绘系统的大致框架，为详细设计提供方向指引。其主要功能是架构规划功能：确定系统的总体架构模式，如采用分层架构或微服务架构等，并对系统进行模块划分，明确每个模块的功能定位。例如，在一个物流管理系统中，划分出订单管理、运输调度、仓储管理等模块，且规定各模块的主要职责。

同时，概要设计还兼顾数据库设计引导功能：通过概念模型设计［如实体－关系（E-R）图］展示系统中的主要实体及其关系，初步规划数据库表结构。比如，在电商系统中，通过 E-R 图描绘用户、商品、订单之间的关系，为数据库设计提供基础。

定义系统内外接口的协议、数据格式和交互方式。对于内部接口，规定模块间的调用方式；对于外部接口，明确与其他系统或平台的交互规则。例如，规定企业内部的人力资源系统与财务系统之间的数据接口采用 RESTful API，数据格式为JSON。

根据系统性能需求和用户规模，规划硬件环境（服务器类型、数量和配置）和软件环境（操作系统、数据库管理系统等）。例如，为一个高流量的互联网应用系统规划需要多少台负载均衡的服务器，并选择合适的操作系统和数据库管理系统。

3.3.1.1 技术层面

保证系统的整体性和一致性：通过确定统一的架构和接口标准，使各个部分能够协同工作，避免开发过程中的混乱和冲突。例如，在一个大型企业信息系统中，各子系统按照概要设计的接口规范进行开发，能够确保数据的顺畅交互和系统的整体运行。

为技术选型提供依据：根据概要设计中的架构和功能要求，合理选择技术栈。例如，若系统采用微服务架构，就可以相应地选择适合微服务开发的技术框架和工具。

3.3.1.2 项目管理层面

明确项目范围和目标分解：帮助项目团队成员清楚了解系统的全貌和自己负责

的部分，便于任务分配和进度安排。例如，开发人员可以根据概要设计中模块的划分，明确自己的工作任务和交付成果。

作为项目监控的参考标准：在项目开发过程中，概要设计可以作为衡量项目进度和质量的一个参考。如果开发过程中出现偏离概要设计的情况，可以及时发现并纠正。

3.3.1.3　沟通层面

团队内部沟通的有效工具：使得架构师、设计师、开发人员等不同角色对系统有共同的理解，减少因沟通不畅导致的误解和返工。例如，在讨论系统功能时，大家可以依据概要设计中的功能模块描述来进行交流。

与外部沟通的桥梁：向项目的利益相关者（如用户、管理层、投资方）展示系统的技术方案和架构，便于他们理解项目的技术细节和预期效果。例如，管理层可以通过概要设计了解项目的技术复杂度，从而更好地评估项目预算和进度。

3.3.2　概要设计的主要内容

3.3.2.1　系统总体架构

架构模式选择：根据项目特点和需求，选择合适的架构模式，如三层架构（表示层、业务逻辑层、数据访问层）、微服务架构或事件驱动架构等。例如，对于一个对实时性要求高、业务功能复杂且需要灵活扩展的系统，可能选择微服务架构。

模块划分与功能定位：将系统划分为多个功能模块，并简要描述每个模块的主要功能。例如，在一个客户关系管理系统中，可划分为客户信息管理模块、销售机会跟踪模块、客户服务模块等，客户信息管理模块负责客户基本信息的录入、查询和修改等功能。

3.3.2.2　数据库设计概要

数据库概念模型设计：用实体－关系（E-R）图等方式描绘系统中的主要实体及其相互关系。以图书馆管理系统为例，主要实体有读者、图书、借阅记录，读者和借阅记录是一对多关系，图书和借阅记录也是一对多关系。

数据库表结构规划：初步规划数据库表的名称、主要字段及其数据类型。比如，在读者表中可能有读者 ID（主键）、姓名、联系方式等字段。

3.3.2.3　接口设计

外部接口：定义系统与外部系统（如第三方支付平台、其他企业信息系统）之间的接口，包括接口协议（如 HTTP、SOAP 等）、数据格式（如 XML、JSON 等）和交互方式（如同步或异步通信）。例如，电商系统与第三方支付平台之间的接口采用 HTTP 协议，数据格式为 JSON，以实现订单支付功能。

内部接口：规定系统内部各功能模块之间的接口，包括接口的调用方式、参数传递和返回值等。例如，在一个内容管理系统中，内容发布模块和内容审核模块之间的接口规定发布模块如何将待审核内容传递给审核模块，以及审核模块如何返回审核结果。

3.3.2.4　系统部署架构

硬件环境规划：根据系统性能需求和用户规模，规划所需的硬件设备，如服务器的类型（物理服务器、虚拟服务器）、数量、配置（CPU、内存、存储容量等）。例如，一个大型数据处理中心可能需要多台高性能的物理服务器，根据不同的功能（如数据存储、数据处理）配置不同的 CPU 和内存。

软件环境规划：确定系统运行所需的软件环境，包括操作系统（如 Windows Server、Linux）、数据库管理系统（如 MySQL、Oracle）、中间件（如 Tomcat、WebLogic）等。例如，一个基于 Java 开发的企业级应用系统，可能选择 Linux 操作系统、Oracle 数据库和 Tomcat 中间件。

3.3.3　编制方法

3.3.3.1　基于需求分析展开

梳理需求文档：仔细研究需求分析报告，提取关键的业务需求和功能要求，将这些需求分类整理，作为模块划分和功能定位的依据。例如，从企业财务管理系统的需求分析报告中提取出总账管理、报表生成、预算管理等功能需求，为概要设计中的模块划分提供基础。

与用户沟通确认：在编制过程中与用户或业务代表保持沟通，确保设计方案能满足实际业务需求。对于模糊或不确定的需求，通过沟通进一步明确其含义和优先级。例如，对于用户提出的"财务风险预警"需求，通过沟通确定预警的指标、方式和阈值。

3.3.3.2　参考现有系统和技术标准

借鉴类似系统经验：如果有类似的信息化系统可供参考，借鉴其成功的设计经验和架构模式，结合本项目实际情况进行改进和优化。例如，参考同行业企业的人力资源管理系统设计，学习其组织架构管理、员工信息管理等模块的设计思路。

遵循技术标准和规范：遵循相关的技术标准和行业规范，确保系统设计的规范性和兼容性。例如，在数据库设计中遵循数据库管理系统的命名规范和数据类型标准，在接口设计中遵循网络通信协议的标准和安全规范。

3.3.3.3　采用合适的设计工具和方法

使用建模工具：利用统一建模语言（UML）等建模工具，绘制系统的架构图、E-R 图、流程图等。例如，使用 UML 中的类图描述系统中的主要类及其关系，使用活动图展示业务流程。

应用设计方法：采用合适的设计方法，如面向对象设计方法或结构化设计方法。面向对象设计方法适用于复杂的业务系统，能够更好地体现系统的对象特性和行为；结构化设计方法适用于数据处理为主的系统，能够清晰地划分系统的功能模块。例如，在一个面向企业内部业务流程管理的系统设计中，采用面向对象设计方法，将业务流程中的各个环节抽象为对象进行设计。

3.3.4　与可行性研究报告的异同

3.3.4.1　目的和用途不同

可行性研究报告：其主要目的是对项目进行全面的可行性评估。重点在于从技术、经济、社会等多个角度论证项目是否值得投资建设。它是为项目的立项决策提供依据，回答的是"这个项目能不能做"的问题。例如，在一份企业资源规划（ERP）系统的可行性研究报告中，会分析市场上同类型 ERP 系统的应用情况、企业自身的业务流程改造需求、实施 ERP 系统所需的资金投入和预期收益等内容。

它的受众主要是项目的决策者、投资者以及相关的审批部门。这些人关注的是项目的宏观层面，如投资回报率、市场前景、技术风险等。

概要设计：主要用于指导项目的具体开发工作。它是在项目已经确定要实施的基础上，从技术实现的角度对系统进行高层次的设计，是从需求分析到详细设计的过渡环节。它回答的是"这个系统大致怎么做"的问题。例如，对于上述的 ERP 系统，概要设计会确定系统的总体架构（如采用三层架构还是微服务架构）、划分主要的功能模块（如采购管理、销售管理、库存管理等模块）以及各模块之间的接口关系等。

其受众主要是项目开发团队，包括架构师、设计师、开发人员等，这些人员需要依据概要设计来开展后续的详细设计和编码工作。

3.3.4.2　内容深度和重点不同

可行性研究报告：在技术方面，只是对技术可行性进行宏观评估。例如，可能会提及 ERP 系统可以采用成熟的信息技术来构建，列举一些可能用到的技术框架，但不会深入到系统架构的具体层次和模块内部的设计细节。

在业务方面，更侧重于市场和业务需求的分析。如分析企业所在行业的发展趋势，说明为什么需要 ERP 系统来提升企业的竞争力，对业务流程的描述也是从需求角度出发，比较宽泛。

概要设计：在技术上，会深入到系统的架构细节。比如详细说明 ERP 系统的三层架构中，每一层的具体职责和实现技术，如表示层采用何种前端框架、业务逻辑层如何组织业务规则和算法、数据访问层怎样与数据库交互等。

对于业务功能，会将其转化为具体的模块设计。例如，把业务流程中的采购环节细化为采购申请、采购审批、采购订单生成等功能模块，并明确各模块之间的数据流向和交互方式。

3.3.4.3　对后续工作的指导作用不同

可行性研究报告：虽然可能包含一些技术和业务的内容，但它无法直接指导开发人员进行系统开发。因为它缺乏系统开发所需的详细架构、接口和数据设计等内容。例如，开发人员无法仅凭可行性研究报告中的技术概述来编写代码或搭建系统架构。

概要设计：是开发过程中的关键文档，为详细设计和编码提供了明确的方向。

开发人员可以根据概要设计中的模块划分和接口定义，进行详细的数据库设计、算法设计和界面设计等工作。例如，根据概要设计中规定的库存管理模块与销售管理模块之间的接口，开发人员可以具体实现数据的传递和交互功能。

? 思考

如果在立项阶段编制的可行性研究报告足够详细，且内容完全涵盖概要设计，那么我们是否可以在实际工作中不需要编写概要设计报告了？

3.4 信息系统详细设计

在信息系统开发理论中，立项后需要先进行总体设计，然后再逐步细化，完成详细设计、代码设计等。其实我们在实际工作中，在做概要设计的过程中，实际已经在完成总体设计的大部分工作，很多企业对总体设计和概要设计不做过多区分。为了节省篇幅，我们也不再过多赘述总体设计理论。概要设计是从宏观角度对信息化系统进行架构，它确定了系统的总体架构模式（如分层架构、微服务架构等）、主要功能模块划分（如电商系统中的用户管理模块、商品管理模块、订单管理模块等）、数据库的概念模型（主要实体及其关系）和接口的基本规范（内部模块间接口和外部系统接口）等内容。这就像是绘制了一幅建筑的蓝图，勾勒出建筑物的大致轮廓和主要结构。而详细设计则是在概要设计的基础上，对各个模块进行深入细致的设计。例如，对于用户管理模块，详细设计会规定用户注册时的表单字段验证规则（如用户名长度、密码强度要求等）、用户信息存储的具体数据库表结构（包括字段名、数据类型、约束条件等）、用户登录时的认证流程（与数据库交互的具体步骤）等。这如同在建筑蓝图的基础上，进一步设计每个房间的布局、水电线路走向等细节。因此在实际工作中，我们可以清晰地感受到详细设计与概要设计的内容递进关系。

概要设计侧重于系统的整体规划，为详细设计提供框架和约束条件。它的内容相对较为抽象，主要是为了确保系统各个部分之间能够协同工作，并且符合项目的整体目标和需求。例如，概要设计规定了系统的接口采用 RESTful 风格，详细设计就要在这个框架下具体确定每个接口的 URL 路径、请求方法（GET、POST 等）、请求参数和返回数据格式等细节。

详细设计则聚焦于具体的实现细节，需要考虑到代码层面的设计、数据结构的优化、算法的选择等内容。它是将概要设计中的概念和方案进一步细化，使其能够直接指导开发人员进行编码工作。例如，在概要设计中确定了数据库的概念模型，详细设计就要将其转化为物理模型，包括设计表的具体结构、索引的建立、存储过程的编写等。

概要设计和详细设计对项目开发阶段都有至关重要的作用。概要设计是项目开发前期的重要环节，它帮助项目团队成员（包括架构师、设计师、开发人员等）对系统有一个统一的认识，便于进行任务分配和进度规划。它还为项目的后续阶段（如详细设计、编码、测试等）提供了一个稳定的基础，确保系统开发的方向正确。详细设计则是开发过程中的关键步骤，它将概要设计中的方案具体化为可执行的开发计划。开发人员根据详细设计进行编码，测试人员也可以依据详细设计来制定测试用例，检查系统是否满足设计要求。例如，详细设计中规定了用户注册功能的具体业务逻辑和界面交互方式，开发人员就可以按照这个要求编写代码，测试人员则可以根据这些细节来验证功能是否可以正确实现。

3.4.1　详细设计的定义

详细设计是软件开发生命周期中的一个阶段，是在概要设计的基础上，对系统的各个组成部分进行精细、具体的设计，以提供足够的细节来指导编码和实现。详细设计需要从功能模块细节设计、数据库详细设计、用户界面详细设计、算法和逻辑设计、接口详细设计几个方面去开展工作。

3.4.1.1　功能模块细节设计

功能处理流程细化：对每个功能模块内的业务流程进行详细描述，将其分解为具体的步骤。例如，在一个订单处理系统中，订单审核功能模块的内部逻辑包括接收订单信息、检查订单完整性（商品信息、客户信息等是否完整）、验证支付状态、根据预设规则（如信用额度、库存情况等）判断是否通过审核，以及将审核结果反馈给相关系统组件等一系列步骤。

算法设计与选择：根据功能模块的需求确定具体的算法。例如，在数据加密模块中，根据安全级别和性能要求选择合适的加密算法，如 AES（高级加密标准）算法，并详细说明其工作模式（如 ECB、CBC 等）、密钥长度（如 128 位、256 位）以及如何在程序中实现加密和解密的过程，包括数据的分组处理、密钥扩展等操作。

3.4.1.2　数据库详细设计

数据库物理设计：在概要设计的基础上，进一步细化数据库的物理结构，包括确定数据库表的详细字段属性，如字段名、数据类型、长度、精度、是否可为空、默认值等。例如，在一个人力资源管理系统的员工信息表中，员工姓名字段可能定义为 VARCHAR（50）类型，长度为 50 个字符，不允许为空；出生日期字段定义为 DATE 类型等。

数据存储结构规划：考虑数据的存储方式，如对于海量数据可能需要设计合适的数据分区方案、索引策略。以一个大型电商系统的订单数据表为例，根据订单日期进行分区存储，同时为经常查询的字段（如订单状态、客户 ID 等）建立合适的索引，以提高数据查询效率。

数据完整性和一致性约束：详细规定数据的完整性规则，如主键约束（确保每条记录的唯一性）、外键约束（维护表与表之间的关联关系）、唯一约束（防止某些字段出现重复值）。例如，在订单表和订单详情表之间，通过外键约束保证订单详情表中的订单 ID 必须与订单表中的有效订单 ID 相对应，同时规定订单状态字段只能取预定义的几个值（如"已下单""已支付""已发货""已完成"等），以确保数据的一致性。

3.4.1.3　用户界面详细设计

界面布局详细规划：对用户界面（UI）的各个元素进行详细布局设计。包括确定界面的整体框架，如单页式布局、多栏式布局或分层式布局等，以及每个元素（如菜单、按钮、文本框、列表等）的具体位置、大小、间距等。例如，在一个移动应用的用户注册界面，设计文本输入框的位置在屏幕上方，按钮位于输入框下方，按钮大小适中，便于用户点击操作，且与输入框之间保持适当的间距，以保证界面的美观和易用性。

交互设计细节：详细描述用户与界面之间的交互方式和反馈机制。例如，当用户点击按钮时，按钮会有视觉上的变化（如颜色变深、产生按下的动画效果），同时系统会根据按钮的功能做出相应的反馈，如提交表单后显示加载动画，成功提交后弹出提示框告知用户操作成功，或者在出现错误时显示错误提示信息，告知用户错误原因并引导用户进行正确的操作。

3.4.1.4　算法和逻辑设计

具体算法选择与实现：对于系统中涉及的各种计算、数据处理等功能，详细设计会选择合适的算法，并详细描述其实现过程。例如，在一个图像识别系统中，详细设计会确定采用哪种图像特征提取算法（如 SIFT 算法或 HOG 算法），并详细说明如何在代码中实现该算法，包括算法的参数设置、数据结构的运用等。

业务逻辑细化：将概要设计中的业务逻辑进一步细化为具体的规则和处理流程。例如，在一个库存管理系统中，业务逻辑可能包括库存盘点时如何根据实际库存和系统记录的差异进行调整，详细设计就会具体规定调整的计算公式、触发调整的条件以及调整后的数据更新流程。

3.4.1.5　接口详细设计

内部接口细节确定：对于系统内部各个功能模块之间的接口，详细设计会明确接口的具体调用方式、传递的参数结构（包括参数的名称、类型、顺序等）和返回值的具体内容。例如，在一个内容管理系统中，内容发布模块和内容审核模块之间的接口，详细设计会规定发布模块调用审核模块接口时传递的参数包括文章标题、内容、作者等信息，审核模块返回的结果可能包括审核通过、审核不通过以及需要修改的具体意见等。

外部接口具体规范：对于与外部系统的接口，详细设计会详细到通信协议的具体版本、数据交换的详细格式（如 XML 或 JSON 的具体结构）、接口的安全认证方式（如使用 API 密钥、数字证书等）等内容。例如，在一个企业系统与银行支付系统的接口设计中，详细设计会规定采用的是银行提供的 RESTful API 的 v2.0 版本，数据交换格式为 JSON，其中包含支付金额、订单号、支付方式等具体字段，并且说明如何通过安全认证来获取访问权限。

3.4.2　详细设计的工具和技术

3.4.2.1　建模工具

统一建模语言（UML）工具：如 StarUML、PowerDesigner 等。这些工具

可以帮助设计师使用 UML 图形（如类图、序列图、活动图等）来描述系统的详细结构和行为。例如，使用类图来表示系统中的类及其相互关系，包括类的属性和方法；使用序列图展示对象之间的交互顺序，用于描述复杂的业务流程或接口调用过程。

数据库建模工具：如 Navicat Data Modeler、ERwin 等。用于设计数据库的物理模型，直观地展示数据库表之间的关系，通过图形化界面帮助设计人员定义表结构、字段属性、索引、关系等内容。例如，在设计一个复杂的企业资源规划（ERP）系统数据库时，这些工具可以方便地创建和管理多个数据表及其关联关系。

3.4.2.2　原型设计工具

Axure RP：它是一款专业的原型设计工具，能够创建高保真的用户界面原型。设计师可以通过它设计出具有交互效果的界面原型，如页面跳转、元素显示隐藏、数据输入输出等交互行为，用于展示界面的详细布局和交互细节，方便与用户或开发团队沟通。

Sketch：主要用于界面设计，特别是移动应用和网页设计。它提供了丰富的插件和资源，能够快速创建美观的界面设计稿，并且可以方便地导出各种格式的设计文件，用于向开发人员传达界面设计的详细要求。

3.4.2.3　集成开发环境（IDE）辅助设计功能

代码自动补全和提示：许多现代 IDE（如 IntelliJ IDEA、Visual Studio Code 等）都具有强大的代码自动补全功能。在详细设计过程中，当设计师在编写代码结构（如定义函数、类、接口等）时，IDE 可以根据代码上下文提供自动补全建议，帮助设计师更快地编写准确的代码，同时也有助于规范代码结构。

代码导航和结构视图：IDE 可以提供代码导航功能，通过图形化的方式展示代码的结构，如类的继承关系、函数的调用关系等。这对于理解和设计复杂的代码结构非常有用，设计师可以方便地查看和调整各个模块之间的关系，确保详细设计的准确性。

3.4.2.4　面向对象设计技术

封装：将数据和操作数据的方法封装在类中，隐藏内部实现细节。在详细设计中，通过封装可以更好地组织模块内部的逻辑。例如，在一个用户管理模块中，将用户信息的存储和操作（如添加用户、删除用户、修改用户信息等）封装在一个

"User"类中，外部代码只能通过类提供的公共接口访问和操作用户信息，这提高了代码的安全性和可维护性。

继承和多态：利用继承可以创建具有层次关系的类，多态则允许不同的子类对象对相同的消息做出不同的响应。在详细设计中，这些特性可以用于设计具有扩展性的系统。例如，在一个图形绘制系统中，定义一个抽象的"图形"类，然后通过继承创建"圆形""矩形""三角形"等具体的图形子类，每个子类可以根据自身的特点重写父类的"绘制"方法，实现多态性，这样在绘制不同图形时可以统一调用"绘制"方法，提高了代码的灵活性和可扩展性。

3.4.2.5 数据结构和算法技术

选择合适的数据结构：根据系统的性能要求和数据处理特点选择合适的数据结构。例如，在一个搜索引擎系统中，对于存储网页索引信息，可能会选择使用哈希表（Hash Table）来快速查找关键词对应的网页列表；对于存储具有层次关系的数据（如文件系统），可以使用树状结构（如二叉树、B 树等）来提高数据的插入、删除和查询效率。

算法优化：对系统中使用的算法进行优化。例如，在排序算法中，根据数据的特点（如数据规模、是否基本有序等）选择合适的排序算法并进行优化。对于小规模数据，插入排序可能比较高效；对于大规模数据，快速排序或归并排序可能更合适。并且可以通过一些优化技巧（如采用三路划分的快速排序、对归并排序进行并行化处理等）来提高算法的性能。

3.4.3 详细设计报告编制

详细设计报告主要包括：引言、总体设计概述、功能模块详细设计、数据库设计、用户界面设计、算法设计与性能优化、测试相关设计、出错处理设计、详细设计报告的评审与更新几部分。

3.4.3.1 引言

> 项目背景

简要介绍项目的来源、目标和背景信息。例如，阐述项目是为了满足企业业务发展需求，解决现有流程中的效率低下问题，或是为了应对市场竞争推出的新系统等，使读者对项目有一个宏观的认识。

> ➤ **参考资料**

列出详细设计过程中所参考的资料，如项目需求规格说明书、概要设计文档、相关的技术标准和规范、行业研究报告、已有的类似系统资料等。对于每个参考资料，应注明名称、版本、来源和获取途径，确保资料的可追溯性。

3.4.3.2 总体设计概述

> ➤ **系统架构回顾**

简要回顾概要设计中的系统架构，包括系统的整体结构、主要功能模块的划分和它们之间的关系。例如，说明系统是采用三层架构（表示层、业务逻辑层、数据访问层），并列举主要的功能模块（如用户管理、订单处理、库存管理等）及其相互之间的调用关系和数据流向，为后续的详细设计内容提供整体框架基础。

> ➤ **设计目标与约束**

明确详细设计阶段的目标，如确保各个功能模块的功能完整性、性能优化目标（如响应时间、吞吐量等）、可维护性和可扩展性目标等。同时，阐述设计过程中的约束条件，如硬件限制（服务器性能、存储容量等）、软件环境约束（操作系统、数据库管理系统、中间件等的版本和特性）、项目进度和预算限制等，这些目标和约束将指导详细设计的具体决策。

3.4.3.3 功能模块详细设计

> ➤ **模块功能描述**

针对每个功能模块，详细描述其功能。以订单处理模块为例，应包括订单的创建、修改、删除、查询功能，以及订单状态的跟踪（如已下单、已支付、已发货、已完成等状态的转换），还有订单相关的业务逻辑（如订单金额的计算、折扣的应用、库存的扣减等）。

> ➤ **模块流程设计**

使用流程图、活动图或伪代码等形式详细描述模块内的业务流程。对于订单处理模块，可以绘制流程图展示从用户下单开始，经过订单信息验证、支付处理、库存检查、物流安排等一系列环节，直到订单完成或取消的整个过程。流程图应清晰地标注每个步骤、决策条件、输入输出信息等，使开发人员能够直观地理解模块的运行逻辑。

> **模块接口设计**

内部接口：详细描述模块与系统内其他模块之间的接口。包括接口函数的名称、参数列表（参数名称、数据类型、输入输出方向）、返回值类型和含义等。例如，订单处理模块与库存管理模块之间的接口函数"updateInventory（orderId，quantity）"，其中"orderId"是订单编号参数（整型），"quantity"是商品数量参数（整型），该接口用于根据订单信息更新库存，无返回值。

外部接口：对于与外部系统交互的模块，明确其外部接口的详细信息。如接口协议（HTTP、WebService 等）、数据格式（XML、JSON 等）、接口地址、认证方式（用户名 / 密码、API 密钥、数字证书等）。例如，系统与第三方支付平台的接口，采用 RESTful API 协议，数据格式为 JSON，接口地址为"https：// payment-platform/api/pay"，使用 API 密钥进行认证。

3.4.3.4　数据库设计

> **数据库概念模型细化**

在概要设计的数据库概念模型基础上，进一步细化实体－关系（E-R）图，明确每个实体的详细属性和实体之间的关系。例如，在客户关系管理（CRM）系统中，客户实体除了基本的姓名、地址、联系方式等属性外，还可能包括客户分类属性（如个人客户、企业客户），客户与订单之间的关系可能根据业务规则有一对多或多对多等不同情况，这些都需要详细描绘。

> **数据库表结构设计**

详细列出每个数据库表的结构，包括表名、字段名、数据类型、长度、是否允许为空、默认值、主键、外键等信息。以订单表为例，可能包括"order_id"（主键，整型）、"customer_id"（外键，关联客户表，整型）、"order_date"（日期型）、"total_amount"（浮点型）、"order_status"（字符型，长度固定，取值范围为预定义的订单状态值）等字段。

> **数据完整性和约束设计**

规定数据库中的数据完整性约束规则，如主键约束（确保表中每行数据的唯一性）、外键约束（维护表与表之间的关联关系）、唯一约束（防止某些字段出现重复值）、检查约束（限制某些字段的取值范围）等。同时，描述数据的业务逻辑约束，如订单状态字段的取值必须是系统定义的有效状态值（如"已下单""已支付""已发货""已完成""已取消"等），这些约束将保证数据库中数据的准确性和一致性。

3.4.3.5　用户界面设计

➤ 界面布局设计

使用界面设计图、线框图或详细的文字描述来展示用户界面的布局。包括每个界面的整体结构（如单页式、多栏式、分层式等），各个界面元素（菜单、按钮、文本框、列表等）的位置、大小、间距、对齐方式等。例如，在一个电商网站的商品展示界面，顶部是导航栏，左侧是商品分类列表，中间是商品图片和详细信息展示区，底部是购物车和相关操作按钮，每个部分都有明确的尺寸和位置关系。

➤ 界面交互设计

详细描述用户与界面之间的交互行为。包括各种操作（如点击、输入、拖放等）的响应效果，如按钮点击后的颜色变化、动画效果，文本框输入时的实时验证和提示信息，以及不同界面之间的跳转逻辑等。例如，当用户点击商品图片时，弹出商品详细信息的模态框；当用户在搜索框中输入关键词并按下回车键时，系统显示匹配的商品列表，并根据搜索结果的相关性进行排序展示。

3.4.3.6　算法设计与性能优化

➤ 算法选择与描述

针对系统中需要进行数据处理、计算或搜索等功能的部分，详细介绍所选择的算法及其原理。例如，在一个图像识别系统中，介绍所采用的特征提取算法（如SIFT算法或HOG算法）和分类算法（如支持向量机或卷积神经网络）的基本原理、工作流程和适用场景。对于复杂算法，可以结合数学公式、流程图或示例进行说明，使开发人员能够理解算法的核心思想。

➤ 性能优化措施

阐述为提高系统性能所采取的优化措施。这可能包括算法优化（如对排序算法进行改进，采用更高效的查找算法等）、数据结构优化（如使用合适的缓存机制，优化数据存储结构以减少磁盘 I/O 等）、数据库优化（如创建合适的索引，优化查询语句等）和代码优化（如减少循环嵌套，避免不必要的对象创建等）。详细说明每种优化措施的实施方法和预期效果，如通过创建索引，数据库查询性能预计提高百分之多少。

3.4.3.7　测试相关设计

➤ **测试用例设计思路**

概述针对详细设计内容的测试用例设计思路。例如，对于功能模块的测试，根据模块的功能和业务逻辑确定不同的输入情况（正常输入、边界值输入、异常输入等），以及预期的输出结果和系统状态变化。对于接口测试，考虑不同的接口调用场景（正常调用、非法参数调用、超时调用等）和相应的返回结果。

➤ **测试数据准备**

说明测试过程中所需的测试数据的来源和准备方法。测试数据应尽可能覆盖各种可能的情况，包括正常数据、边界数据和异常数据。可以通过手动创建、从现有系统中提取或使用数据生成工具等方式来准备测试数据。例如，对于订单处理模块的测试，准备不同金额、不同商品数量、不同订单状态的订单数据作为测试用例的输入。

3.4.3.8　出错处理设计

➤ **错误类型分析**

分析系统可能出现的各种错误类型，包括硬件故障（如服务器死机、存储设备损坏等）、软件错误（如程序崩溃、内存泄漏等）、网络问题（如网络中断、延迟过高、丢包等）、用户操作错误（如输入非法数据、误操作等）和业务逻辑错误（如订单状态转换异常、数据一致性问题等）。对于每种错误类型，详细描述其产生的原因和可能出现的场景。

➤ **出错处理策略**

针对不同的错误类型，制定相应的出错处理策略。例如，对于硬件故障，设计系统的备份和恢复机制，如采用冗余服务器、定期备份数据等；对于软件错误，在程序中设置错误捕获和处理代码，如使用 try-catch 语句捕获异常并进行适当的处理（记录错误日志、提示用户错误信息、尝试重新执行或回滚操作等）；对于用户操作错误，在界面上显示清晰的错误提示信息，引导用户进行正确的操作；对于业务逻辑错误，通过数据完整性检查、事务处理等机制进行修复和预防。

3.4.3.9　详细设计报告的评审与更新

➤ 评审流程与参与人员

描述详细设计报告的评审流程，包括评审的阶段（如内部评审、专家评审等）、参与评审的人员（如项目团队成员、技术专家、用户代表等）和评审的标准（如设计的完整性、准确性、可行性，设计是否符合需求和规范等）。明确评审会议的组织形式和评审意见的收集与处理方式，确保评审过程的科学性和有效性。

➤ 报告的更新机制

建立详细设计报告的更新机制，以应对项目需求的变化、技术的改进或评审过程中发现的问题。规定在何种情况下需要对报告进行更新（如需求变更超过一定比例、发现严重的设计缺陷等），更新的流程（如提出更新申请、审批、修改、重新评审等）和相关的文档管理措施（如版本控制、更新记录等），保证详细设计报告始终与项目的实际情况保持一致。

3.5　代码设计

3.5.1　代码设计的定义

代码设计是在软件开发或信息系统构建过程中，对系统中所使用的各种代码（如程序代码、数据编码等）进行系统性规划和设计的活动。它的目的是通过合理的代码结构、规范的编码方式以及高效的数据表示，确保系统能够准确、高效地实现预定功能，并且便于维护、扩展和管理。

例如，在开发一个企业资源规划（ERP）系统时，代码设计涉及为系统中的各个功能模块（如采购、销售、库存管理等）编写逻辑清晰的程序代码，同时对企业内的各种资源（如产品、员工、客户等）进行合理的数据编码，以便于系统的识别和处理。

代码设计的主要内容包括程序代码结构设计、数据编码设计、代码风格设计等。

3.5.1.1　程序代码结构设计

➤ 模块划分与组织

　　根据系统的功能需求，将整个程序划分为多个功能相对独立的模块。例如，在一个客户关系管理（CRM）系统中，可以划分出客户信息管理、销售机会跟踪、客户服务管理等模块。每个模块负责完成特定的功能子集，并且模块之间通过定义好的接口进行交互。

　　确定模块的层次结构，明确模块之间的调用关系。例如，在一个基于三层架构（表示层、业务逻辑层、数据访问层）的系统中，业务逻辑层的模块可能会调用数据访问层的模块来获取或更新数据，而表示层的模块则通过调用业务逻辑层的模块来实现业务功能。

➤ 函数和类设计

　　对于面向对象编程语言，设计类的结构，包括类的属性（用于存储数据）和方法（用于实现操作）。例如，在一个图形绘制系统中，设计"图形"类，其属性可能包括颜色、坐标等，方法可能包括绘制、移动、缩放等操作。

　　对于过程式编程语言，设计函数的功能和参数。例如，在一个数据处理程序中，设计一个函数用于对输入的数据进行排序，该函数可能需要接收数据数组作为参数，并返回排序后的数组。

3.5.1.2　数据编码设计

➤ 编码规则制定

　　为系统中的各种数据元素（如产品编号、员工工号、订单编号等）设计编码规则。编码规则应保证编码的唯一性、稳定性和可扩展性。例如，产品编号可以采用分类码 + 流水号的形式，其中分类码表示产品的类别，流水号用于区分同一类别下的不同产品。

　　考虑编码的长度和格式，使其易于识别、输入和存储。例如，日期编码可以采用"YYYYMMDD"的格式，既方便存储和比较，又符合人们的日常认知习惯。

➤ 代码字典创建

　　建立代码字典，用于记录各种代码的含义、编码规则、使用范围等信息。代码字典是代码设计的重要文档，它有助于开发人员和用户理解代码的意义，也方便后期的维护和管理。例如，在一个医院信息管理系统中，代码字典会记录各种疾病代码、科室代码、药品代码等信息，包括代码对应的名称、诊断标准、适用范围等内容。

3.5.1.3　代码风格设计

➢ 命名规范

确定变量、函数、类、文件等的命名规则。命名应该具有描述性，能够准确反映所代表的实体或操作的含义。例如，在一个财务管理系统中，变量名"totalRevenue"比简单的"x"更能清楚地表示总收入的概念。

可以采用不同的命名风格，如驼峰命名法（如"customerName"）、下划线命名法（如"customer_name"）等，但在整个项目中命名风格应该保持一致。

➢ 代码格式

规定代码的缩进、空格、换行等格式规则。清晰的代码格式有助于提高代码的可读性。例如，在大多数编程语言中，通过缩进表示代码块的层次结构，使程序的逻辑更加清晰。

合理安排代码的布局，将相关的代码放在一起，便于理解和维护。例如，在一个函数内部，将变量定义、主要逻辑和返回语句按照一定的顺序排列。

3.5.1.4　代码设计需要注意的问题

➢ 可维护性

代码注释：编写清晰、准确的代码注释是提高代码可维护性的关键。注释应该解释代码的目的、功能和关键的逻辑步骤，尤其是对于复杂的算法、业务逻辑和数据结构。例如，在一个复杂的排序算法函数中，注释可以解释算法的基本原理、时间复杂度和空间复杂度等重要信息。

避免过度注释或编写无意义的注释。注释应该是对代码的补充说明，而不是简单地重复代码的内容。

➢ 模块化和低耦合

保持模块的独立性，尽量减少模块之间的耦合度。这样在修改一个模块的代码时，不会对其他模块产生过多的影响。例如，通过接口来隐藏模块内部的实现细节，使得其他模块只能通过接口来访问和使用该模块的功能。

避免在一个模块中包含过多复杂的功能，尽量将功能细化并分配到合适的模块中。这样在维护时，可以更容易地定位和修改问题。

> ## 可扩展性

预留扩展接口：在代码设计时，考虑到系统未来可能的功能扩展，预留一些扩展接口。例如，在一个电商系统的支付模块中，除了支持现有的支付方式外，预留接口用于添加新的支付方式，如未来可能出现的新型电子支付手段。

这些接口应该具有通用性和灵活性，能够方便地集成新的功能模块或组件。

> ## 灵活的数据结构和算法选择

选择的数据结构和算法应该具有一定的灵活性，能够适应数据规模和业务需求的变化。例如，在一个数据存储系统中，选择的数据结构应该能够方便地进行数据的插入、删除和查询操作，并且在数据量增加时不会出现性能急剧下降的情况。

避免使用过于僵化的代码结构和算法，以便在需要时能够方便地进行改进和优化。

> ## 可读性

遵循编程规范和最佳实践：遵循编程语言的官方编程规范和行业内的最佳实践。这些规范和实践经过了大量实践的检验，能够提高代码的可读性和质量。例如，在 Python 语言中，遵循 PEP 8 编程规范，包括代码格式、命名规则等方面的要求。

学习和借鉴优秀的代码示例和开源项目的代码风格，不断提升自己的代码设计水平。

简单易懂的逻辑设计：尽量保持代码逻辑的简单性和直观性。避免编写过于复杂、晦涩难懂的代码逻辑，尤其是嵌套过多的循环和条件判断。如果需要实现复杂的逻辑，可以考虑将其分解为多个简单的步骤或函数来实现。例如，将一个复杂的业务逻辑验证过程分解为多个小的验证函数，每个函数负责验证一个方面的内容，这样可以使代码更容易理解和维护。

> ## 性能优化

算法和数据结构优化：在代码设计阶段就考虑性能优化问题，选择高效的算法和数据结构。例如，在处理大量数据的排序问题时，选择时间复杂度较低的排序算法（如快速排序、归并排序等），而不是简单的冒泡排序。

对关键的代码段进行性能分析，预测可能出现的性能瓶颈，并采取相应的优化措施。例如，对于频繁访问的数据，可以考虑使用缓存机制来提高访问速度。

资源利用效率：合理利用系统资源，如内存、CPU、磁盘 I/O 等；避免不必要的资源浪费，如创建过多的临时变量、频繁地进行磁盘读写操作等。例如，在处理大数据集时，采用批量处理的方式，减少磁盘 I/O 的次数，提高系统的整体性能。

3.6 测试、调试及缺陷修复

在开发过程中及开发完成后，为了验证开发功能的正确性和效率，排除可能存在的 BUG，我们需要开展测试工作，测试工作和信息系统的开发同样重要，与最终交付产品能否满足用户需要有着重大关联。

3.6.1 信息系统项目测试理论

3.6.1.1 测试目的

测试是为了发现软件中的错误、缺陷或不符合需求规格说明书的地方。尽早地发现问题，可以降低软件在生产环境中出现故障的风险，提高软件质量，同时减少修复问题的成本。因为在软件开发生命周期的早期阶段发现和修复缺陷，要比在软件发布后再进行修复所花费的代价小得多。

3.6.1.2 测试原则

尽早测试原则：测试活动应该尽早开始，最好在需求阶段就介入，例如进行需求评审，检查需求的合理性和可测试性。这样可以尽早发现需求中的问题，避免后期因需求错误导致大量返工。

全面测试原则：对软件的所有功能、性能、接口等方面进行测试。包括软件正常的操作流程，以及各种异常情况，如非法输入、边界条件等。例如，一个登录功能，不仅要测试正确的用户名和密码登录情况，还要测试用户名或密码为空、用户名或密码不符合格式要求等异常情况。

独立性原则：测试工作应该由独立于开发团队的人员来进行，这样可以避免开发人员因为思维定式而遗漏一些自己代码中的缺陷。当然，在实际项目中，开发人员也会进行一些初步的测试（如单元测试），但独立的测试团队能提供更客观的评估。

3.6.1.3　测试流程

➤ **测试计划**

定义测试目标、范围、策略、资源分配和进度安排。例如，确定要测试的功能模块、测试的重点是功能测试还是性能测试、安排多少测试人员，以及测试的起止时间等。测试计划是整个测试活动的蓝图，它指导后续的测试活动如何开展。

➤ **测试用例设计**

根据需求规格说明书和测试计划，设计详细的测试用例。测试用例是对软件进行测试的最小单元，它包括测试输入、预期输出、测试步骤等内容。例如，对于一个加法运算功能，测试用例可以是输入两个整数（如2和3），预期输出是它们的和（5），测试步骤则是打开加法运算界面，输入这两个整数，点击计算按钮，查看结果是否正确。

➤ **测试执行**

按照测试用例的步骤，在测试环境中执行测试。记录测试结果，包括测试是否通过、发现的缺陷等信息。如果发现缺陷，需要详细记录缺陷的现象、出现的位置、重现步骤等，以便开发人员能够快速定位和修复。

➤ **缺陷跟踪和管理**

对发现的缺陷进行跟踪，确保开发人员及时修复。当开发人员修复缺陷后，需要进行回归测试，验证缺陷是否真正被修复，并且没有引入新的缺陷。缺陷跟踪工具（如 Jira 等）可以帮助有效地管理缺陷的整个生命周期（从发现、分配、修复到验证）。

➤ **测试报告**

在测试结束后，编写测试报告。测试报告总结测试活动的成果，包括测试的范围、测试用例的执行情况、发现的缺陷统计、软件质量评估等内容。测试报告为项目管理者和相关利益者提供了软件质量的客观依据，帮助他们决定软件是否可以发布或是否需要进一步改进。

3.6.2　测试分类

3.6.2.1　单元测试

定义：单元测试是对软件中最小可测试单元进行检查和验证。在面向对象编程中，最小单元通常是一个类或一个方法。例如，在 Java 语言中，对于一个计算圆面积的方法 calculateCircleArea（double radius），单元测试就是验证这个方法在给定不同半径值时，是否能正确计算出圆的面积。

目的：主要是隔离各个单元，检查每个单元的逻辑正确性，确保代码的质量和稳定性。它能够帮助开发人员在早期发现代码中的错误，因为单元测试可以在代码编写完成后立即进行，而不需要等待整个系统集成后再测试。

测试内容：❶ 针对单元的功能进行测试，检查其输出是否符合预期。例如，对于一个排序算法单元，输入一组无序数据，检查输出是否是正确排序后的结果。❷ 检查边界条件。例如，对于一个函数接受整数参数，要测试参数为最小值、最大值、边界值附近的数据等情况。以一个计算平方根的函数为例，要测试输入 0、正无穷大、负数值（应该返回错误提示）等边界情况。

测试方法：可以使用单元测试框架来辅助测试。在 Python 中，有 unittest 框架，开发人员可以通过继承 unittest.TestCase 类，编写测试方法来测试各个单元。每个测试方法以 test_ 开头，在测试方法中可以使用断言（如 assertEqual）来验证实际输出和预期输出是否一致。

3.6.2.2　集成测试

定义：集成测试是在单元测试的基础上，将各个单元按照设计要求组装成模块或系统后进行的测试。它重点关注的是单元之间的接口和交互是否正确。例如，在一个电商系统中，用户下单功能涉及用户模块、商品模块、订单模块等多个单元的交互，集成测试就是要验证这些模块之间的接口调用是否正确，数据传递是否准确。

目的：主要是发现单元之间接口的错误、模块之间相互调用时产生的问题，以及全局数据结构的错误等。它能够确保各个单元组合在一起后，系统能够正常工作。

测试内容：对接口进行测试，检查接口的输入输出是否符合接口规范。例如，一个模块 A 调用模块 B 的接口，要检查模块 A 传递给模块 B 的参数是否正确，模块 B 返回给模块 A 的数据是否符合预期。

测试方法：❶ 采用自顶向下、自底向上或三明治（混合）等集成策略进行测试。自顶向下集成是从主控制模块开始，沿着软件的控制层次向下移动，逐步把各个模块集成在一起。自底向上集成则是从最底层的模块开始，逐步向上集成。三明治集成是将自顶向下和自底向上两种策略结合起来使用。❷ 可以使用桩模块和驱动模块。桩模块是用来代替被调用的下层模块，它返回一些预设的值，主要用于自顶向下集成测试中。驱动模块则是用来模拟主程序或者调用被测模块的上级模块，它主要用于自底向上集成测试中。

3.6.2.3　权限测试

定义：权限测试是检查系统中用户对各种资源（如功能模块、数据等）的访问权限是否符合设计要求的测试。例如，在一个企业资源管理系统中，普通员工、部门经理和系统管理员应该有不同的权限，权限测试就是验证这些不同角色的用户是否只能访问和操作他们被授权的资源。

目的：确保系统的安全性和数据的保密性、完整性。防止未经授权的用户访问敏感信息或执行不允许的操作，同时也保证授权用户能够正常地访问和使用他们应该有权限使用的资源。

测试内容：❶ 功能权限测试，检查不同角色的用户是否能够访问、执行或修改他们被授权的功能。例如，普通用户在一个文件管理系统中只能查看和下载文件，而管理员可以上传、删除文件，权限测试就要验证这种功能权限的分配是否正确。❷ 数据权限测试，验证用户对数据的访问范围是否正确。例如，在一个销售管理系统中，销售人员只能查看自己的销售数据，而销售经理可以查看整个团队的销售数据，通过模拟不同角色的用户登录系统，检查他们能够访问的数据范围是否符合要求。

测试方法：可以通过模拟不同角色的用户登录系统，执行各种操作来进行测试。同时，还可以检查系统的权限管理机制是否能够有效地防止非法访问。如是否对未授权的访问进行了拦截，并给出正确的提示信息。

3.6.3　测试工作的流程

3.6.3.1　测试计划阶段

➤ 确定测试目标和范围

目标明确：清晰地定义测试想要达到的成果，如确保软件系统的功能完整性、性能符合要求、安全性达到标准等。例如，对于一个银行网上转账系统，测试目标可能包括验证转账功能的准确性、转账金额的限制是否有效、系统在高并发转账时的性能表现以及用户数据的安全性。

范围界定：确定测试涵盖的内容和边界，包括软件的功能模块、支持的平台和环境、数据类型等。以一款移动应用为例，要明确测试是针对安卓和 iOS 两个平台，还是仅针对其中一个；是测试应用的全部功能，还是仅测试新添加的功能模块。

➢ 制定测试策略

选择测试类型和方法：根据软件的特点和测试目标，确定采用的测试类型，如功能测试、性能测试、安全测试等，以及相应的测试方法。例如，对于一个数据处理软件，功能测试可以采用黑盒测试方法，通过输入不同的数据组合来验证输出结果；性能测试可能需要使用工具模拟大量用户并发访问，测量系统的响应时间和资源利用率。

确定测试的重点和优先级：考虑软件的核心功能、高风险区域和用户最常使用的功能，将测试资源重点分配到这些地方。例如，在一个电商购物平台，下单和支付功能是核心且高风险的部分，应优先进行全面测试，而一些辅助性的功能（如用户评价的点赞功能）可以稍后测试。

➢ 安排测试资源和进度

人员安排：根据测试任务的规模和复杂程度，分配测试人员，明确每个人员的职责。例如，有经验的测试人员可以负责复杂的性能测试和安全测试，新手测试人员可以从简单的功能测试入手。

进度规划：制定详细的测试时间表，包括测试用例设计、测试执行、缺陷修复和回归测试等各个阶段的时间节点。例如，规定测试用例设计在两周内完成，测试执行在接下来的三周内进行，并且每周都有特定的功能模块测试计划。

3.6.3.2 测试用例设计阶段

➢ 分析需求规格说明书

理解功能需求：深入研究软件的功能需求，确保测试用例能够覆盖所有功能点。例如，对于一个人力资源管理系统中的员工考勤功能，要清楚考勤方式（如打卡、排班考勤等）、考勤数据的记录和统计规则等，以便设计出有针对性的测试用例。

识别非功能需求：除了功能需求，还要关注软件的非功能特性，如性能、兼容性、易用性等。以一个网站为例，要考虑其在不同浏览器下的兼容性、页面加载时间等非功能需求，为这些方面设计专门的测试用例。

➤ **设计测试用例**

确定用例输入和输出：为每个测试用例定义明确的输入条件，包括正常输入、边界输入和异常输入，同时确定预期的输出结果。例如，对于一个计算器软件的加法功能，正常输入可以是两个整数（如2和3），预期输出是5；边界输入可以是最大或最小的整数范围；异常输入可以是非数字字符，预期输出应该是相应的错误提示。

编写测试步骤：详细描述执行测试用例的步骤，使测试人员能够按照步骤进行测试。例如，对于一个软件登录功能的测试用例，步骤可以包括打开登录界面、输入用户名和密码、点击登录按钮、观察是否成功登录或出现相应的提示信息。

用例评审：组织开发人员、产品经理和其他相关人员对测试用例进行评审，确保测试用例的准确性、完整性和可执行性。在评审过程中，可以发现测试用例设计中的漏洞、对需求理解的偏差等问题，并及时进行修改。

3.6.3.3　测试执行阶段

➤ **搭建测试环境**

硬件和软件环境准备：根据软件的运行要求，准备相应的硬件设备（如服务器、终端设备等）和软件环境（如操作系统、数据库、中间件等）。例如，测试一个企业级的 ERP 系统，可能需要搭建包含服务器集群、数据库服务器、多种操作系统客户端的复杂测试环境。

环境配置和验证：配置测试环境的参数，如网络设置、软件版本等，并进行验证，确保环境的稳定性和一致性。例如，在测试一个移动应用时，要确保测试设备的操作系统版本、屏幕分辨率等参数符合测试要求，并且应用能够在该环境下正常安装和运行。

➤ **执行测试用例**

按照步骤测试：测试人员严格按照测试用例的步骤进行测试，记录测试结果，包括测试是否通过、实际输出与预期输出是否一致等信息。例如，在执行一个文件上传功能的测试用例时，按照步骤上传文件后，记录文件是否成功上传、上传后的文件格式是否正确等结果。

记录缺陷：如果发现软件存在缺陷，要详细记录缺陷的信息，如缺陷的位置、重现步骤、缺陷的严重程度和优先级等。例如，对于一个网页显示错误的缺陷，要记录出现错误的网页链接、操作步骤（如点击某个按钮后出现错误）、错误的具体表现（如页面空白、显示乱码等），并根据缺陷对软件功能的影响程度确定严重程度和优先级。

3.6.3.4　缺陷跟踪和管理阶段

➤ **缺陷提交和分配**

提交缺陷报告：测试人员将发现的缺陷及时提交到缺陷跟踪工具（如 Jira、Bugzilla 等）中。缺陷报告应包含详细的缺陷信息，便于开发人员理解和定位问题。

分配缺陷任务：由项目负责人或测试负责人根据缺陷的类型和模块，将缺陷分配给相应的开发人员进行修复。例如，对于一个后端接口的缺陷，分配给后端开发人员；对于一个用户界面的缺陷，分配给前端开发人员。

➤ **缺陷修复和验证**

开发人员修复缺陷：开发人员根据缺陷报告中的信息，分析问题产生的原因，进行缺陷修复。在修复过程中，可能需要与测试人员沟通，进一步了解缺陷的细节。

回归测试：测试人员对已修复的缺陷进行回归测试，验证缺陷是否真正被修复，并且没有引入新的缺陷。回归测试需要重新执行相关的测试用例，包括原来发现缺陷的用例以及可能受缺陷修复影响的其他用例。

3.6.3.5　测试报告阶段

➤ **总结测试结果**

用例执行情况统计：统计测试用例的执行总数、通过数、失败数和阻塞数等信息，计算测试用例的通过率。例如，总共执行了 100 个测试用例，通过了 80 个，失败了 15 个，阻塞了 5 个，通过率为 80%。

缺陷统计和分析：统计缺陷的总数、缺陷的分布情况（如按功能模块、严重程度、优先级等分类），分析缺陷产生的原因和趋势。例如，发现大部分缺陷集中在用户认证模块，严重程度较高的缺陷主要是系统崩溃类问题，通过分析可以找出软件的薄弱环节。

> **评估软件质量**

功能质量评估：根据测试结果，对软件的功能完整性、正确性和易用性等方面进行评估。例如，判断软件的功能是否满足用户需求，操作是否方便，是否存在严重的功能缺陷影响用户使用。

非功能质量评估：对软件的性能、兼容性、安全性等非功能特性进行评估。例如，评估软件在高负载情况下的性能表现是否符合要求，在不同平台和浏览器下的兼容性是否良好，是否存在安全漏洞。

> **提出建议和决策依据**

提供改进建议：针对测试过程中发现的问题，向开发团队和项目管理者提出改进建议，如对软件功能的优化、测试过程的完善等。例如，建议对某个频繁出现缺陷的功能模块进行重新设计，或者加强对某种类型测试（如安全测试）的投入。

提供决策依据：为软件是否可以发布、是否需要进一步测试等决策提供客观的依据。例如，如果软件的功能和非功能质量达到了预定的标准，且剩余缺陷的风险较低，测试报告可以建议软件可以发布；如果还存在较多严重缺陷，建议继续进行测试和修复。

3.6.4　测试工作注意事项

3.6.4.1　沟通协作方面

> **与开发团队保持良好的沟通**

及时反馈问题：测试人员发现缺陷后，应尽快与开发人员沟通，确保开发人员能够及时了解问题。在沟通时，要准确地描述缺陷的现象、重现步骤等关键信息，避免开发人员误解。

理解开发视角：测试人员要理解开发人员的工作和可能面临的困难，例如开发进度紧张、技术难题等。在讨论缺陷修复时，能够站在开发人员的角度思考问题，共同寻找解决方案。

> **与其他相关部门协作**

与产品部门协作：测试人员要与产品经理紧密合作，确保对软件需求的理解一致。在测试过程中，如果发现需求不明确或存在问题，及时与产品经理沟通，共同商讨解决方案。例如，对于用户反馈的新需求，测试人员需要与产品经理一起评估对现有测试计划和用例的影响。

与运维部门协作：在测试环境搭建和维护方面，需要与运维人员合作。测试人员要及时告知运维人员测试环境的需求和变化，运维人员则要确保测试环境的稳定性和可靠性。例如，当测试需要增加新的服务器或软件配置时，测试人员要与运维人员沟通协调相关事宜。

3.6.4.2　测试文档方面

➤ 保证测试文档的准确性和完整性

测试计划文档：测试计划中的目标、范围、策略、资源分配和进度安排等内容要准确无误。在测试过程中，如果有任何变更，要及时更新测试计划文档。例如，当项目需求发生变化，导致测试范围扩大或测试重点调整时，要在测试计划文档中体现这些变化。

测试用例文档：测试用例的输入、输出、步骤等信息要完整、清晰。每个测试用例都应该有明确的目的，能够有效地覆盖软件的功能点或非功能特性。在编写测试用例时，要避免模糊不清或有歧义的表述，确保其他测试人员能够准确执行。

缺陷报告文档：缺陷报告中的缺陷描述、重现步骤、严重程度和优先级等内容要准确记录，确保开发人员能够根据缺陷报告快速定位和修复问题。例如，对于一个复杂的缺陷，要详细记录操作的先后顺序、系统的状态变化等信息，使开发人员能够重现缺陷。

➤ 及时更新测试文档

随着软件迭代更新文档：当软件进行功能更新、优化或修复缺陷后，相关的测试文档（如测试计划、测试用例和缺陷报告）都要及时更新。例如，当软件新增了一个功能模块，要在测试计划中增加对该模块的测试安排，更新测试用例以覆盖新功能，同时记录新功能测试过程中发现的缺陷。

3.6.4.3　测试环境方面

➤ 确保测试环境的一致性和稳定性

配置管理：对测试环境的配置进行严格管理，包括硬件设备、操作系统、软件版本、数据库等。在整个测试过程中，尽量保持测试环境的一致性，避免因环境差异导致测试结果不准确。例如，在测试一个 Web 应用时，要确保所有测试人员使用的浏览器版本相同，服务器的配置参数一致。

环境监控和维护：定期对测试环境进行监控，及时发现和解决环境中的问题，如服务器故障、网络异常等。维护良好的测试环境，确保测试工作能够顺利进行。例如，设置服务器性能监控工具，当发现服务器资源占用过高或出现网络拥堵时，及时采取措施进行调整。

➢ **模拟真实环境的多样性**

考虑多种用户场景：在测试环境中，要尽可能模拟真实世界中用户的不同使用场景，包括不同的硬件设备、网络条件、用户操作习惯等。例如，测试一个移动应用时，要考虑用户在不同网络速度（如2G、3G、4G、Wi-Fi）下的使用情况，以及不同手机型号和屏幕尺寸对应用的影响。

考虑系统集成环境：如果软件需要与其他系统集成，要在测试环境中模拟这种集成场景。例如，一个企业的财务软件需要与银行系统对接，在测试环境中要搭建模拟银行系统的接口，以测试财务软件与外部系统交互的正确性。

3.7　部署与系统集成

3.7.1　信息系统部署和集成理论

3.7.1.1　信息系统部署理论

定义：信息系统部署是指将经过开发、测试后的软件系统以及相关的硬件设备、网络环境等资源进行安装、配置，并使其能够在目标运行环境中正常运行的过程。它是软件从开发环境过渡到实际使用环境的关键环节。

目的：确保系统能够在预期的用户环境中稳定、高效地运行，满足用户的业务需求。同时，部署过程也需要考虑系统的可维护性、安全性和可扩展性。

➢ **部署方式**

单机部署：将整个系统安装在一台计算机上，适用于小型、简单的系统或者个人使用的软件。例如，一些小型的单机游戏或者个人使用的文档编辑工具，所有的软件组件和数据都存储在本地计算机的硬盘中，通过本地操作系统进行运行和管理。

分布式部署：将系统的不同组件分布在多个计算机或者服务器上，通过网络进行通信和协作。这种方式适用于大型、复杂的系统，能够提高系统的性能、可靠性和可扩展性。例如，大型的电子商务系统，其前端 Web 服务器、应用服务器、数据库服务器等可能分布在不同的数据中心，通过高速网络进行数据交互，以应对大量用户的访问和复杂的业务处理。

3.7.1.2 信息系统集成理论

定义：信息系统集成是将软件、硬件、网络等各种信息技术组件有机地组合在一起，形成一个完整的、能够协同工作的信息系统的过程。它不仅仅是简单的物理连接，还包括各个组件之间的数据交互、功能协调和业务流程整合。

目的：实现不同系统之间的数据共享和业务流程自动化，提高企业或组织的信息化水平和运营效率。例如，企业内部的 ERP 系统与客户关系管理（CRM）系统集成后，可以实现客户订单信息在两个系统之间的无缝传递，销售部门能够及时获取客户的详细信息，生产部门可以根据订单安排生产计划，从而提高企业整体的业务协同能力。

➤ 集成层次

数据集成：主要解决不同系统之间的数据交换和共享问题。通过建立数据接口、数据转换规则和数据仓库等方式，将各个系统中的数据进行整合。例如，在企业的信息系统集成中，将财务系统中的财务数据与人力资源系统中的员工工资数据进行集成，以便管理层能够全面了解企业的成本结构。

应用集成：侧重于不同应用程序之间的功能集成和业务流程整合。通过中间件、消息队列、企业服务总线（ESB）等技术，实现应用程序之间的互操作性。例如，将企业的办公自动化（OA）系统与项目管理系统集成，使员工可以在 OA 系统中直接发起项目审批流程，审批结果自动反馈到项目管理系统中，从而提高工作效率。

业务流程集成：是最高层次的集成，它将企业内外部的业务流程进行优化和整合，跨越多个系统和部门，实现端到端的业务流程自动化。例如，在供应链管理中，将供应商管理系统、生产管理系统、物流管理系统和销售管理系统进行集成，实现从原材料采购到产品交付给客户的整个业务流程的自动化和监控。

3.7.2　系统部署的工作流程

3.7.2.1　部署前准备

➤ **环境规划**

硬件规划：根据系统的性能需求和用户规模，确定所需的服务器、存储设备、网络设备等硬件资源。例如，对于一个预计有 1000 个并发用户的 Web 应用，需要考虑服务器的 CPU 性能、内存容量、磁盘 I/O 速度等硬件参数，以确保系统能够快速响应用户请求。

软件规划：选择适合的操作系统、数据库管理系统、中间件等软件环境。同时，还要考虑软件的版本兼容性和许可证要求。例如，系统开发基于 Java 技术栈，那么需要选择合适版本的 JDK（Java Development Kit）、应用服务器（如 Tomcat 或 WildFly）以及与系统兼容的数据库（如 MySQL 或 Oracle）。

网络规划：设计系统的网络拓扑结构，包括局域网（LAN）、广域网（WAN）连接方式，以及防火墙、路由器等网络设备的配置。确保网络带宽能够满足系统的数据传输需求，并且网络安全策略能够有效保护系统免受外部攻击。

➤ **资源准备**

硬件采购和安装：按照硬件规划的要求，采购相应的设备，并进行物理安装和连接。这包括服务器上架、网络布线、存储设备连接等工作。在安装过程中，要确保设备的正确安装和通电测试，避免硬件故障。

软件安装和配置：在准备好的硬件设备上安装操作系统、数据库、中间件等软件。在安装过程中，要按照软件的安装指南进行操作，设置正确的参数，如操作系统的分区、数据库的存储路径、中间件的端口号等。同时，要安装系统运行所需的其他软件组件，如 Web 服务器软件、邮件服务器软件等。

数据准备：收集和整理系统运行所需的初始数据，如用户信息、基础数据字典、业务规则等。对于有数据迁移需求的系统，要制定详细的数据迁移计划，确保数据的完整性和准确性。数据可以通过手动录入、数据导入工具或者从旧系统中迁移等方式进行准备。

3.7.2.2 系统安装与配置

➤ 软件部署

应用程序安装：将经过测试的软件系统安装到目标服务器或客户端设备上。这可能包括复制文件、执行安装脚本、注册组件等操作。对于复杂的企业级应用，可能需要按照特定的安装顺序和配置步骤进行。例如，一些大型的 ERP 系统可能需要先安装核心服务器组件，然后再安装各个功能模块和客户端软件。

配置参数设置：根据系统的运行环境和业务需求，设置软件系统的各种配置参数。这些参数包括数据库连接字符串、服务器 IP 地址和端口号、日志文件路径、缓存设置等。正确的配置参数是系统正常运行的关键，一个错误的数据库连接字符串可能导致系统无法访问数据库，从而无法正常启动。

➤ 系统测试与验证

功能测试：在部署后的系统上进行功能测试，验证系统的各项功能是否能够正常运行。这与开发过程中的功能测试类似，但重点关注系统在实际运行环境中的表现。测试人员需要按照测试用例，对系统的各个功能模块进行详细测试，检查功能的完整性、准确性和易用性。例如，对于一个在线购物系统，要测试用户注册、商品浏览、下单、支付等功能是否正常。

性能测试：对系统的性能进行测试，评估系统在目标环境中的响应速度、吞吐量、资源利用率等性能指标。性能测试可以使用专业的工具，如 LoadRunner、JMeter 等，模拟大量用户并发访问系统，收集性能数据。通过性能测试，可以发现系统的性能瓶颈，及时调整系统配置或优化代码。例如，测试系统在 1000 个并发用户访问时的响应时间是否在可接受范围内，服务器的 CPU 和内存使用率是否过高。

安全测试：检查系统的安全性，包括用户认证和授权、数据加密、网络安全等方面。安全测试可以采用漏洞扫描工具、渗透测试等方法，发现系统潜在的安全漏洞，并及时采取措施进行修复。例如，通过漏洞扫描工具检查系统是否存在 SQL 注入漏洞、跨站脚本攻击（XSS）漏洞等，确保用户数据的安全。

3.7.2.3 上线与切换

上线发布：在完成系统测试和验证后，将系统正式发布上线。这可能涉及更新域名解析、将系统切换到生产环境等操作。对于一些对用户影响较大的系统，上线发布可能需要选择在业务低谷期进行，以减少对用户的影响。例如，对于一个银行的网上银行系统，可能选择在深夜或者周末进行系统升级和上线发布。

用户培训与支持：在系统上线后，为用户提供培训，使他们能够熟悉和正确使用系统。培训内容可以包括系统的功能介绍、操作流程、常见问题解答等。同时，要建立系统支持机制，如设立客服热线、在线客服、技术支持邮箱等，及时处理用户在使用过程中遇到的问题。

3.7.3　系统集成的工作流程

3.7.3.1　需求分析与规划

业务需求调研：与用户和业务部门进行沟通，了解企业的业务流程、功能需求和数据需求。通过访谈、问卷调查、业务流程分析等方式，收集详细的信息。例如，在企业的信息系统集成项目中，了解销售部门如何与客户签订合同、生产部门如何根据订单安排生产、财务部门如何进行收款和记账等业务流程，以及各个部门对系统集成的功能和数据需求。

集成目标确定：根据业务需求，确定系统集成的目标，包括实现数据共享目标、业务流程自动化目标、系统间的互操作性目标等。例如，确定集成后的系统能够实现销售订单信息在销售系统、生产系统和财务系统之间的实时共享，并且能够自动触发生产计划安排和财务收款流程。

集成策略规划：制定系统集成的策略，包括选择集成的技术方案、确定集成的层次（数据集成、应用集成还是业务流程集成）、规划集成的顺序和步骤等。例如，根据企业现有的系统架构和技术基础，选择使用企业服务总线（ESB）技术实现系统间的应用集成，先从数据集成入手，逐步实现业务流程集成。

3.7.3.2　接口设计与开发

接口定义：根据集成目标和策略，设计系统之间的接口。接口定义包括接口的功能、输入输出参数、数据格式、通信协议等内容。例如，在财务系统和人力资源系统的集成中，定义一个工资数据接口，其功能是将人力资源系统中的员工工资数据传递给财务系统，接口的输入参数是员工编号、工资项目、工资金额等，输出参数是数据接收状态，数据格式可以是 XML 或 JSON 格式，通信协议采用 HTTP

协议。

接口开发：按照接口定义，开发系统之间的接口程序。这可能涉及不同编程语言和技术平台的开发。例如，一个基于 Java 的系统与一个基于 .NET 的系统集成，需要使用 Java 和 C# 分别开发接口程序，实现数据的转换和通信。在接口开发过程中，要确保接口的稳定性、可靠性和安全性，遵循接口开发的最佳实践，如错误处理、日志记录等。

接口测试：对开发完成的接口进行测试，验证接口的功能是否符合设计要求，数据传输是否准确、及时。接口测试可以采用单元测试、集成测试等方法，使用模拟数据和实际数据进行测试。例如，通过单元测试验证接口程序的单个方法的功能，通过集成测试检查接口在两个系统之间的数据传输和交互是否正常。

3.7.3.3　系统联调与测试

联调准备：在进行系统联调之前，确保各个系统已经完成内部测试，并且接口程序已经开发和测试完成。同时，准备好联调环境，包括硬件环境、软件环境、网络环境等，确保环境的稳定性和一致性。例如，搭建一个模拟生产环境的联调实验室，配置好参与集成的各个系统的服务器、数据库、中间件等设备。

系统联调：将各个系统连接起来，通过接口进行数据交互和功能协作，进行系统联调。在联调过程中，重点关注系统之间的交互是否正常，数据是否能够正确传递和处理，业务流程是否能够顺利执行。例如，在企业的 ERP 系统和 CRM 系统联调过程中，检查客户订单信息从 CRM 系统传递到 ERP 系统后，ERP 系统是否能够正确生成生产计划和采购计划。

集成测试：在系统联调的基础上，进行全面的集成测试。集成测试包括功能集成测试、数据集成测试、性能集成测试和安全集成测试等方面。通过集成测试，发现系统集成过程中的问题（如功能冲突、数据不一致、性能下降、安全漏洞等），并及时进行修复。例如，在功能集成测试中，检查集成后的系统是否能够实现业务流程自动化的目标；在数据集成测试中，验证不同系统中的数据是否保持一致。

3.7.3.4　部署与上线

集成系统部署：将经过联调和集成测试的系统部署到生产环境中。部署过程包括安装系统软件、配置系统参数、迁移数据等操作，与系统部署的流程类似。在部署过程中，要确保系统的稳定性和安全性，避免因部署过程导致系统故障。

上线运行与监控：系统上线后，对集成系统进行运行监控，包括系统的性能指标、业务流程执行情况、数据一致性等方面。通过监控工具和人工检查相结合的方式，及时发现和解决系统运行过程中的问题。例如，使用性能监控工具监测系统的响应时间、吞吐量等性能指标，通过业务流程监控系统检查业务流程是否按照预期执行，通过数据对账工具检查不同系统中的数据是否一致。

3.7.4 系统部署和集成的注意事项

3.7.4.1 兼容性方面

硬件兼容性：在系统部署过程中，要确保硬件设备之间相互兼容。不同品牌和型号的服务器、存储设备及网络设备可能存在兼容性问题，如硬件接口不匹配、驱动程序不兼容等。在采购和安装硬件设备之前，要进行充分的兼容性测试，或者参考硬件厂商提供的兼容性列表。例如，某些服务器主板可能不支持特定型号的内存，导致系统无法正常启动。

软件兼容性：软件系统之间以及软件与硬件之间也可能存在兼容性问题。在选择软件版本和组件时，要考虑它们之间的兼容性。例如，操作系统的更新可能导致某些应用程序无法正常运行，因为应用程序依赖的系统库发生了变化；或者数据库管理系统与应用服务器之间可能存在版本不兼容的情况，影响系统的数据访问和处理。在系统集成过程中，要特别关注不同系统软件之间的接口兼容性，确保数据能够正确传输和处理。

3.7.4.2 数据安全方面

数据传输安全：在系统部署和集成过程中，涉及大量的数据传输，如数据备份、数据迁移和系统之间的数据交互。要确保数据传输的安全，采用加密技术、数字签名、安全协议等手段。例如，在通过网络传输敏感数据（如用户密码、财务数据等）时，使用 SSL/TLS 加密协议对数据进行加密，防止数据被窃取或篡改。

数据存储安全：对系统中的数据存储进行安全保护，包括设置访问权限、数据备份和恢复策略等。确保只有授权人员能够访问和修改数据，并且在数据丢失或损坏的情况下能够及时恢复。例如，对于数据库中的重要数据，设置严格的用户权限管理，定期进行数据备份，并将备份数据存储在异地的安全存储设施中。

3.7.4.3 变更管理方面

配置变更管理：在系统部署和集成过程中，可能会涉及大量的配置变更，如服务器配置变更、软件参数配置变更、网络配置变更等。要建立严格的配置变更管理流程，记录变更的内容、时间、原因和影响。每次变更都要经过审批和测试，确保变更不会对系统造成负面影响。例如，在修改服务器的网络配置之前，要评估对系统网络连接的影响，经过相关人员审批后，在测试环境中进行测试，确认无误后再应用到生产环境中。

业务流程变更管理：系统集成可能会导致企业的业务流程发生变化。要与业务部门密切合作，对业务流程变更进行管理和沟通，确保业务部门理解和接受业务流程的变化，并且对相关人员进行培训。例如，在销售系统和生产系统集成后，销售订单的处理流程可能发生变化，要及时对销售部门和生产部门的员工进行培训，使他们能够适应新的业务流程。

3.8 试运行及维护

3.8.1 信息系统试运行及维护详解

3.8.1.1 信息系统试运行

➤ **定义与目的**

定义：信息系统试运行是指在系统正式上线运行之前，在接近实际生产环境的条件下对系统进行一段时期的测试运行。它是系统从开发、测试环境向实际使用环境过渡的一个重要阶段。

目的：

❶ 验证系统在实际业务场景下的稳定性和可靠性。在测试环境中，系统可能不会遇到实际生产环境中的复杂情况，如大量并发用户、长时间运行等。通过试运行，可以发现系统在实际负载和业务流程下可能出现的问题，如系统崩溃、性能下降等。

❷ 检验系统功能是否满足用户的实际业务需求。尽管在开发和测试阶段已经对系统功能进行了验证，但在实际业务环境中，用户可能会以不同的方式使用系统，或者

发现一些之前未考虑到的功能需求。试运行期间可以让用户实际操作系统，收集反馈意见，进一步完善系统功能。❸ 为系统维护人员提供熟悉系统的机会。在试运行过程中，维护人员可以观察系统的运行情况，了解系统的性能特点、常见问题等，为后续的正式维护工作做好准备。

➤ 试运行阶段的主要工作

数据准备： 根据实际业务情况，准备试运行所需的业务数据。这些数据应该尽可能真实地反映实际业务场景，包括不同类型的数据、不同的数据量等。例如，对于一个库存管理系统，需要准备各种商品的库存信息、进货记录、销售订单等数据。

数据初始化： 对系统进行数据初始化，将准备好的数据加载到系统中，并确保数据的准确性和完整性。同时，要建立数据备份和恢复机制，以防在试运行过程中出现数据丢失或损坏的情况。

用户培训： 在试运行前，对参与试运行的用户进行系统培训。培训内容包括系统的功能、操作流程、常见问题解答等。培训方式可以采用集中培训、在线培训、操作手册等多种形式，确保用户能够熟练使用系统。

用户支持： 在试运行期间，建立用户支持机制，及时解答用户在使用过程中遇到的问题。可以通过设立客服热线、在线客服、技术支持邮箱等方式，收集用户反馈，并对反馈的问题进行及时处理。

系统监控与问题记录： 对系统的运行情况进行全面监控，包括系统的性能指标（如响应时间、吞吐量、资源利用率等）、业务流程执行情况、数据的准确性等方面。可以使用专业的监控工具，如性能监控软件、日志分析工具等，也可以通过人工检查的方式进行监控。

对试运行过程中发现的问题进行详细记录，包括问题的现象、出现的时间、影响范围、可能的原因等。这些记录将为后续的问题分析和解决提供重要的依据。

➤ 试运行结束后的评估

功能评估： 根据用户在试运行期间的反馈和实际操作情况，对系统的功能进行评估。检查系统功能是否满足用户的业务需求，是否存在功能缺失或不合理的地方。例如，用户可能反馈某个功能操作过于复杂，或者某个业务流程的实现不符合实际工作习惯，这些问题都需要在正式上线前进行调整。

性能评估： 分析系统在试运行期间的性能数据，评估系统的性能是否达到预期目标。如果发现系统性能存在问题，如响应时间过长、资源占用过高，需要进一步分析原因，可能是硬件配置不足、软件算法效率低下、数据库查询优化不够等原因导致的，针对这些问题采取相应的优化措施。

稳定性评估：评估系统在试运行期间的稳定性，主要看系统是否出现过崩溃、数据丢失等严重问题。如果系统稳定性不足，需要检查系统的架构设计、容错机制、数据备份和恢复策略等方面，找出导致不稳定的因素并加以解决。

3.8.1.2　信息系统维护

➢ 定义与目的

定义：信息系统维护是指在系统投入正式运行后，为了保证系统能够持续、稳定、高效地运行而进行的一系列活动，包括对系统的硬件、软件、数据等方面进行的维护。

目的：

❶ 保证系统的正常运行。随着时间的推移和业务的发展，系统可能会出现各种问题，如硬件故障、软件漏洞、数据错误等，通过维护工作可以及时发现和解决这些问题，确保系统的可用性。❷ 适应业务需求的变化。企业的业务环境是不断变化的，系统需要随之进行调整和优化。维护工作可以根据业务需求的变化，对系统进行功能扩展、性能优化、流程改造等，使系统能够更好地支持企业的业务发展。❸ 提高系统的安全性。网络环境中存在各种安全威胁，维护工作可以通过更新安全补丁、加强用户认证和授权、进行安全检测等方式，提高系统的安全防护能力，防止系统受到攻击和数据泄露。

➢ 系统维护的主要类型

硬件维护：

❶ 硬件设备的日常检查和保养。定期对服务器、存储设备、网络设备等硬件进行检查，包括设备的外观、温度、风扇运行情况等。例如，检查服务器的硬盘指示灯是否正常闪烁，以判断硬盘是否正常工作。❷ 硬件故障维修。当硬件设备出现故障时，及时进行维修或更换。对于关键的硬件设备，通常会有备用设备，以减少硬件故障对系统运行的影响。例如，服务器的硬盘出现故障，可以使用热插拔技术及时更换硬盘，从而不会导致系统长时间停机。❸ 硬件升级。根据系统的性能需求和业务发展，对硬件设备进行升级。例如，当系统的用户数量增加，导致服务器性能不足时，可以升级服务器的 CPU、内存等硬件组件。

软件维护：

❶ 软件补丁更新。软件供应商会定期发布软件补丁，用于修复软件漏洞、提高软件性能等。维护人员需要及时下载和安装这些补丁，确保系统软件的安全性和稳定性。例如，操作系统厂商会发布安全补丁，以修复系统中的安全漏洞，防止黑客攻击。❷ 软件功能优化。根据用户的反馈和业务需求的变化，对软件系统的功能进行优化。例如，优化系统的用户界面，使操作更加方便快捷；或者对系统的业务逻辑进行调整，提高业务处理效率。❸ 软件版本升级。当软件发布新的版本时，评估是否需要对系统进行版本升级。版本升级可能会带来新的功能和性能提升，但也可能存在兼容性问题。在进行版本升级前，需要进行充分的测试和准备工作。

数据维护：

❶ 数据备份。定期对系统中的重要数据进行备份，备份的方式可以采用全量备份、增量备份等多种方式。备份的数据要存储在安全的位置，并且要定期进行恢复测试，以确保数据在需要时能够成功恢复。例如，每天对数据库进行增量备份，每周进行一次全量备份。❷ 数据清理。随着系统的运行，数据量可能会不断增加，其中可能包含一些过期的、无用的数据。定期对这些数据进行清理，可以提高系统的性能和存储空间利用率。例如，清理数据库中多年前的历史订单数据，这些数据已经没有实际业务价值，但占用了大量的存储空间。❸ 数据一致性维护。在系统运行过程中，各种原因（如网络故障、软件错误等）可能会导致数据不一致的情况。维护人员需要通过数据对账、数据修复等方式，确保系统中数据的一致性。例如，在一个分布式系统中，不同节点的数据可能会出现不一致，需要通过数据同步机制来保证数据的一致性。

3.8.2　信息安全上线评测

在系统开发、测试完成后，应当对信息系统即可交付的产品进行信息安全评测，评测通过后，系统方可上线试运行。由于关于信息安全评测工作涉及内容较多，故本节不做过多展开，将在后续信息安全体系一章中着重论述。

？ 思考

信息系统项目执行过程中都要开展哪些工作，它们的主要内容是什么？

4

信息系统
项目管理

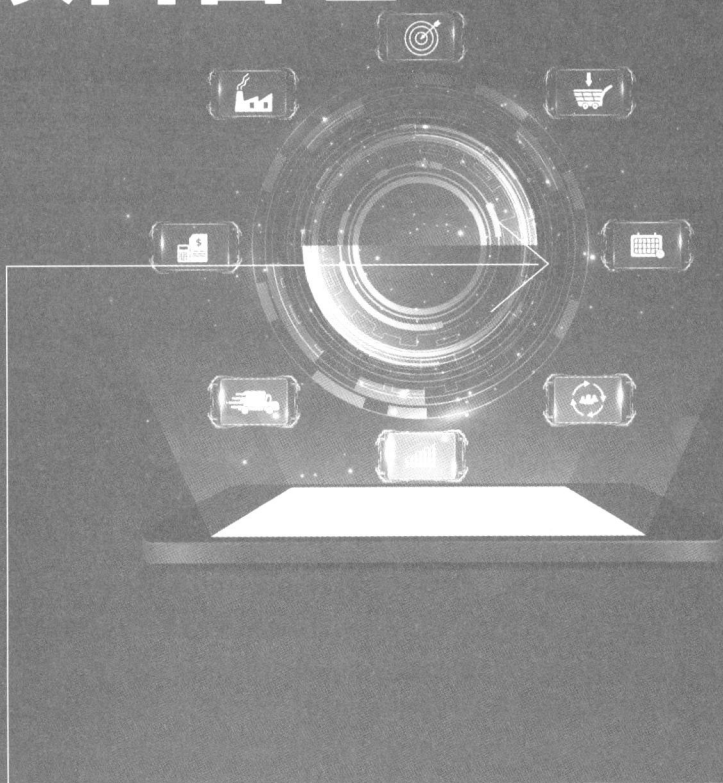

在本章我们将讨论一个非常重要且核心的理论问题——信息系统项目管理，出色的项目管理水平将引导项目逐步走向成功。在讨论信息系统项目管理理论之前，我们先要分清职责，分别探讨一下在信息系统项目管理工作中，甲乙双方的职责是如何划分的。

4.1 甲乙双方职责划分

4.1.1 甲方职责

4.1.1.1 项目启动阶段

> **明确需求**

业务需求定义：甲方作为项目的发起者和需求方，需要清晰、准确地定义业务需求。这包括详细描述项目要实现的业务功能、业务流程、数据要求等内容。例如，对于一个企业资源规划（ERP）系统项目，甲方要明确采购管理、销售管理、库存管理等模块的具体业务操作方式和数据关联关系。

需求文档编制：甲方将业务需求整理成规范的需求文档，如需求规格说明书。这份文档是整个项目的基础，它为乙方提供明确的工作方向。文档应尽量详细、完整，避免模糊不清或有歧义的表述。同时，要确保文档的可理解性，方便乙方团队进行技术实现。

> **确定项目目标和范围**

目标设定：明确项目的总体目标，如提高业务效率、降低成本、提升客户满意度等。这些目标应该是具体的、可衡量的、可实现的、相关的和有时限的（SMART 原则）。例如，目标可以是在项目上线后的一年内，通过新系统将业务处理效率提高 30%。

范围界定：确定项目的范围，明确哪些功能和业务流程包含在项目内，哪些不在。范围界定要避免范围蔓延，防止在项目过程中不断添加新的功能要求而导致项目失控。例如，对于一个客户关系管理（CRM）系统项目，明确第一期只实现客户信息管理和销售机会跟踪功能，而客户服务管理等功能放在后续阶段。

> **提供资源支持**

资金安排：负责项目的资金筹集和预算安排。确保有足够的资金用于项目的开发、实施、测试、培训和维护等各个阶段。同时，要合理规划资金的使用，制定预算分配方案，如硬件采购费用、软件许可费用、乙方开发费用等各占多少比例。

人员配合：安排甲方内部的相关人员参与项目。这包括业务专家，他们可以为乙方提供业务需求的详细解释和指导；项目协调人员，负责与乙方沟通协调项目进度、问题等；测试人员，在系统测试阶段协助乙方进行测试工作，提供用户视角的反馈。

4.1.1.2 项目规划阶段

> **参与项目计划制定**

进度计划审核：与乙方共同制定项目进度计划，审核乙方提交的进度安排是否合理。考虑甲方的业务需求和实际情况，如业务高峰期的影响、重要业务活动的时间安排等。例如，如果甲方在某个特定时期有重要的促销活动，需要确保系统相关功能在促销活动前上线，对进度计划提出合理的调整建议。

质量计划确认：参与质量计划的制定，明确项目的质量标准和验收准则。质量标准可以包括系统功能的完整性、性能指标（如响应时间、吞吐量等）、数据准确性等方面。验收准则要具体、可操作，例如规定系统的功能测试通过率达到 90% 以上才能进行验收。

资源计划协商：协商项目的资源分配计划，确保乙方安排的人力资源、技术资源等能够满足项目需求。同时，也要考虑甲方自身资源的投入，如培训场地、测试设备等的提供。

> **提供项目相关信息和数据**

业务数据提供：向乙方提供项目所需的业务数据，如历史业务记录、客户信息、产品数据等，这些数据对于系统的开发和测试非常重要。例如，在开发一个数据分析系统时，历史业务数据是构建数据模型和验证系统功能的基础。

政策法规和行业标准告知：告知乙方与项目相关的政策法规、行业标准和企业内部规定，确保项目的设计和实施符合这些要求。例如，在金融行业的信息系统项目中，甲方要向乙方说明金融监管机构的合规要求，如数据安全、风险控制等方面的规定。

4.1.1.3 项目执行阶段

➤ **监督项目进度**

进度跟踪：定期（如每周或每月）检查项目的实际进度与计划进度是否相符。通过项目进度报告、会议等方式获取进度信息，如果发现进度偏差，及时与乙方沟通，分析原因并采取措施进行调整。例如，如果发现某个关键功能的开发进度滞后，要求乙方说明原因并制定赶工计划。

里程碑审查：对项目的关键里程碑（如系统原型完成、功能测试完成等）进行审查。确保项目按照预定的阶段目标推进，对未达到里程碑要求的情况，要求乙方进行整改或调整计划。例如，在系统原型完成后，甲方组织相关人员对原型进行评审，提出修改意见，只有在原型通过评审后才能进入下一阶段。

➤ **质量监督**

质量检查：按照质量计划和验收准则，对项目质量进行检查。可以通过参与测试过程、查看测试报告等方式进行。对于质量不符合要求的情况，要求乙方进行返工或采取质量改进措施。例如，如果系统测试过程中发现功能缺陷较多，要求乙方加强质量控制，增加测试用例或进行代码审查。

变更管理监督：在项目执行过程中，可能会出现需求变更的情况。甲方要监督变更管理过程，确保变更经过严格的审批流程，并且对变更的影响（如进度、成本、质量等）进行充分评估。例如，当甲方提出一个新的功能需求变更时，要填写变更申请单，经过双方评估和审批后，才能实施变更。

➤ **协调内部资源和沟通**

内部资源协调：协调甲方内部的资源，确保与项目相关的部门和人员能够按照计划配合项目工作。例如，当系统需要进行用户验收测试时，协调业务部门安排测试人员和时间。

沟通协调：作为乙方与甲方内部各部门之间的沟通桥梁，及时传递信息。将乙方的技术方案、进度安排等信息告知甲方内部相关人员，同时将甲方内部的需求变化、反馈意见等传达给乙方。

4.1.1.4 项目收尾阶段

➤ **系统验收**

验收准备：组织验收团队，包括业务代表、技术专家等。准备验收环境，确保验收环境与实际使用环境一致或接近。按照验收准则，制定详细的验收计划，明确验收的内容、方法和步骤。

功能验收：对系统的功能进行全面验收，检查系统是否满足需求规格说明书中的功能要求。通过实际操作、业务场景模拟等方式进行测试。例如，对于一个供应链管理系统，验收采购管理、仓储管理、物流配送等功能是否能够正常运行，是否符合业务流程要求。

性能验收：对系统的性能指标进行验收，如响应时间、吞吐量、资源利用率等。可以使用专业的性能测试工具或在实际业务场景下进行测试。例如，在一定数量的并发用户访问下，检查系统的响应时间是否在规定范围内。

文档验收：对项目过程中产生的文档进行验收，如需求文档、设计文档、测试文档、用户手册等。确保文档的完整性、准确性和规范性，这些文档对于系统的后续维护和使用非常重要。

➢ 项目结算和评价

项目结算：根据合同条款，与乙方进行项目费用的结算。对项目过程中的费用变更（如因需求变更导致的费用调整）进行核对和确认，确保支付的费用合理、合规。

项目评价：对项目的整体情况进行评价，包括项目目标的实现程度、项目质量、项目进度、乙方的工作表现等方面。评价结果可以作为后续项目选择合作伙伴的参考。同时，也可以通过评价总结经验教训，为甲方未来的项目管理提供借鉴。

4.1.2　乙方职责

4.1.2.1　项目启动阶段

➢ 理解需求和目标

需求调研与澄清：认真研究甲方提供的需求文档，与甲方的业务专家和相关人员进行沟通，深入理解业务需求。对于不明确或有疑问的地方，及时向甲方询问和澄清。例如，对于一个复杂的业务流程，乙方通过与甲方业务人员进行多次会议和现场调研，梳理流程细节，确保完全理解。

目标确认：与甲方共同确认项目的目标和范围。确保乙方团队对项目要实现的目标有清晰的认识，并且明确项目的边界。这有助于避免在项目过程中因误解而导致的范围扩大或目标偏离。

> **组建项目团队**

人员选拔： 根据项目的技术要求、规模和进度要求，选拔合适的项目团队成员，包括项目经理、系统分析师、软件工程师、测试工程师等不同专业背景的人员。确保团队成员具备相应的技能和经验，能够胜任项目工作。

团队培训： 对项目团队成员进行必要的培训，特别是针对甲方的业务领域和特殊要求。例如，如果项目涉及一个特定行业的专业知识，组织团队成员进行相关行业知识的学习，以便更好地理解和实现业务需求。

4.1.2.2　项目规划阶段

> **制定项目计划**

进度计划制定： 根据项目的目标、范围和甲方的要求，制定详细的项目进度计划。进度计划要合理安排项目的各个阶段和任务，明确每个任务的开始时间、结束时间、责任人等信息。可以使用甘特图、项目管理软件等工具来展示进度计划。例如，对于一个软件开发项目，将需求分析、设计、编码、测试、上线等阶段的时间和任务进行详细安排。

质量计划制定： 制定项目的质量计划，明确质量目标、质量标准和质量控制方法。质量目标要与甲方的要求相一致，质量标准要具体、可衡量。例如，制定软件代码的质量标准，包括代码规范、错误率等指标，同时确定代码审查、单元测试等质量控制方法。

资源计划制定： 制定项目的资源计划，包括人力资源、技术资源、设备资源等。合理安排团队成员的工作任务，确保人力资源的有效利用。同时，考虑项目所需的技术工具、开发环境、测试设备等资源的获取和使用。例如，确定项目需要使用的软件开发工具、测试服务器等资源，并安排相应的预算和采购计划。

> **风险评估与应对计划制定**

风险识别： 对项目可能面临的风险进行识别，包括技术风险（如新技术的应用可能带来的技术难题）、进度风险（如关键人员离职可能导致进度延误）、质量风险（如质量标准不明确可能导致质量问题）等。通过头脑风暴、专家咨询等方式，列出可能的风险清单。

风险评估：对识别出的风险进行评估，分析风险发生的可能性和影响程度。例如，评估新技术应用失败的可能性为 30%，如果发生将导致项目进度延误 2～3 个月，对项目成本和质量也会产生较大的影响。

风险应对计划制定：针对不同的风险，制定相应的应对计划。风险应对策略可以包括风险规避（如避免使用不成熟的新技术）、风险减轻（如通过备份关键人员的工作来减轻人员离职的影响）、风险转移（如购买保险来转移部分风险）和风险接受（如对于一些小概率、低影响的风险选择接受）。

4.1.2.3　项目执行阶段

➢ 项目进度控制

任务执行与跟踪：按照进度计划组织团队成员开展项目任务。定期跟踪任务的执行情况，通过项目管理工具或团队会议等方式，及时了解每个任务的进度状态。例如，每天查看开发人员的代码提交记录，了解代码开发进度。

进度调整：如果发现实际进度与计划进度出现偏差，分析原因并及时采取措施进行调整。调整措施可以包括加班、增加资源、优化任务顺序等。例如，如果某个任务进度滞后，评估是否可以通过增加开发人员或调整任务优先级来赶上进度。

➢ 质量控制

质量保证活动：开展质量保证活动，如代码审查、设计评审、测试等。确保项目的每个阶段和每个交付成果都符合质量标准。例如，在编码阶段进行代码审查，检查代码是否符合规范、是否存在逻辑错误等。

质量问题处理：对质量检查过程中发现的问题及时进行处理。建立质量问题跟踪机制，记录问题的发现时间、问题描述、处理措施和处理结果等信息。例如，对于测试过程中发现的功能缺陷，安排开发人员及时修复，并对修复后的功能进行回归测试。

➢ 沟通协调

内部沟通：建立良好的内部沟通机制，确保项目团队成员之间信息畅通。定期召开团队会议，讨论项目进展、问题和解决方案。同时，通过即时通信工具、电子邮件等方式及时沟通项目相关信息。例如，每天早上召开短会，团队成员汇报昨天的工作进展和今天的工作计划。

外部沟通：与甲方保持密切的沟通。定期向甲方汇报项目进度、质量情况等。及时响应甲方的需求和反馈，对于甲方提出的问题和要求，在规定时间内给予答复和处理。例如，每周向甲方发送项目进度报告，对于甲方提出的功能变更请求，及时组织评估并反馈意见。

4.1.2.4 项目收尾阶段

➤ 系统交付与验收支持

交付准备：在项目结束前，整理和准备项目交付成果，包括系统软件、文档资料等，确保交付成果的完整性和规范性。例如，将系统的源代码、可执行文件、用户手册、测试报告等整理成交付清单，方便甲方验收。

验收支持：积极配合甲方进行系统验收。提供验收所需的技术支持，如协助甲方搭建验收环境、对验收人员进行系统操作培训等。对甲方在验收过程中提出的问题和缺陷，及时进行处理和修复。

➤ 项目总结与知识转移

项目总结：对项目进行全面总结，包括项目的成果、经验教训、团队表现等方面。撰写项目总结报告，为后续项目提供参考。例如，总结项目中采用的新技术的应用效果，分析在项目进度控制和质量控制方面的经验教训。

知识转移：将项目过程中的知识和经验，包括系统的技术架构、业务逻辑、运维要点等，转移给甲方或其他相关方。可以通过培训、文档交接等方式进行知识转移，确保甲方能够顺利接手和维护系统。

4.2 信息系统项目的过程

在国际上，公认的项目管理过程组包含启动过程组、计划过程组、执行过程组、监督过程组和收尾过程组。这五大过程组贯穿项目始终，在其实施过程中涵盖了九大知识领域，即项目整合管理、项目范围管理、项目时间管理、项目成本管理、项目质量管理、项目人力资源管理、项目沟通管理、项目风险管理、项目采购管理。后续内容将对这九大知识领域进行重点阐述。

4.2.1 启动过程

4.2.1.1 定义项目目标和范围

目标明确：与项目相关的各方（包括客户、用户、赞助商等）沟通协商，确定项目的总体目标。这些目标应该遵循 SMART 原则，即具体（specific）、可衡量（measurable）、可实现（attainable）、相关性（relevant）和有时限（time-bound）。例如，目标是在 12 个月内开发并上线一个满足特定功能要求的电商系统，系统上线后使交易处理效率提高 40%。

范围界定：详细描述项目要完成的工作内容和边界。这涉及明确系统的功能模块、业务流程、数据处理要求等。例如，对于上述电商系统，确定包括用户注册 / 登录、商品展示、购物车管理、订单处理、支付等功能模块，而营销推广功能暂不包含在本项目范围内，以防止范围蔓延。

4.2.1.2 识别项目利益相关者

利益相关者分析：找出所有会对项目产生影响或受项目影响的个人或团体。这些可能包括项目团队成员、客户、最终用户、供应商、监管机构等。例如，在医疗信息系统项目中，利益相关者有医院管理人员（关注系统成本和效率）、医护人员（关注系统的易用性和功能实用性）、患者（关注数据隐私和医疗服务质量）、医疗设备供应商（与系统的接口兼容性）以及卫生监管部门（系统的合规性）。

确定利益相关者的期望和需求：通过访谈、问卷调查、会议等方式了解利益相关者对项目的期望、需求和关注点。例如，对于一个企业资源规划（ERP）系统项目，财务部门可能期望系统有强大的财务报表生成功能，而生产部门可能更关注生产计划和库存管理功能。

4.2.1.3 组建项目团队

人员选拔：根据项目的性质、规模和技术要求，挑选具备相应技能、知识和经验的人员组成项目团队。例如，对于一个复杂的软件系统开发项目，需要选拔有经验的软件工程师、系统分析师、测试工程师等。同时，还要考虑团队成员的性格、沟通能力等软技能，以确保团队的协作效率。

角色和职责分配：明确每个团队成员在项目中的角色和职责。可以通过制定责任分配矩阵（RAM）来清晰地展示每个成员负责的工作任务。例如，项目经理负责项目的整体规划、协调和控制；系统分析师负责需求收集和系统设计；开发人员负责代码编写等。

4.2.2　规划过程

4.2.2.1　制定项目整体计划

工作分解结构（WBS）： 将项目工作分解为更小的、可管理的任务和子任务。例如，对于一个建筑信息系统项目，WBS 可以包括需求分析、系统设计、软件开发、硬件采购、系统集成、测试、培训和部署等主要阶段，每个阶段再进一步分解为具体的活动。

确定任务顺序和依赖关系： 分析各个任务之间的先后顺序和依赖关系。例如，在软件开发中，代码编写任务依赖于系统设计任务的完成，测试任务又依赖于代码编写任务的完成。

估算任务时间： 根据历史数据、专家经验或三点估算（最乐观时间、最可能时间、最悲观时间）等方法，估算每个任务所需的时间。例如，对于一个功能模块的开发任务，根据开发人员的经验和类似功能的开发历史，估算需要 10 个工作日完成。

制定进度时间表： 使用甘特图、关键路径法（CPM）等工具制定项目进度计划。甘特图可以直观地展示任务的开始时间、结束时间和持续时间；CPM 可以帮助确定项目的关键路径，即决定项目最短工期的一系列任务。

4.2.2.2　制定成本计划

成本估算： 估算项目所需的各种成本，包括人力资源成本、硬件和软件采购成本、培训成本、差旅费、场地租赁成本等。例如，人力资源成本可以通过计算项目团队成员的工资、福利和工作时间来确定；硬件成本根据所需服务器、存储设备等的市场价格估算。

成本预算分配： 将估算的总成本分配到项目的各个阶段和任务中，形成成本预算。例如，将软件开发阶段的成本预算分配到需求分析、设计、编码、测试等具体任务中，以便对成本进行控制。

4.2.2.3　制定质量计划

确定质量目标和标准：根据项目的性质和客户的需求，确定质量目标，如系统的功能完整性、性能指标（响应时间、吞吐量等）、数据准确性、可靠性等。例如，对于一个在线交易系统，质量目标可以使系统的交易成功率达到99.9%，平均响应时间不超过3秒。

质量控制方法和工具：确定用于质量控制的方法和工具，如质量审计、过程分析、检查表、测试用例等。例如，在软件开发中，通过代码审查、单元测试、集成测试和系统测试等方法来控制质量。

4.2.2.4　资源计划

资源识别：确定项目所需的各种资源，包括人力资源（如项目团队成员的技能和数量）、设备资源（如服务器、测试设备）、材料资源（如软件许可证、办公用品）等。

资源获取和分配计划：制定资源获取的方式和时间计划，以及资源在项目中的分配方案。例如，对于需要特定软件工具的项目，计划在项目开始后的第2周采购软件许可证，并分配给相应的开发人员和测试人员。

4.2.2.5　风险管理计划

风险识别：通过头脑风暴、检查表、SWOT分析（优势、劣势、机会、威胁）等方法，识别项目可能面临的风险。这些风险可以包括技术风险（如新技术的不稳定性）、人员风险（如关键人员离职）、外部环境风险（如政策法规变化、市场需求波动）等。例如，在一个新兴技术领域的项目中，识别出技术不成熟、技术供应商倒闭等技术风险。

风险评估：对识别出的风险进行评估，分析风险发生的可能性和影响程度。可以使用定性或定量的方法进行评估。例如，对于技术风险，评估其发生的可能性为40%，如果发生将导致项目进度延误3~6个月，成本超支30%~50%。

风险应对策略：根据风险评估的结果，制定相应的风险应对策略。风险应对策略包括风险规避（如放弃高风险的技术方案）、风险减轻（如采取备份技术、进行交叉培训）、风险转移（如购买保险、外包高风险部分）和风险接受（如对于小概率、低影响的风险选择接受）。

4.2.3　执行过程

4.2.3.1　项目团队组建与管理

团队建设活动：开展团队建设活动，增强团队成员之间的信任和协作能力。团队建设活动可以包括户外拓展、团队聚餐、技术分享会等形式。例如，组织项目团队进行户外拓展训练，通过团队合作游戏来提高成员之间的沟通和协作能力。

团队激励与绩效管理：采用激励措施来提高团队成员的工作积极性和效率。激励措施可以包括物质奖励（如奖金、奖品）和精神奖励（如表扬、晋升机会）。同时，建立绩效评估机制，定期评估团队成员的工作绩效，根据评估结果进行反馈和调整。例如，每月对团队成员的工作绩效进行评估，对于绩效优秀的成员给予奖金和表扬，对于绩效不佳的成员进行辅导和培训。

4.2.3.2　项目任务执行

按照计划执行任务：项目团队成员按照项目计划中的任务安排和要求开展工作。例如，开发人员根据设计文档进行代码编写，测试人员按照测试计划进行测试工作。

进度跟踪与控制：定期（如每周或每月）跟踪项目任务的进度，将实际进度与计划进度进行对比。如果发现进度偏差，分析原因并采取措施进行调整。例如，通过项目管理软件查看任务的完成情况，若发现某个关键任务进度滞后，分析是资源不足、技术难题，还是其他原因导致的，然后通过增加资源、调整任务顺序或寻求外部支持等方式来赶上进度。

4.2.3.3　质量保证与控制

质量保证活动：执行质量保证计划中的活动，如质量审计、过程改进等。质量审计是对项目过程和工作产品进行独立的检查，以确保符合质量标准和项目要求。例如，邀请外部质量审计专家对项目的软件开发过程进行审计，检查是否遵循了代码规范和质量控制流程。

质量控制措施：在项目执行过程中，采取质量控制措施，如检查、测试、验证等。例如，在硬件采购过程中，对采购的设备进行质量检查，确保设备符合项目的性能要求；在软件开发过程中，通过单元测试、集成测试和系统测试等方法来控制软件质量。

4.2.3.4　沟通与信息共享

内部沟通：在项目团队内部建立有效的沟通机制，确保团队成员之间信息畅通。内部沟通可以通过定期会议、即时通信工具、电子邮件等方式进行。例如，每天召开项目团队短会，团队成员汇报昨天的工作进展和今天的工作计划；通过即时通信工具及时沟通项目中的问题和解决方案。

外部沟通：与项目利益相关者（如客户、供应商、监管机构等）进行有效沟通。及时向利益相关者汇报项目进展情况，了解他们的需求和反馈。例如，每周向客户发送项目进度报告，及时回复客户的询问和反馈；与供应商沟通设备采购和交付的进度。

4.2.4　监控过程

4.2.4.1　项目绩效监控

进度监控：持续跟踪项目进度，通过对比实际进度和计划进度，计算进度偏差（SV）和进度绩效指数（SPI）。例如，SV= 实际进度 − 计划进度，SPI= 实际进度 / 计划进度。如果 SPI 小于 1，说明进度滞后，需要采取措施进行调整。可以使用项目管理软件或甘特图来直观地监控进度。

成本监控：监控项目成本的支出情况，计算成本偏差（CV）和成本绩效指数（CPI）。例如，CV= 已完成工作的预算成本 − 已完成工作的实际成本，CPI= 已完成工作的预算成本 / 已完成工作的实际成本。如果 CPI 小于 1，说明成本超支，需要分析原因并采取控制措施。通过成本报表和预算跟踪工具来监控成本。

质量监控：通过质量检查、测试结果、用户反馈等方式监控项目质量。例如，查看测试报告中的缺陷数量和严重程度，分析质量趋势；收集用户在试用过程中反馈的质量问题，及时进行整改。

4.2.4.2　风险管理监控

风险再评估：定期对项目风险进行重新评估，因为项目环境和情况可能发生变化，导致风险的可能性和影响程度发生改变。例如，随着项目的推进，新技术逐渐成熟，之前识别的技术风险的可能性可能降低；或者由于市场竞争加剧，市场需求风险的影响程度可能增大。

风险应对监控：监控风险应对措施的执行情况和效果。确保采取的风险应对策略有效，如风险减轻措施是否真正降低了风险的影响，风险转移措施是否按计划实施等。如果发现风险应对措施无效，需要及时调整应对策略。

4.2.4.3 范围监控

范围变更管理：监控项目范围的变化情况，防止范围蔓延。所有的范围变更都应该经过严格的审批流程。当客户提出范围变更请求时，要评估变更对进度、成本和质量的影响。例如，客户要求增加一个新的功能模块，需要分析该功能模块的开发难度、所需时间和成本，以及对系统整体质量的影响，只有在经过相关利益者批准后才能实施变更。

4.2.5 收尾过程

4.2.5.1 项目验收

验收准备：项目团队整理项目交付成果，包括系统软件、硬件设备、文档资料等。确保交付成果符合项目要求和质量标准。例如，准备好软件系统的安装包、用户手册、技术文档、测试报告等，对硬件设备进行清洁和包装。

功能验收：由客户或用户对项目的功能进行验收。通过实际操作、测试用例等方式检查项目是否满足功能要求。例如，对于一个信息管理系统，用户按照业务流程对系统的各个功能模块进行操作，检查功能是否完整、准确，是否符合业务需求。

性能验收：对项目的性能指标进行验收，如响应时间、吞吐量、资源利用率等。可以使用专业的性能测试工具或在实际业务场景下进行测试。例如，在一定数量的并发用户访问下，测试系统的响应时间是否在规定范围内，系统的吞吐量是否满足业务需求。

文档验收：对项目过程中产生的文档进行验收，如需求文档、设计文档、测试文档、用户手册等。确保文档的完整性、准确性和规范性。例如，检查文档是否涵盖了项目的各个方面，文档内容是否清晰、准确，文档格式是否符合企业标准或行业惯例。

4.2.5.2 项目结算与收尾

项目结算：根据项目合同和实际完成的工作，与客户或供应商进行项目费用的结算。对项目过程中的费用变更（如因范围变更导致的费用调整）进行核对和确认。例如，按照合同规定的付款方式和结算条款，计算项目的最终费用，与客户协商解决费用争议。

资源释放：释放项目占用的资源，包括人力资源、设备资源、场地资源等。例如，将项目团队成员安排到其他项目或工作岗位，归还租赁的设备和场地。

经验教训总结：项目团队对项目进行全面总结，分析项目成功的经验和失败的教训。总结的内容可以包括项目管理方法、技术应用、团队协作等方面。例如，总结在项目进度控制方面采取的有效措施，以及在风险管理中存在的不足之处，为今后的项目提供参考。

4.3　项目整体管理

信息系统项目的整体管理又称为整合管理，是全面管理信息系统项目过程，是贯穿五大过程组的重要知识领域。

4.3.1　定义

信息系统项目整体管理是指在项目的整个生命周期内，综合协调所有其他项目管理知识领域，对项目的各个过程进行整合、统一和协调的管理活动。它确保项目的各个要素（如范围、时间、成本、质量、人力资源、沟通、风险和采购等）能够相互配合，使项目能够顺利实现既定目标。

整体管理的作用：

❶ 目标一致性保障：信息系统项目往往涉及多个部门和复杂的技术环节。例如，开发一个企业资源规划（ERP）系统，会涉及财务、采购、生产等多个部门的需求。整体管理能将这些不同部门的目标统一到项目的总体目标下，避免出现各部门目标不一致而导致项目混乱。

❷ 资源有效利用：合理分配人力、物力和财力等资源。在大型信息系统项目中，资源有限是常见的问题。通过整体管理，可以根据项目各阶段的重点和需求，动态分配资源。如在系统开发阶段，将更多的技术人员分配到编程任务中；在测试阶段，重点投入测试设备和测试人员。

❸ 风险综合管控：能够从全局角度识别和应对风险。由于信息系统项目易受技术更新、用户需求变更等多种因素影响，整体管理可以提前预估这些风险对整个项目的影响。例如，当出现新技术可能使项目现有技术架构过时的风险时，通过整体管理可以协调技术团队重新评估架构，调整项目计划，降低风险。

4.3.2 主要内容和流程

4.3.2.1 项目启动阶段

主要内容：明确项目的目的、目标和范围，确定项目的可行性，识别项目的利益相关者，并制定项目章程。

输入：商业需求文档、市场调研报告、组织战略规划等。这些文档为项目提供了背景信息，如企业需要通过新的信息系统提高市场竞争力，市场调研报告指出了同类产品的特点和用户需求等。

输出：项目章程，它正式授权项目的启动，包含项目的目标、范围、主要利益相关者等关键信息。

4.3.2.2 项目规划阶段

主要内容：制定项目管理计划，包括范围管理计划、进度管理计划、成本管理计划、质量管理计划、人力资源管理计划、沟通管理计划、风险管理计划和采购管理计划等。这些计划详细描述了项目如何执行、监控和收尾。

输入：项目章程、组织过程资产（如以往项目的经验教训、标准模板等）、事业环境因素（如市场条件、法律法规等）。

输出：综合的项目管理计划，它是项目执行和监控的依据。

4.3.2.3 项目执行阶段

主要内容：按照项目管理计划，协调资源，执行项目活动。包括组建项目团队、分配任务、开展培训、获取外部资源（如果需要）等。同时，还要确保项目工作符合质量标准，以及与利益相关者进行有效沟通。

输入：项目管理计划、已批准的变更请求（在执行过程中可能会有一些变更）、组织过程资产等。

输出：可交付成果，如完成部分功能模块的信息系统软件、项目文档等。

4.3.2.4　项目监控阶段

主要内容：监控项目的工作绩效，包括范围、进度、成本、质量等方面。通过对比实际绩效与计划绩效，及时发现偏差，并采取纠正措施或预防措施。同时，还要管理项目变更，确保变更对项目的影响得到有效控制。

输入：项目管理计划、工作绩效数据（如实际完成的任务量、实际花费的成本等）、绩效报告等。

输出：工作绩效信息（对工作绩效数据进行分析后的结果）、变更请求（如果发现偏差需要进行变更）。

4.3.2.5　项目收尾阶段

主要内容：完成项目的验收工作，确保项目成果符合要求，并移交给客户。同时，还要对项目进行总结，整理项目文档，释放资源，以及对项目团队成员进行评价。

输入：项目管理计划、可交付成果、验收标准等。

输出：最终的产品、服务或成果（经过验收后的信息系统）、项目文档（包括项目总结报告、用户手册等）。

4.3.3　甲乙双方的职责

4.3.3.1　甲方职责

需求提供：明确并详细地向乙方提供信息系统的功能需求、性能需求、业务流程需求等。例如，在企业信息管理系统项目中，甲方要准确说明各部门的数据录入、查询、统计等功能要求。

资源协调：为项目的顺利开展提供内部资源支持，如安排甲方的业务专家参与需求调研、提供必要的测试环境和数据等。

验收工作：按照合同约定的标准和流程，对乙方交付的信息系统进行验收。这包括功能测试、性能测试、安全测试等多个方面。

4.3.3.2　乙方职责

项目实施：根据甲方的需求和合同要求，进行信息系统的设计、开发、测试等工作。例如，选择合适的技术架构进行系统开发，严格按照软件开发流程进行代码编写和测试。

进度控制：制定合理的项目进度计划，并确保项目能够按照计划顺利推进。定期向甲方汇报项目进度和存在的问题。

质量保证：建立质量保证体系，确保交付的信息系统符合相关的质量标准，如软件行业的 ISO 标准等。对出现的质量问题及时整改。

4.3.4　所用到的工具和技术

4.3.4.1　项目管理软件

如 Microsoft Project 或 Primavera P6 等，用于制定项目计划，包括任务分解、时间安排、资源分配等。通过这些软件可以直观地看到项目的进度安排和资源使用情况，方便项目团队进行调整。

净值管理（EVM）：这是一种综合了范围、进度和成本的绩效测量方法。例如，通过计算计划价值（PV）、净值（EV）和实际成本（AC），可以得到进度偏差（SV=EV-PV）和成本偏差（CV=EV-AC），从而及时发现项目在进度和成本方面的问题。

4.3.4.2　头脑风暴法

在项目启动和规划阶段，用于收集项目团队成员、利益相关者的想法和建议。例如，在确定项目的功能需求时，组织相关人员进行头脑风暴，激发创新思维，确保需求的完整性。

4.3.4.3　变更控制工具

用于管理项目变更请求。这些工具可以记录变更的内容、原因、影响分析等信息，帮助项目团队评估变更的合理性，并跟踪变更的执行情况。

4.4.1 定义

信息系统项目范围管理是指对信息系统项目包括什么与不包括什么的定义与控制的过程。它确保项目团队和利益相关者对项目的边界和内容达成共识，明确项目需要完成的工作，并且只做完成项目所必需的工作。范围管理的主要功能有：

一是避免项目蔓延。在信息系统项目中，如果没有良好的范围管理，很容易出现范围蔓延的情况。例如，开发一个简单的客户关系管理（CRM）系统，最初定义的功能可能只包括客户信息录入和查询。但如果没有严格的范围控制，在项目进行过程中，可能会不断添加新的功能，如营销活动管理、客户服务工单系统等，导致项目成本增加、进度延迟。

二是准确估算成本和时间。明确的项目范围是准确估算项目成本和时间的基础。只有清楚地知道项目需要完成哪些工作，才能合理地安排资源和计划进度。比如，对于一个企业的库存管理信息系统项目，确定了系统涵盖的功能范围（如入库管理、出库管理、库存盘点等）后，才能根据这些功能的复杂程度来估算开发所需的人力、物力和时间。

三是满足利益相关者期望。有助于满足不同利益相关者的期望。在信息系统项目中，会涉及业务部门、管理层、用户等多个利益相关者。通过明确的范围管理，让所有利益相关者对项目的最终成果有清晰的认识，避免因为期望不一致而产生冲突。例如，业务部门期望系统能够提供实时的销售数据分析功能，通过范围管理可以将这个期望明确地纳入项目范围，或者与业务部门沟通协商是否需要这个功能。

4.4.2 主要内容和流程

4.4.2.1 规划范围管理

主要内容：制定范围管理计划，它描述了如何定义、开发、监控、控制和确认项目范围，包括确定范围管理的方法、流程和工具等。

输入：项目管理计划、项目章程、事业环境因素（如行业标准、组织文化等）、组织过程资产（如以往项目的范围管理经验）。

输出：范围管理计划。

4.4.2.2　收集需求

主要内容：收集项目相关方（如用户、客户、业务分析师等）的需求，明确他们对信息系统的期望和要求。可以通过问卷调查、访谈、焦点小组、原型法等多种方式进行。

输入：范围管理计划、项目章程、干系人登记册。

输出：需求文件（详细记录了收集到的需求）、需求跟踪矩阵（用于跟踪需求的状态和变化）。

4.4.2.3　定义范围

主要内容：详细描述项目的范围，包括产品范围（信息系统的功能、特性等）和项目范围（为完成产品所需的工作）。通过创建工作分解结构（WBS）将项目范围进行分解，形成可管理的工作包。

输入：范围管理计划、项目章程、需求文件。

输出：项目范围说明书（明确项目的范围边界、主要可交付成果等）、工作分解结构（WBS）、WBS 词典（对 WBS 中的每个元素进行详细解释）。

4.4.2.4　创建工作分解结构（WBS）

主要内容：将项目范围分解为更小、更易于管理的组成部分，这些组成部分称为工作包。例如，对于一个电子商务信息系统项目，WBS 可以将系统分为用户管理模块、商品管理模块、订单管理模块等，每个模块再进一步分解为更小的工作包，如用户注册、用户登录等。

输入：范围管理计划、项目范围说明书、需求文件。

输出：经过分解的工作分解结构（WBS）、WBS 词典。

4.4.2.5　确认范围

主要内容：与利益相关者一起正式验收项目的可交付成果，确保这些成果符合项目范围说明书的要求。通过检查、评审等方式进行确认。

输入：项目管理计划、需求文件、范围基准（包括项目范围说明书、WBS 和 WBS 词典）、可交付成果。

输出：验收的可交付成果、变更请求（如果可交付成果不符合要求，可能会产生变更请求）。

4.4.2.6　控制范围

主要内容：监控项目范围的状态，确保所有变更请求都经过正规的变更管理流程。如果项目范围发生变化，需要评估变化对成本、进度和质量等方面的影响。

输入：项目管理计划、需求文件、范围基准、工作绩效数据。

输出：工作绩效信息、变更请求、项目管理计划更新（如果范围发生变化，需要更新项目管理计划）、项目范围说明书更新。

4.4.3　甲乙双方的职责

4.4.3.1　甲方职责

➤ 需求明确

作为信息系统的使用方，甲方要清晰、准确地提出业务需求。这包括业务流程、功能要求、数据要求等各个方面。例如，在一个医院信息系统项目中，甲方（医院管理层和医护人员）需要详细说明挂号、诊疗、收费、药品管理等各个业务环节的功能需求。

➤ 范围审核与确认

参与项目范围的审核和确认工作。在项目的关键节点，如定义范围、确认范围阶段，甲方要认真审查项目团队提出的范围说明书、工作分解结构等文件，确保项目范围符合自己的期望和业务实际。同时，在验收可交付成果时，甲方要按照事先确定的标准进行严格验收。

➤ 范围变更发起与沟通

如果因为业务变化等原因需要变更项目范围，甲方应及时发起变更请求，并与乙方进行充分的沟通。说明变更的原因、期望的变化内容以及对业务的重要性，以便双方共同评估变更的影响。

4.4.3.2 乙方职责

> **需求收集与分析**

乙方负责通过各种方式收集甲方的需求，并进行深入的分析。这不仅包括理解甲方表面的功能需求，还需要挖掘潜在的需求和需求之间的关联。例如，在收集企业办公自动化系统的需求时，乙方要分析不同部门（如行政、财务、市场等）提出的需求，找出共性和差异，为后续的系统设计提供依据。

> **范围定义与文档化**

根据甲方的需求和双方沟通的结果，乙方要负责定义项目的范围，并形成详细的文档，如项目范围说明书、工作分解结构等。这些文档要准确、清晰，能够作为项目执行和监控的依据。同时，在项目进行过程中，乙方要维护这些文档，及时更新与范围相关的信息。

> **范围变更管理**

对于甲方提出的范围变更请求，乙方要按照变更管理流程进行处理。这包括评估变更对项目成本、进度、质量等方面的影响，向甲方提供专业的建议，协助甲方做出合理的变更决策。如果变更得到批准，乙方要调整项目计划和相关文档，确保项目能够顺利执行。

4.4.4 所用到的工具和技术

4.4.4.1 访谈

用于收集需求阶段，通过与利益相关者面对面交流，获取详细的需求信息。例如，在开发一个政府电子政务系统时，通过访谈政府部门的工作人员，了解他们在日常政务处理中的具体需求，如公文审批流程、信息发布要求等。

4.4.4.2 焦点小组

召集一组相关的利益相关者，在主持人的引导下进行讨论，以获取对项目需求和范围的深入见解。比如，在一个教育信息系统项目中，组织教师、学生、教育管理人员等组成焦点小组，讨论教学管理、在线学习等功能的需求和范围。

4.4.4.3　原型法

在需求不明确的情况下，快速构建一个信息系统的原型，让用户直观地看到系统的界面和基本功能，从而明确需求和范围。例如，开发一款移动应用，先制作一个简单的原型，包含主要的页面和操作流程，让用户体验并提出修改意见，以确定最终的应用范围。

4.4.4.4　工作分解结构（WBS）模板

利用以往类似项目的 WBS 模板来分解当前项目的范围。这可以节省时间，并且确保分解的科学性和合理性。例如，对于一个金融信息系统项目，可以参考同类型金融机构的项目 WBS 模板，结合本项目的特点进行调整。

4.4.4.5　变更控制系统

用于控制范围变更，包括变更请求的提交、评估、批准和实施的流程和工具。通过变更控制系统，可以规范范围变更的管理，确保变更不会对项目造成负面影响。例如，使用专门的变更管理软件，记录变更请求的详细信息、评估结果、批准状态等。

> **? 思考**
>
> 如果在信息化过程中需求发散且不确定，同时用户侧对信息化渴望不高，我们应该如何开展工作以及使用什么工具和技术尽快明确工作范围？

4.5　时间管理

4.5.1　定义

信息系统项目时间管理是指在信息系统项目中，为确保项目能够按时完成而进行的一系列活动，包括对项目活动的定义、排序、资源分配、历时估算和进度计划编制与控制等环节。它是对项目各阶段的时间安排和进度控制的综合管理过程。时间管理的主要作用有：

一是确保项目按时交付。在当今竞争激烈的商业环境中，信息系统项目的按时交付至关重要。例如，一家电商企业计划在购物旺季前上线新的订单处理系统，如果不能按时交付，可能会错过销售高峰期，导致巨大的经济损失。

二是保证资源有效利用。合理的时间管理有助于优化资源分配。通过准确估算活动时间，能确保人力资源、设备资源等在正确的时间投入使用，避免资源闲置或过度使用。比如，安排测试人员在系统开发完成后的合适时间进行测试，提高资源利用效率。

三是及时识别规避风险。时间管理是项目风险管理的重要部分。进度延迟可能引发一系列风险，如成本超支、质量下降等。及时发现并解决时间方面的问题，可以降低这些风险对项目的负面影响。

4.5.2　主要内容和流程

4.5.2.1　规划进度管理

主要内容：制定进度管理计划，确定项目进度计划的编制方法、进度监控和控制方法等内容。

输入：项目管理计划、项目章程、事业环境因素（如组织的工作时间安排、行业标准等）、组织过程资产（如以往项目的进度计划模板等）。

输出：进度管理计划。

4.5.2.2　定义活动

主要内容：将项目工作分解为具体的、可执行的活动。例如，在开发一个软件项目时，将系统开发分为需求分析、设计、编码、测试等活动。

输入：进度管理计划、范围基准（包括项目范围说明书、工作分解结构等）。

输出：活动清单（列出所有需要执行的活动）、活动属性（如活动的前置活动、责任人等）、里程碑清单（关键事件的列表）。

4.5.2.3　排列活动顺序

主要内容：确定活动之间的依赖关系，包括强制性依赖关系（如系统测试必须在编码完成后进行）、选择性依赖关系（可根据项目情况选择的顺序）等。

输入：活动清单、活动属性、里程碑清单。

输出：项目进度网络图（用图形表示活动顺序和依赖关系）。

4.5.2.4 估算活动资源

主要内容：估算每个活动所需的资源类型（人力、设备等）和数量。例如，估算软件测试活动需要几名测试人员、几台测试设备。

输入：活动清单、活动属性、资源日历（记录资源的可用时间）。

输出：活动资源需求（每个活动所需资源的详细说明）。

4.5.2.5 估算活动持续时间

主要内容：根据活动资源和活动的性质，估算每个活动所需的时间。可以采用类比估算（参考类似活动的时间）、参数估算（根据公式计算）等方法。

输入：活动清单、活动属性、活动资源需求、资源日历。

输出：活动持续时间估算（每个活动预计的时间）。

4.5.2.6 制定进度计划

主要内容：综合活动顺序、资源需求和持续时间等信息，制定项目的进度计划。可以使用关键路径法确定项目的关键活动和最短工期。

输入：活动清单、活动属性、项目进度网络图、活动资源需求、活动持续时间估算。

输出：进度计划（包括项目的开始时间、结束时间、关键路径等信息）。

4.5.2.7 控制进度

主要内容：监控项目进度，比较实际进度与计划进度，识别偏差并采取纠正措施。例如，如果某个活动延迟，分析原因并调整后续活动的计划。

输入：项目管理计划、进度计划、工作绩效数据（如实际开始时间、实际完成时间等）。

输出：工作绩效信息（对进度偏差的分析）、进度预测（根据当前情况预测项目完成时间）、变更请求（如果需要调整进度计划）。

4.5.3 甲乙双方的职责

4.5.3.1 甲方职责

➤ **提供时间要求和约束条件**

明确项目的交付时间要求和重要的时间节点约束，如系统上线时间、重要功能交付时间等。这些要求是项目进度计划的重要依据。

➤ **参与进度计划审核**

对乙方制定的进度计划进行审核，提出合理的意见和建议。确保进度计划符合甲方的业务期望和项目整体目标。

➤ **监督进度执行情况**

按照合同约定，监督乙方的进度执行情况。在发现进度偏差时，及时与乙方沟通并要求采取措施纠正。

4.5.3.2 乙方职责

➤ **制定详细进度计划**

根据甲方的要求和项目范围，负责制定详细的进度计划。运用专业的方法和工具，确保计划的合理性和可行性。

➤ **资源调配与进度控制**

合理调配内部资源以保证进度计划的执行。及时发现并解决进度问题，如活动延迟、资源冲突等。定期向甲方汇报进度情况。

4.5.3.3 应对进度变更

当出现不可预见的情况导致进度变更时，如技术难题、需求变更等，乙方应及时评估变更对进度的影响，提出解决方案并与甲方协商调整进度计划。

4.5.4 所用到的工具和技术

4.5.4.1 甘特图

这是一种简单直观的进度计划工具，以横道图的形式展示活动的开始时间、结束时间和持续时间。可以清晰地看到各个活动的时间安排和进度情况。例如，在一个小型信息系统维护项目中，用甘特图展示系统检查、故障修复、数据备份等活动的进度，方便项目团队和利益相关者了解项目进展。

4.5.4.2　关键路径法（CPM）

通过分析项目活动的顺序和持续时间，确定项目的关键路径。关键路径上的活动一旦延迟，就会导致项目工期延长。例如，在建筑信息系统项目中，确定从建筑设计到施工、设备安装等一系列活动中的关键路径，重点关注关键路径上的活动进度，以确保项目按时完成。

4.5.4.3　计划评审技术（PERT）

考虑活动持续时间的不确定性，对每个活动采用乐观时间、最可能时间和悲观时间进行估算，然后计算出期望时间。这种方法在复杂的、不确定性高的信息系统项目中很有用。例如，在研发一个新的人工智能算法的项目中，由于技术的不确定性，使用 PERT 估算活动时间，能更准确地制定进度计划。

4.5.4.4　资源平衡

用于解决资源冲突问题。当资源在某些时间段内过度使用或闲置时，通过调整活动的开始时间和顺序，使资源得到合理分配。比如，在一个软件开发项目中，如果测试人员在某一阶段任务过重，通过资源平衡可以将部分测试活动推迟或提前，以平衡测试人员的工作量。

4.6　成本管理

4.6.1　定义

信息系统项目成本管理是指在信息系统项目的实施过程中，对项目所需资源的成本进行预测、预算编制、成本控制以及成本核算与分析等一系列管理活动。其目的是确保项目在批准的预算范围内完成，实现项目成本与效益的最佳平衡。成本管理的主要作用包括以下几个方面：

> **确保项目经济可行性**

在项目启动阶段，通过成本估算可以判断项目是否在经济上可行。例如，一家创业公司计划开发一款新的移动应用程序，如果成本估算显示开发和运营成本远超预期收益，那么该项目可能需要重新评估或调整范围与策略，以确保其具有经济可行性。

> **资源合理配置**

成本管理有助于合理分配人力、硬件、软件等资源。例如，在一个大型企业资源规划（ERP）系统项目中，明确各模块开发的成本预算，可以根据预算合理安排开发人员数量、服务器资源等，避免资源的过度或不足分配，提高资源利用效率。

> **利润保障**

对于乙方（项目承接方）来说，有效的成本管理是保障利润的关键。准确的成本估算和控制能够确保项目在合同约定的价格范围内完成，避免因成本超支而导致利润受损。例如，软件外包公司在承接项目时，通过精细的成本管理，在满足客户需求的同时实现盈利。

4.6.2　主要内容和流程

4.6.2.1　规划成本管理

主要内容：制定成本管理计划，确定项目成本管理的方法、流程、工具以及成本估算和预算编制的精度要求等。

输入：项目管理计划、项目章程、事业环境因素（如市场利率、通货膨胀率等）、组织过程资产（如以往项目的成本管理经验、成本估算模板等）。

输出：成本管理计划。

4.6.2.2　估算成本

主要内容：对完成项目活动所需的各种资源成本进行近似估算。这包括人力资源成本（如开发人员工资、培训费用等）、硬件成本（如服务器、网络设备等购置费用）、软件成本（如购买操作系统、数据库管理系统等费用）以及其他间接成本（如办公场地租赁、水电费等）。例如，在估算一个电商网站开发项目的成本时，要考虑到前端开发人员、后端开发人员、测试人员的工时费用，以及服务器租赁费用、电商平台软件授权费用等。

输入：成本管理计划、人力资源管理计划、范围基准（项目范围说明书、工作分解结构等）、项目进度计划、风险登记册、事业环境因素、组织过程资产。

输出：活动成本估算（对每个活动的成本估算结果）、估算依据（说明成本估算的方法和数据来源）。

4.6.2.3 制定预算

主要内容： 汇总各个活动的成本估算，考虑应急储备和管理储备，制定项目的成本预算。应急储备是为应对已识别风险而预留的资金，管理储备则是为应对未计划但可能出现的变更而预留的资金。例如，在一个项目预算中，针对可能出现的技术难题预留一定比例的应急储备，同时为可能的项目范围变更预留管理储备。

输入：成本管理计划、范围基准、活动成本估算、估算依据、项目进度计划、资源日历、风险登记册、协议（如与供应商签订的合同价格等）。

输出：成本基准（经过批准的按时间分配的项目预算）、项目资金需求（包括成本基准和管理储备）。

4.6.2.4 控制成本

主要内容： 监控项目成本的执行情况，比较实际成本与成本基准，分析偏差产生的原因，并采取纠正或预防措施。例如，如果发现某个项目阶段的实际成本超出预算，要分析是资源浪费、范围变更，还是其他原因导致的，然后采取相应措施，如优化资源利用、调整项目范围或重新规划预算。

输入：项目管理计划、成本基准、项目资金需求、工作绩效数据（如实际发生的成本、已完成工作的百分比等）。

输出：工作绩效信息（对成本偏差的分析结果）、成本预测（根据当前成本执行情况预测项目完工成本）、变更请求（如果需要调整成本基准或预算）。

4.6.3 甲乙双方的职责

4.6.3.1 甲方职责

提供成本约束条件：明确项目的预算上限或期望的成本范围，这是乙方制定成本计划的重要依据。例如，甲方告知乙方一个企业办公自动化系统项目的预算不能超过 100 万元。

审核成本计划和预算：对乙方提交的成本管理计划、成本估算和预算进行审核，确保其合理性和符合甲方的成本期望。例如，甲方组织内部财务和技术专家对乙方的预算进行详细审查，提出修改意见。

监督成本执行情况：在项目执行过程中，定期检查乙方的成本执行情况，要求乙方提供成本报告和解释成本偏差。例如，甲方每月要求乙方提交成本执行报告，对比实际成本与预算，对超出预算一定比例的情况要求乙方说明原因并提出解决方案。

4.6.3.2 乙方职责

制定详细成本计划和预算：根据甲方的要求和项目实际情况，运用专业的成本管理方法和工具，制定详细的成本管理计划、成本估算和预算。例如，乙方的项目团队通过分析项目范围、资源需求、市场价格等因素，制定出详细的成本预算，并向甲方解释预算的构成和合理性。

成本控制与优化：在项目执行过程中，负责控制成本，采取措施避免成本超支。例如，通过合理安排人员工作、优化技术方案、选择性价比高的供应商等方式降低成本。同时，乙方应及时向甲方报告成本执行情况和偏差，对于可能导致成本超支的风险和问题，提前与甲方沟通并提出解决方案。

成本核算与报告：定期进行成本核算，记录实际发生的成本，并按照要求向甲方提供成本报告。报告应包括成本执行情况、偏差分析、采取的措施以及对项目成本的预测等内容。例如，乙方每月制作成本报告，以图表和文字说明的形式向甲方展示项目成本的动态变化情况。

4.6.4　所用到的工具和技术

4.6.4.1　类比估算

原理：利用以往类似项目的成本数据来估算当前项目的成本。例如，以前开发过一个功能类似的小型信息管理系统，其成本为 50 万元，那么在估算当前类似项目时，可以参考这个数据，并根据项目规模、复杂程度等因素进行调整。

适用场景：适用于项目早期阶段，当详细信息不足时，可快速得到一个大致的成本估算范围，但准确性相对较低。

4.6.4.2　参数估算

原理：基于历史数据和项目参数之间的统计关系来估算成本。例如，已知开发一个功能模块的平均成本是 10 万元，当前项目有 5 个类似的功能模块，那么可以估算出这部分的成本为 50 万元。同时，还可以考虑参数如代码行数、用户数量等与成本的关系。

适用场景：在有较多历史数据且项目参数可量化的情况下使用，估算准确性相对较高，但需要建立可靠的参数模型。

4.6.4.3　自下而上估算

原理：先对项目的各个工作包或活动进行详细的成本估算，然后将这些估算汇总得到项目总成本。例如，在一个软件项目中，先估算每个功能模块的开发成本、测试成本等，然后汇总得到整个项目的成本。

适用场景：适用于项目范围明确、工作包分解详细的情况，估算结果较为准确，但需要较多的时间和精力。

4.6.4.4　挣值分析

原理：通过比较计划价值（PV）、挣值（EV）和实际成本（AC）来衡量项目的成本和进度绩效。例如，计算成本偏差（CV=EV-AC），如果 CV 为负，表示成本超支；进度偏差（SV=EV-PV），如果 SV 为负，表示进度落后。还可以计算成本绩效指数（CPI=EV/AC）和进度绩效指数（SPI=EV/PV）等指标，以全面评估项目绩效。

适用场景： 在项目执行过程中，用于监控成本和进度绩效，及时发现偏差并采取纠正措施。

4.6.4.5 成本管理软件

功能： 如 Project Cost Management 等软件，可以帮助项目团队进行成本估算、预算编制、成本跟踪和分析等工作。它可以方便地记录成本数据、生成成本报表、绘制成本曲线等，提高成本管理的效率和准确性。

适用场景： 适用于各种规模的信息系统项目，尤其是大型复杂项目，能够有效地管理大量的成本数据和复杂的成本计算。

以下是一个简单的挣值分析图示例（表 4-1）。

表 4-1　挣值分析图

指标	公式	含义
计划价值（PV）	计划工作量 × 预算单价	在某个时间点，计划完成工作的预算成本
挣值（EV）	已完成工作量 × 预算单价	在某个时间点，已完成工作的预算成本
实际成本（AC）	已完成工作量 × 实际单价	在某个时间点，已完成工作的实际成本

在项目执行过程中，通过定期计算 PV、EV 和 AC，并绘制在图表上，可以直观地看到项目的成本和进度绩效趋势，及时发现问题并调整策略。

总之，信息系统项目成本管理是项目管理中的重要环节，涉及多个方面的内容和流程，需要甲乙双方密切配合，运用合适的工具和技术，才能确保项目在预算范围内顺利完成，实现项目的经济效益和社会效益。

4.7　质量管理

本节我们将着重讨论信息系统项目质量管理的内容。信息系统项目管理中的质量管理旨在确保信息系统项目的成果能够满足既定的质量标准与客户需求。它贯穿于项目的全生命周期，从项目规划阶段对质量目标与计划的精心设定，到项目执行阶段严格依据质量标准开展各项活动（如系统设计、开发遵循相关规范，测试环节全面细致以发现并修正缺陷），再到监控阶段持续对比实际质量表现与计划，及时处理偏差，最后到收尾阶段对项目整体质量的评估验收，通过有效的质量规划、质量保证与质量控制等活动，运用多种工具与技术，协调项目团队、利益相关者等各方力量，保障信息系统在功能、性能、可靠性、易用性等多方面的质量特性达标，从而为项目的成功交付与有效运行奠定坚实基础。

4.7.1　什么是质量管理

质量管理是指在质量方面指挥和控制组织的协调活动。它涵盖了确定质量方针、目标和职责，并通过质量策划、质量控制、质量保证和质量改进等一系列活动来实现这些目标。

4.7.1.1　质量方针

质量方针是由组织的最高管理者正式发布的该组织总的质量宗旨和方向。例如，一家汽车制造企业的质量方针可能是"以卓越的质量为客户提供安全、可靠、高性能的汽车产品，不断追求质量提升，满足并超越客户期望"。它为整个组织的质量管理活动提供了一个总的指导原则。

4.7.1.2　质量目标

质量目标是组织在质量方面所追求的目的。这些目标通常是具体的、可衡量的、有时限的。以软件公司为例，其质量目标可能是"将软件产品的缺陷率降低到每千行代码 1 个以下"或者"确保软件产品在发布后的三个月内，因质量问题导致的客户投诉率不超过 5%"。质量目标是对质量方针的具体化，是组织开展质量管理活动的具体方向。

4.7.1.3　质量策划

质量策划是质量管理的一部分，致力于制定质量目标并规定必要的运行过程和相关资源以实现质量目标。例如，在开发一款新的智能手机项目中，质量策划包括确定手机的各项质量特性（如屏幕分辨率、电池续航时间、系统稳定性等）的目标值，以及规划为达到这些目标所需要的研发流程、测试环节、原材料采购标准等内容。

4.7.1.4　质量控制

质量控制是指为达到质量要求所采取的作业技术和活动。其目的是监视过程并排除质量环上所有阶段中导致不满意的原因，以取得经济效益。在电子产品制造过程中，质量控制包括对原材料的检验、生产线上半成品的抽检、成品的功能和性能测试等环节。通过这些活动，及时发现不符合质量要求的产品，并采取措施进行纠正，如返工、报废等。

4.7.1.5　质量保证

质量保证是质量管理的一部分，致力于提供质量要求会得到满足的信任。它是在质量体系中实施并根据需要进行证实的全部有计划和有系统的活动。例如，软件企业通过获得 ISO 9001 质量管理体系认证，向客户展示其有一套完善的质量保证体系，能够确保软件产品的质量。这包括建立质量手册、程序文件等一系列文件化的质量体系，以及进行内部审核和管理评审等活动，以证明企业有能力持续稳定地提供符合质量要求的产品。

4.7.1.6　质量改进

质量改进是质量管理的一部分，致力于增强满足质量要求的能力。它是通过不断采取纠正措施和预防措施来提高产品质量、过程及体系的有效性和效率。例如，一家餐饮企业通过收集顾客反馈，发现菜品口味不够稳定，于是对厨师的烹饪流程进行改进，包括统一调料的用量标准、优化烹饪时间等措施，从而提高菜品质量的稳定性，这就是质量改进的体现。

4.7.2　如何制定质量方针

第一，了解组织背景和战略方向。分析组织文化：组织文化对质量方针有着深远的影响。例如，如果组织文化强调创新和快速响应市场变化，质量方针可能会侧重于灵活的质量控制方式，以适应新产品的快速推出。以互联网科技公司为例，其组织文化是鼓励员工勇于尝试新技术，质量方针可能会包含"在积极探索新技术应用的同时，确保产品质量的基本底线，以创新驱动质量提升"。

明确组织战略目标：质量方针应与组织的战略目标紧密结合。如果组织的战略目标是扩大市场份额，质量方针可以围绕提高产品质量以增强市场竞争力来制定。例如，一家计划进军高端市场的电子产品制造商，其战略目标是在高端市场占据一定份额，质量方针可能是"以高端品质为导向，打造卓越性能、精致工艺的电子产品，满足高端客户对品质的严苛要求"。

第二，考虑相关方需求和期望。识别相关方：首先要确定与组织质量有关的各方，包括顾客、员工、股东、供应商、合作伙伴和社会等。例如，对于一家食品加工企业，顾客期望食品美味、安全；员工需要明确的质量操作指南；股东关注质量对利润的影响；供应商涉及原材料质量；合作伙伴可能关心联合产品的质量稳定性；社会则对企业的社会责任和产品质量有要求。

收集需求和期望信息：通过市场调研、顾客反馈、员工意见调查、供应商沟通等方式收集相关方的需求和期望信息。例如，汽车制造企业可以通过顾客满意度调查了解消费者对汽车安全性、舒适性、燃油经济性等质量方面的期望；与供应商开会，明确原材料的质量标准和供应稳定性要求。

第三，确定质量方针的内容要点。质量目标导向：质量方针应体现组织对质量目标的追求方向。例如，"以追求零缺陷为目标，持续优化产品质量，为顾客提供无瑕产品体验"，明确了向零缺陷迈进的质量目标方向。

质量原则阐述：阐述组织在质量方面坚持的原则。比如，"坚持质量第一，以质量为核心竞争力，遵循严格的质量标准和道德准则，确保产品和服务的质量可靠性和公正性"。

对持续改进的承诺：表达组织对质量持续改进的决心。例如，"持续改进质量体系，积极采纳新技术、新理念，不断提升产品和服务质量，以适应不断变化的市场和客户需求"。

第四，确保质量方针的特点。简洁明了：质量方针应该易于理解和记忆。例如，医疗器械公司的质量方针是"精准质量，守护健康"，简单而直接地传达了产品质量要求和企业的社会责任。

具有激励性：能够激励员工为实现质量目标而努力。比如，"追求卓越质量，让我们的产品成为行业标杆，每一位员工都是质量的守护者"，这样的方针可以激发员工的自豪感和责任感。

相对稳定但可更新：质量方针应在一定时期内保持稳定，以便员工理解和执行。但当组织内外部环境发生重大变化，如战略调整、新技术应用、市场需求变化等，质量方针也应适时更新。例如，随着环保要求的提高，化工企业的质量方针可以更新为加入绿色环保质量理念相关内容。

第五，沟通和评审质量方针。内部沟通：将质量方针有效地传达给组织内的所有员工。可以通过组织培训、内部会议、宣传栏、内部邮件等多种方式进行沟通。例如，新的质量方针确定后，企业可以召开全体员工大会，详细解读质量方针的含义、目标和要求，让员工明白自己在实现质量方针中的角色。

外部沟通：在适当的时候，向外部相关方传达质量方针。比如，在企业网站、产品宣传册、与合作伙伴的合作协议中提及质量方针，展示企业对质量的承诺。

定期评审：定期对质量方针进行评审，确保其仍然符合组织的实际情况和发展需求。例如，每年组织一次质量方针评审会议，根据市场反馈、产品质量数据、组织战略变化等情况，评估质量方针的有效性，并做出必要的调整。

4.7.3　如何确定质量方针

第一，基于质量方针分解目标。质量方针为质量目标提供了方向指引。首先要对质量方针进行深入解读，将其中的原则和理念细化为具体的、可衡量的目标。例如，如果质量方针是"以卓越的质量为客户提供安全、可靠、高性能的产品，不断追求质量提升，满足并超越客户期望"，那么可以分解出的质量目标包括"产品安全性指标达到行业最高标准""产品可靠性指标（如平均无故障时间）在现有基础上提高30%""产品性能指标（如响应速度、处理能力等）超越主要竞争对手"等。

可以采用树状图等工具来进行质量方针的分解。以软件开发项目为例，质量方针下的质量目标分支可以包括软件功能目标（如功能完整性、功能准确性）、性能目标（如系统响应时间、资源占用率）、用户体验目标（如界面友好性、操作便捷性）等，每个分支再进一步细分具体的子目标。

第二，考虑顾客需求和期望。通过市场调研收集顾客需求，可以采用问卷调查、用户访谈、焦点小组、观察法等多种方式。例如，对于一款智能手机产品，通过问卷调查发现顾客对手机电池续航时间、拍照质量、系统流畅性等方面有较高的期望，这些期望就可以转化为质量目标，如"手机在正常使用情况下电池续航时间达到48小时以上""摄像头拍照分辨率达到5000万像素以上，且成像质量满足专业摄影爱好者的基本要求""系统在多任务运行时的响应时间控制在1秒以内"。

分析顾客反馈数据。其包括客户投诉、售后服务记录等。如果客户对产品的某一质量特性投诉较多，就应该将改进该质量特性作为重要的质量目标。例如，某电商平台经常收到客户关于商品搜索功能不准确的投诉，那么质量目标可以是"将商品搜索功能的准确率提高到 95% 以上"。

第三，结合行业标准和法规要求。不同行业有不同的质量标准，如 ISO 系列标准、行业协会标准等。企业应确保产品质量目标符合这些标准。以医疗器械行业为例，产品质量目标必须符合 ISO 13485 医疗器械质量管理体系标准，包括产品的安全性、有效性等多方面的质量目标要求。

遵守法律法规对产品质量的要求。例如，食品行业必须遵守食品安全法，产品的质量目标要涵盖食品添加剂使用标准、微生物指标等法定要求。如"食品中的有害物质含量严格控制在国家规定的安全标准范围内"。

第四，参考竞争对手的质量水平。对竞争对手的产品进行质量分析。可以通过购买竞争对手的产品进行测试、收集用户对竞争对手产品的评价等方式。例如，汽车制造企业可以购买竞争对手的汽车，对其燃油经济性、车内噪音控制、安全配置等质量特性进行测试，然后根据测试结果设定自己的质量目标，如"汽车的百公里油耗比主要竞争对手低 10%""车内噪音在高速行驶时比竞争对手产品低 5 分贝"。

关注竞争对手的质量改进动态。如果竞争对手在某一质量特性上有新的改进举措，企业也应考虑相应地调整自己的质量目标。例如，竞争对手推出了具有更高防水等级的电子产品，企业也可以将提升产品防水等级作为质量目标之一。

第五，考虑组织的资源和能力。评估组织现有的资源，包括人力、物力、财力等资源。如果企业的人力资源有限，那么在设定质量目标时就要考虑是否有足够的人员来实现这些目标。例如，一个小型软件开发团队在设定软件测试质量目标时，要考虑是否有足够的测试人员来完成复杂的测试任务，如"在现有测试人员数量下，确保软件测试覆盖率达到 80% 以上"。

分析组织的技术能力和生产能力。如果企业的生产设备精度有限，那么在产品精度质量目标的设定上就要与之相匹配。例如，机械加工企业的机床加工精度为 ±0.05mm，质量目标可以设定为"产品关键尺寸精度控制在 ±0.05mm 以内"。同时，也要考虑组织的技术研发能力，在质量目标中合理规划技术改进的目标，如"在一年内实现新技术在产品质量提升中的应用，使产品质量关键指标提高 15%"。

第六，设定具有挑战性但可实现的目标。质量目标应该具有一定的挑战性，以激励组织不断进步。例如，对于产品的良品率，如果目前是 90%，可以设定一个具有挑战性的目标，如"在一年内将产品良品率提升至 98%"。

同时，要确保目标是可实现的。可以通过对历史数据的分析、技术可行性研究等来判断目标的可实现性。例如，根据以往的质量改进经验和现有的技术储备，评估是否能够实现设定的质量目标。如果目标过高而无法实现，可能会导致员工士气低落，影响质量管理的效果。

4.7.4 质量管理的主要活动

质量管理的主要活动包括：质量计划、质量控制（QC）和质量保证（QA）。这三项活动不仅是质量管理的主要内容，而且贯穿于项目五大过程组。

4.7.4.1 做好质量计划

➢ 项目启动阶段

（1）主要工作内容

❶ 确定项目的质量方针，该方针通常与组织的整体质量战略保持一致。例如，在一个软件开发项目启动时，质量方针可以是"开发高质量、易用性强且符合用户需求的软件产品"。

❷ 识别项目相关方对质量的期望和需求。这包括客户、最终用户、管理层等。如通过与客户沟通，了解他们对软件功能、性能、界面等方面的质量期望。

❸ 初步规划质量活动的资源和时间安排。例如，初步估计质量计划编制所需的人力和时间，以及后续质量控制和质量保证活动大致的资源投入。

（2）使用的工具和技术

❶ 头脑风暴法：组织项目团队成员、相关专家和部分客户代表进行头脑风暴，收集关于质量期望和潜在质量问题的想法。例如，在讨论软件功能质量时，大家一起提出可能影响功能完整性的因素。

❷ 亲和图：用于对头脑风暴法收集到的大量质量相关信息进行分类整理。比如，将软件质量的需求分为功能需求、性能需求、安全需求等类别。

➢ 项目规划阶段

（1）工作详细内容

❶ 根据项目范围和相关方期望，制定详细的质量目标。例如，对于上述软件开发项目，质量目标可以是"软件功能测试通过率达到 95% 以上，性能指标（如响应时间）在特定硬件环境下不超过 2 秒"。

❷ 确定质量标准和质量规范。参考行业标准、法规要求和组织内部标准，明确软件产品应遵循的代码规范、界面设计标准等。

❸ 制定质量管理计划，包括质量控制和质量保证活动的具体流程、责任分配、时间节点等。如规定软件测试的阶段（单元测试、集成测试、系统测试）、测试负责人以及每个测试阶段的开始和结束时间。

（2）使用的工具和技术

❶ 质量功能展开（QFD）：将客户需求转化为产品的质量特性和设计要求。例如，通过 QFD 将客户对软件功能的需求转化为软件模块设计、数据库设计等具体要求。

❷ 成本 - 效益分析：评估不同质量计划方案的成本和预期效益。如比较采用高级自动化测试工具和人工测试的成本与效益，来决定是否购买该工具用于质量控制。

➤ **项目执行阶段**

（1）工作详细内容

❶ 按照质量管理计划，实施质量活动。这包括对项目过程和产品进行质量检查的具体安排。例如，在软件开发过程中，按照计划开展代码审查活动，确保代码编写符合既定的代码规范。

❷ 对质量活动所需的资源进行分配和协调。确保测试环境搭建所需的硬件、软件资源及时到位，测试人员按计划参与测试工作。

（2）使用的工具和技术

❶ 流程图：用于描述质量活动的流程，如软件测试流程，包括测试用例准备、测试执行、缺陷记录和跟踪等环节。

❷ 责任分配矩阵（RAM）：明确在质量活动中各个成员的职责。如在代码审查活动中，确定谁负责审查代码、谁负责记录问题等。

➤ **项目监控阶段**

（1）工作详细内容

❶ 监控质量计划的执行情况，对比实际质量活动与计划的偏差。例如，检查软件测试是否按计划进行，是否出现进度延迟或未达到质量标准的情况。

❷ 根据监控结果，对质量计划进行调整。如果发现测试进度滞后，分析原因并调整后续测试计划，如增加测试人员或调整测试用例优先级。

（2）使用的工具和技术

❶ 项目管理软件：如 Microsoft Project，用于跟踪质量活动的进度和资源使用情况，通过设置里程碑和关键路径来监控质量计划的执行。

❷ 偏差分析：计算质量活动的实际情况与计划之间的偏差，如时间偏差、成本偏差、质量指标偏差等，并分析其原因。

4.7.4.2 严格质量控制

➢ 项目启动阶段

工作详细内容：建立质量控制的初步意识，强调质量控制在项目中的重要性。在项目启动会议上，向团队成员介绍质量控制的基本概念和目标，让大家对质量控制有初步的认识。

使用的工具和技术：培训与沟通会议。通过简单的培训和沟通会议，向团队成员讲解质量控制的基本理念和常见方法，如介绍质量控制中预防为主的思想。

➢ 项目规划阶段

（1）工作详细内容

❶ 确定质量控制的方法和策略。例如，对于软件开发项目，确定采用黑盒测试、白盒测试等多种测试方法相结合的策略，以及确定质量控制的检查点和频率。

❷ 制定质量控制计划，包括质量控制的具体活动、参与人员、工具和技术选择等。如详细规划软件测试计划，包括测试用例设计的方法（边界值分析、等价类划分等）、测试工具（自动化测试工具的选型）。

（2）使用的工具和技术

❶ 测试计划模板：利用标准化的测试计划模板来制定质量控制计划，确保计划内容完整、规范。

❷ 统计抽样：在规划质量控制检查时，考虑采用统计抽样方法确定检查的样本数量和范围。如在对软件代码进行检查时，确定抽样的比例和代码模块。

➢ 项目执行阶段

（1）工作详细内容

❶ 按照质量控制计划，对项目过程和产品进行检查。在软件开发过程中，执行

代码审查、单元测试、集成测试等活动，检查代码质量、功能实现情况等。

❷ 记录质量问题和缺陷。例如，在测试过程中，详细记录软件出现的缺陷，包括缺陷的位置、现象、严重程度等信息。

❸ 分析质量问题产生的原因，采取纠正措施。对于发现的软件缺陷，分析是代码逻辑错误、需求理解偏差，还是其他原因导致的，并及时采取代码修改、需求澄清等纠正措施。

（2）使用的工具和技术

❶ 检查表：用于在质量检查过程中进行记录，如在代码审查时，检查表可以包括代码格式、变量命名规范、注释等检查项。

❷ 因果图（鱼骨图）：用于分析质量问题产生的原因，将问题的原因分为人、机、料、法、环等类别进行分析。例如，在分析软件缺陷产生的原因时，可以从开发人员技能、开发工具、需求文档、开发方法、开发环境等方面进行剖析。

❸ 控制图：用于监控过程的稳定性。在软件开发中，可以用控制图来监控软件缺陷的出现频率，判断开发过程是否处于稳定状态。

➢ 项目监控阶段

（1）工作详细内容

❶ 监控质量控制活动的效果，评估纠正措施的有效性。例如，观察软件缺陷在经过修正后是否再次出现，判断之前采取的纠正措施是否真正解决了问题。

❷ 根据质量控制的结果，对项目过程和产品进行调整。如果发现某个软件模块的缺陷率过高，可能需要对该模块的开发过程进行重新评估和调整，如更换开发人员或改进开发方法。

（2）使用的工具和技术

❶ 趋势分析：通过分析质量数据的变化趋势，如软件缺陷数量的变化趋势，预测质量状况并提前采取措施。

❷ 帕累托图：用于确定影响质量的主要因素。在软件质量控制中，通过帕累托图可以找出导致大部分软件缺陷的少数关键模块或功能，从而重点关注和改进这些模块或功能。

4.7.4.3 质量保证

➤ **项目启动阶段**

（1）工作详细内容

❶ 明确质量保证的目标和范围，确保项目团队理解质量保证活动的重要性和涵盖范围。例如，在项目启动时，明确质量保证的目标是确保项目过程符合质量管理体系的要求，范围包括项目管理过程和软件开发过程等。

❷ 建立质量保证的初步沟通机制，确保项目相关方能够及时了解质量保证活动的进展和结果。例如，确定质量保证报告的发送频率和接收对象。

（2）使用的工具和技术

❶ 沟通计划模板：用于制定质量保证沟通计划，明确沟通的渠道、内容和频率。

❷ 项目启动文档：在项目启动文档中加入质量保证相关内容，如质量保证的目标、责任人和初步计划，让团队成员和相关方对质量保证活动有初步了解。

➤ **项目规划阶段**

（1）工作详细内容

❶ 制定质量保证计划，包括质量保证活动的具体流程、方法、工具、参与人员和时间安排等。例如，在软件开发项目中，质量保证计划包括定期的过程审计（如对软件开发过程是否遵循 CMMI 模型进行审计）、配置管理活动（如代码版本控制、文档管理）等。

❷ 确定质量保证的标准和规范，这些标准通常基于行业最佳实践、组织内部标准和项目的特殊要求。例如，依据 ISO 9001 标准和组织内部的软件开发过程规范，确定软件项目质量保证的具体标准，如文档完整性标准、过程合规性标准等。

（2）使用的工具和技术

❶ 过程决策程序图（PDPC）：用于规划质量保证过程中可能出现的问题及应对措施。例如，在规划软件过程审计时，考虑可能出现的审计发现不符合项的情况，并提前制定应对措施。

❷ 质量审计工具：如检查表、审计标准文档等，用于在质量保证活动中对项目过程和产品进行审计。

➤ **项目执行阶段**

（1）工作详细内容

❶ 实施质量保证活动，如过程审计、质量培训、配置管理等。在软件开发过程中，定期进行软件开发过程审计，检查是否按照既定的开发流程和标准进行开发；开展质量培训，提升团队成员的质量意识和技能；做好配置管理，确保软件版本和文档的正确管理。

❷ 收集质量保证活动的数据和证据，如审计记录、培训签到表、配置管理记录等，用于证明项目过程符合质量要求。

❸ 与项目团队和相关方沟通质量保证活动的进展和发现的问题。例如，定期召开质量保证会议，向项目团队和管理层汇报质量保证活动的情况，包括过程审计的结果、质量培训的效果等。

（2）使用的工具和技术

❶ 质量审核软件：用于记录和管理质量审核过程，方便生成审核报告。例如，在进行软件开发过程审计时，使用审计软件记录审计发现的问题、证据和整改要求。

❷ 培训管理软件：用于组织和管理质量培训活动，包括培训课程安排、学员报名、培训效果评估等。

➤ **项目监控阶段**

（1）工作详细内容

❶ 监控质量保证活动的执行情况，对比实际质量保证活动与计划的偏差。例如，检查过程审计是否按计划进行，质量培训是否达到预期的覆盖范围和效果等。

❷ 根据监控结果，对质量保证计划进行调整。如果过程审计中发现的问题较多，需要增加审计的频率或深度；如果质量培训效果不佳，需要调整培训内容或方式。

❸ 评估质量保证活动对项目质量的整体影响，向项目团队和管理层提供质量保证报告，包括质量保证活动的执行情况、发现的问题及整改建议、对项目质量的影响评估等。

（2）使用的工具和技术

❶ 监控指标和仪表盘：建立质量保证监控指标，如过程合规率、培训参与率等，并通过仪表盘直观地展示这些指标的变化情况，方便监控质量保证活动的执行。

❷ 反馈机制：建立质量保证活动的反馈机制，如设置意见箱、开展满意度调查等，收集项目团队和相关方对质量保证活动的反馈意见，用于调整质量保证计划。

4.7.5　三者之间的关系

质量计划、质量控制和质量保证是质量管理中紧密相关的三个主要活动。

质量计划是质量管理的基础

质量计划为质量控制和质量保证活动提供了方向和依据。它明确了项目的质量目标、标准、活动流程和资源安排等内容。例如，质量计划规定了软件项目的质量目标是功能测试通过率达到 95% 以上，质量控制和质量保证活动就围绕这个目标开展。质量控制通过各种测试方法来检查功能测试通过率，质量保证则通过过程审计等活动确保实现这个目标的过程是符合要求的。

质量控制是质量管理的手段

质量控制主要关注项目过程和产品的质量检查，及时发现质量问题并采取纠正措施。它是实现质量计划目标的具体操作手段。例如，在软件测试过程中，质量控制通过执行测试用例，发现软件缺陷，将这些缺陷信息反馈给开发人员进行修正，从而确保软件产品质量符合质量计划中的质量目标。同时，质量控制的结果也为质量保证提供了数据支持，质量保证可以根据质量控制发现的问题，评估项目过程是否需要改进。

质量保证是质量管理的保障

质量保证侧重于确保项目过程符合质量管理体系和质量计划的要求，提供质量能够达到预期目标的设定。它通过过程审计、质量培训等活动，保证项目从始至终都在正确的质量轨道上运行。例如，质量保证通过对软件开发过程的审计，确保开发团队按照质量计划中规定的开发流程和标准进行开发，预防质量问题的产生。质量保证的结果也可以反馈给质量计划，用于对质量计划进行调整和优化。例如，如果质量保证发现项目过程中经常出现不符合质量计划要求的情况，就需要对质量计划进行修改，如调整质量活动的流程或增加质量控制的检查点。

4.7.6　质量体系

质量体系是指为实施质量管理所需的组织结构、程序、过程和资源。它是一个组织为了达到质量目标而建立的综合性管理系统，将质量活动系统化、标准化和文件化，确保产品或服务的质量能够持续满足规定的要求。质量体系的主要作用包括：

提升产品和服务质量

质量体系明确了从原材料采购、生产过程控制到产品交付后的服务等各个环节的质量标准和操作流程。例如，在汽车制造企业中，质量体系规定了零部件供应商的选择标准、零部件的检验流程、汽车装配过程中的质量控制点以及售后服务的质量要求等。通过严格执行这些标准和流程，可以有效减少产品质量波动，提高产品的一致性和稳定性，从而提升整体质量。

增强顾客满意度

质量体系以顾客需求为导向，通过确保产品和服务质量符合或超越顾客期望，增强顾客对组织的信任和满意度。例如，电商企业通过建立完善的质量体系，保证商品信息的真实性、商品质量的可靠性以及配送服务的及时性，从而提高顾客购物体验，增加顾客忠诚度。

符合法律法规要求

许多行业都有严格的质量法规和标准，质量体系有助于组织确保其产品和服务符合这些法律法规。例如，食品企业必须遵循《中华人民共和国食品安全法》等相关法规，建立包含原材料检验、生产卫生控制、成品检测等环节的质量体系，以避免法律风险。

提高组织的竞争力

有效的质量体系可以使组织在市场竞争中脱颖而出。一方面，高质量的产品和服务能够吸引更多的客户；另一方面，通过优化内部流程、降低质量成本，组织可以获得成本优势。例如，通过质量体系中的持续改进机制，企业可以不断优化生产工艺，提高生产效率，降低废品率，从而在价格和质量上都更具竞争力。

4.7.6.1　质量体系包括的工作

➤ 质量方针和目标的制定

质量方针制定：质量方针是组织在质量方面的宗旨和方向，它体现了组织对质量的承诺和价值观。例如，一家制药企业的质量方针可能是"以质量求生存，以科技求发展，为患者提供安全、有效、高质量的药品"。制定质量方针需要考虑组织的战略方向、顾客需求、法律法规要求以及社会期望等因素。

质量目标确定：质量目标是质量方针的具体化，是组织在质量方面所要达到的可衡量的结果。例如，上述制药企业的质量目标可以包括"药品成品合格率达到99%以上""药品不良反应发生率控制在1%以下"等。质量目标应该是具体的、可量化的、有时限的，并且与质量方针保持一致。

➤ **质量手册编制**

质量手册是组织质量体系的纲领性文件，它描述了组织的质量方针、质量目标、组织结构、职责权限以及质量体系的范围和程序文件的引用等内容。例如，在电子制造企业的质量手册中，会详细说明企业的质量管理架构，包括质量部门与其他部门（如研发、生产、采购等部门）的关系，以及各部门在质量管理中的职责，同时还会列出质量体系所涵盖的产品范围和生产过程范围，以及相关程序文件的名称和编号，便于员工查阅和遵循质量体系的要求。

➤ **程序文件编制**

程序文件是质量体系的重要组成部分，它规定了质量活动的目的、范围、职责、工作流程和相关记录等内容。例如，在产品检验程序文件中，会明确检验的目的是确保产品符合规定的质量标准；范围包括原材料、半成品和成品的检验；职责划分了检验人员、质量管理人员和相关部门的责任；工作流程详细描述了从抽样、检验方法选择、检验结果判定到不合格品处理的整个过程；同时还规定了需要记录的检验数据和报告格式。

➤ **作业指导书编写**

作业指导书是针对具体的操作活动编写的详细指导文件，它为操作人员提供了执行任务的具体步骤和方法。例如，在机械加工车间的作业指导书中，会详细说明某一零件的加工工艺，包括机床的操作参数、刀具的选择和更换、加工顺序、质量检验的要点等内容，以确保操作人员能够按照统一的标准进行操作，保证产品质量的一致性。

➤ **质量记录管理**

质量记录是质量体系运行的证据，它包括产品检验记录、过程监控记录、设备维护记录、人员培训记录等。例如，在软件测试过程中，质量记录包括测试用例执行记录、缺陷报告、测试总结报告等。通过对质量记录的有效管理，可以追溯产品质量的形成过程，为质量改进提供数据支持，同时也是向顾客或监管部门证明产品质量符合要求的重要依据。

➢ 资源管理

人力资源管理：包括人员的招聘、培训、考核和激励等方面。例如，为了确保质量体系的有效运行，组织需要招聘具有相关专业知识和技能的人员，对员工进行质量管理知识和操作技能的培训，定期考核员工的工作绩效，并通过激励机制鼓励员工积极参与质量管理活动。

基础设施管理：涉及生产设备、办公设施、检测设备等的提供、维护和管理。例如，制造业企业需要确保生产设备的正常运行，定期对设备进行维护和保养，校准检测设备，以保证生产过程的稳定性和产品质量的可靠性。

工作环境管理：创造适宜的工作环境，包括物理环境（如温度、湿度、洁净度等）和人文环境（如团队协作氛围、企业文化等）。例如，在电子芯片制造过程中，需要严格控制车间的洁净度和温湿度，以避免尘埃颗粒对芯片质量的影响；同时，营造积极向上的企业文化，促进员工之间的良好沟通和协作，也有利于提高工作效率和质量。

➢ 内部审核

内部审核是组织自我检查质量体系运行情况的活动，它由经过培训的内部审核员按照预定的审核计划和审核标准对质量体系的各个要素进行检查。例如，每年定期对组织的质量手册、程序文件、作业指导书的执行情况进行全面审核，检查各部门是否按照规定的流程开展工作，质量记录是否完整、准确，发现不符合项及时采取纠正措施，以确保质量体系的持续有效运行。

➢ 管理评审

管理评审是由组织的最高管理者主持的对质量体系的适宜性、充分性和有效性进行评价的活动。例如，每半年或一年召开一次管理评审会议，综合考虑内部审核结果、顾客反馈、质量目标的实现情况、市场变化等因素，评估质量体系是否能够适应组织内外部环境的变化，是否需要对质量方针、质量目标、质量体系文件等进行调整和优化。

4.7.6.2　质量体系的运转

➢ 策划阶段（P）

质量方针和目标策划：组织根据自身的战略定位、顾客需求、法律法规要求等因素，制定质量方针和质量目标。这是质量体系运转的起点，为后续的活动提供了方向和目标。例如，一家新成立的互联网服务企业，根据市场调研了解到用户对服务响应速度和数据安全的高度关注，制定了"提供快速响应、高度安全的互联网服务"的质量方针，并确定了"服务响应时间在 3 秒以内""数据泄露事故率为零"等质量目标。

质量体系策划：围绕质量方针和目标，策划质量体系的架构、流程和资源配置。包括确定需要编制的质量手册、程序文件、作业指导书的内容，规划内部审核和管理评审的计划，以及明确人力资源、基础设施和工作环境的管理要求等。例如，根据互联网服务企业的质量目标，策划建立包含用户服务流程管理、数据安全管理等模块的质量体系，确定每个模块所需的程序文件和作业指导书，以及相应的人员培训计划和设备配置要求。

➤ **实施阶段（D）**

资源提供与人员培训：按照策划的要求，提供质量体系运行所需的资源，包括人力资源、基础设施和工作环境。同时，对员工进行质量意识和操作技能的培训，确保员工能够理解并执行质量体系的要求。例如，互联网服务企业为了满足服务响应时间的质量目标，购买高性能的服务器等基础设施，招聘和培训具备专业知识和技能的客服人员和技术人员，营造注重效率和质量的工作氛围。

文件执行与记录生成：组织全体员工严格按照质量手册、程序文件和作业指导书的要求开展工作，并在工作过程中生成各种质量记录。例如，客服人员按照服务流程文件的要求及时处理用户咨询和投诉，记录每一个用户问题的处理过程和结果；技术人员按照数据安全管理程序对用户数据进行加密、备份等操作，并记录相关的数据操作日志。

➤ **检查阶段（C）**

内部审核：定期开展内部审核活动，由内部审核员依据审核计划和审核标准，对质量体系的运行情况进行系统的检查。检查内容包括质量方针和目标的贯彻情况、文件的执行情况、资源管理的有效性、质量记录的完整性等。例如，互联网服务企业每季度进行一次内部审核，审核员检查各个部门是否按照质量体系文件的要求开展工作，如客服部门是否遵循服务响应时间标准，技术部门是否严格执行数据安全管理程序，同时检查质量记录是否完整、准确，如用户问题处理记录、数据备份记录等。

过程监控与数据分析：对产品和服务的质量形成过程进行实时监控，收集和分析相关的数据，以评估质量体系的运行效果。例如，通过监控互联网服务的响应时间、数据传输错误率等质量指标，分析这些数据的变化趋势，及时发现潜在的质量问题。同时，还可以对顾客反馈、投诉等信息进行分析，了解顾客对产品和服务质量的满意度。

> #### 改进阶段（A）

纠正措施实施：当内部审核、过程监控或数据分析发现不符合项或质量问题时，组织应及时采取纠正措施。纠正措施包括分析问题产生的原因、制定具体的解决方案、实施整改并验证整改效果。例如，如果发现互联网服务的响应时间超过质量目标，组织应分析是服务器性能不足、网络带宽不够，还是人员操作不熟练等原因导致的，然后针对性地采取措施，如升级服务器、增加网络带宽或加强人员培训，整改完成后再次验证服务响应时间是否达到质量目标。

预防措施制定：基于质量体系运行过程中的数据分析和经验教训，组织应制定预防措施，防止潜在的质量问题发生。例如，通过分析以往的数据安全事故案例，发现员工对数据安全意识不足是一个潜在风险，组织可以制定预防措施，如加强数据安全培训、完善数据访问权限管理等，以避免数据泄露事故的发生。

管理评审与持续改进：定期召开管理评审会议，由最高管理者对质量体系的适宜性、充分性和有效性进行全面评价。根据管理评审的结果，对质量体系进行调整和优化，实现持续改进。例如，在互联网服务企业的管理评审会议上，综合考虑内部审核结果、顾客反馈、市场变化等因素，决定对质量方针进行调整，如增加对用户体验的关注，同时对质量体系的相关程序文件和资源配置进行优化，如改进用户界面设计流程、增加用户体验测试设备等，以持续提高产品和服务质量。

4.8　人力资源管理

4.8.1　信息系统项目人力资源管理的定义及概念

4.8.1.1　定义

信息系统项目人力资源管理是指在信息系统项目中，通过一系列的管理活动，有效地运用项目团队成员的技能、知识和能力，以确保项目目标的顺利实现。它涉及对项目团队成员的规划、获取、开发、管理和最终释放等环节，是项目管理中不可或缺的一部分，因为项目的成功与否在很大程度上取决于项目团队成员的工作表现。

4.8.1.2 概念

核心资源是人员： 在信息系统项目中，人员是最关键的资源。与其他资源（如硬件、软件）不同，人员具有主观能动性，他们的知识、技能、态度和工作动力直接影响项目的质量、进度和成本。例如，一个经验丰富的软件架构师能够高效地设计出系统架构，避免后期的返工，从而节省项目时间和成本。

强调团队协作： 信息系统项目通常需要多个专业领域的人员协同工作，如项目经理、系统分析师、软件工程师、测试人员等。因此，团队协作至关重要。良好的团队协作可以提高工作效率，减少沟通障碍，增强团队成员之间的信任和凝聚力。例如，在敏捷软件开发项目中，开发团队、产品负责人和客户紧密合作，通过"每日站会"等方式及时沟通项目进展和问题，确保项目能够快速响应需求变化。

全生命周期管理： 人力资源管理贯穿于信息系统项目的整个生命周期，从项目启动阶段的团队组建，到规划阶段的角色分工，执行阶段的团队激励和绩效监控，再到收尾阶段的团队成员释放和经验总结。每个阶段都需要针对人力资源进行特定的管理活动，以适应项目的不同需求。

4.8.2 人力资源计划编制

4.8.2.1 人力资源需求分析

确定项目角色和职责： 首先要明确项目所需的各种角色，如项目经理、技术专家、测试人员等，并详细描述每个角色的职责。例如，在一个企业资源规划（ERP）系统项目中，项目经理负责项目的整体规划、协调和控制；系统分析师负责收集和分析业务需求，设计系统功能；软件工程师负责根据设计文档进行代码编写；测试人员负责对系统进行各种测试，包括功能测试、性能测试等。

评估人力资源数量和技能要求： 根据项目的规模、复杂程度和时间限制，估算每个角色所需的人数，并确定他们应具备的技能水平。例如，对于一个大型的电商系统开发项目，可能需要 10 名软件工程师，他们应具备熟练的编程语言技能（如

Java、Python 等)、数据库操作技能（如 MySQL、Oracle 等）和良好的问题解决能力。

考虑人力资源的可用性：要考虑组织内部现有人员的可用性，包括他们的工作安排、休假计划等。同时，还要评估外部资源（如外包人员、顾问）的获取可能性。例如，如果组织内部的软件工程师已经全部投入到其他项目中，就需要考虑从外部招聘或外包部分软件开发工作。

4.8.2.2　人力资源计划制定

制定人员获取计划：如果内部人员不足，需要制定从外部获取人员的计划，包括招聘渠道（如招聘网站、人才市场、校园招聘等）、招聘时间表和招聘标准。例如，对于急需的高级软件工程师，可以通过专业的技术招聘网站发布招聘信息，规定在两周内筛选简历，一个月内完成面试和录用流程，要求应聘者具有至少 5 年相关工作经验和相关技术认证。

安排人员培训计划：为了使团队成员能够满足项目的技能要求，需要制定培训计划。培训内容可以包括项目所需的新技术、新工具、项目管理方法等。例如，在引入新的软件开发框架的项目中，安排内部培训课程，邀请外部专家进行讲座，或者提供在线学习资源，让团队成员学习和掌握新框架的使用方法。

制定人员释放计划：在项目收尾阶段，要考虑如何合理地释放团队成员。这包括确定团队成员的离场时间、工作交接安排等。例如，在项目验收完成后，根据每个成员的后续任务安排，逐步释放人员，确保工作的顺利交接，如先释放测试人员，再释放部分开发人员，最后释放项目经理。

4.8.2.3　人力资源计划的工具和技术

组织结构图和职位描述：通过绘制组织结构图，可以清晰地展示项目团队的层级关系和各个职位之间的关联。职位描述则详细说明了每个职位的职责、技能要求、工作环境等信息。例如，在一个信息系统集成项目中，组织结构图可以显示项目经理、技术总监、各个子系统负责人以及普通技术人员之间的汇报关系；职位描述则具体规定了每个职位的工作内容和要求。

人力资源矩阵：这是一种用于展示项目角色与人员之间对应关系的工具。它可以直观地显示每个人员所承担的角色，以及每个角色由哪些人员担任。例如，在一个数据仓库项目中，人力资源矩阵可以列出数据仓库设计师、ETL 开发人员、数据分析师等角色，以及对应的人员姓名，方便项目经理进行任务分配和资源管理。

专家判断：利用专家的经验和知识来评估人力资源需求和制定计划。这些专家可以是组织内部的人力资源经理、资深项目经理、行业专家等。例如，在估算一个复杂的人工智能项目所需的人力资源时，咨询人工智能领域的专家，了解该领域项目的一般人员配置和技能要求，从而制定出合理的人力资源计划。

4.8.3 项目团队组织建设

4.8.3.1 团队组建

内部选拔和外部招聘：根据人力资源计划，从组织内部选拔合适的人员加入项目团队，或者从外部招聘新成员。内部选拔的优点是成员对组织文化和工作流程比较熟悉，沟通成本较低；外部招聘则可以引入新的技术和理念。例如，对于一个需要熟悉组织内部业务流程的信息系统升级项目，优先从内部选拔相关业务部门的人员；而对于一个涉及新兴技术（如区块链）的项目，可以从外部招聘具有相关技术经验的专家。

团队成员的选择标准：在选择团队成员时，要考虑他们的专业技能、工作经验、团队合作能力、沟通能力等因素。例如，对于一个需要频繁与客户沟通的项目管理信息系统（PMIS）项目，除了要求团队成员具备项目管理和信息系统开发的专业技能外，还应特别注重他们的沟通能力和客户服务意识。

组建虚拟团队：在当今全球化的环境下，虚拟团队越来越常见。虚拟团队成员可能分布在不同的地理位置，通过网络进行沟通和协作。组建虚拟团队需要考虑时间差、文化差异、沟通工具等因素。例如，一个跨国公司的信息系统整合项目，团队成员分别来自不同国家，需要使用统一的项目管理软件、视频会议工具等进行沟通和协作，并且要注意尊重不同国家的文化习俗。

4.8.3.2 团队磨合

团队建设活动：开展各种团队建设活动，以增强团队成员之间的信任和默契。团队建设活动可以包括户外拓展、室内团队游戏、聚餐等形式。例如，在项目启动初期，组织团队成员参加户外拓展活动，通过团队合作完成各种挑战任务，如攀岩、拔河等，培养团队成员的合作精神和信任意识。

建立团队规则和文化：制定团队的规则和文化，明确团队成员的行为准则、沟通方式、决策流程等。例如，建立团队的沟通规则，规定每天定时召开项目沟通会议，会议上每个成员都有发言机会，发言要简洁明了；建立决策流程，对于一般性问题采用多数决的方式，对于重大问题需要经过详细的讨论和专家评估。

角色澄清和职责分配：在团队组建后，要进一步澄清每个成员的角色和职责，确保团队成员清楚自己的工作任务和目标。例如，通过召开项目角色说明会，向每个成员发放详细的角色说明书，明确他们在项目中的具体职责、工作范围，以及与其他成员的接口关系等。

4.8.3.3　团队发展阶段

形成阶段：团队成员刚刚聚集在一起，对项目目标和彼此的角色还不太清楚。此时，项目经理需要发挥领导作用，明确项目目标，介绍团队成员，建立初步的沟通渠道。例如，在一个新的移动应用开发项目启动时，项目经理组织项目启动会，向团队成员介绍项目的背景、目标、大致的时间表和预算，同时让团队成员进行自我介绍，初步营造团队的沟通氛围。

震荡阶段：随着工作的开展，团队成员可能会因为工作方式、角色分工、个人观点等方面的差异而产生冲突。项目经理要及时处理这些冲突，引导团队成员相互理解和尊重。例如，在项目的需求分析阶段，系统分析师和软件工程师可能会对某些功能的实现方式产生分歧，项目经理需要组织会议，让双方充分表达自己的观点，然后根据项目的整体目标和技术可行性进行协调。

规范阶段：经过震荡阶段，团队成员逐渐适应彼此的工作方式，开始建立起相互信任和合作的关系。团队的规则和流程得到进一步完善，工作效率逐渐提高。例如，在这个阶段，团队成员会自觉遵守沟通规则，在遇到问题时能够主动沟通，并且能够按照既定的流程进行工作，如代码提交和审核流程、文档管理流程等。

成熟阶段：团队达到成熟阶段，成员之间配合默契，能够高效地完成项目任务。团队具有较强的凝聚力和解决问题的能力。例如，在项目的关键开发阶段，成熟的团队能够合理分配任务，自行解决工作中遇到的大部分问题，不需要项目经理过多的干预，并且能够根据项目进度和质量要求灵活调整工作计划。

解散阶段：项目结束后，团队进入解散阶段。此时，要做好团队成员的离职安排和经验总结。例如，组织项目总结会议，让团队成员分享项目中的经验教训，对表现优秀的成员进行表彰，然后按照人员释放计划，妥善安排团队成员回到原岗位或寻找新的工作机会。

4.8.4 项目团队管理

4.8.4.1 团队绩效管理

绩效目标设定：为团队成员设定明确的绩效目标，这些目标应该与项目目标相一致，并且是可衡量的。例如，对于软件工程师，可以设定代码质量目标（如代码缺陷率低于一定比例）、工作效率目标（如在规定时间内完成一定数量的功能模块开发）等。

绩效评估方法：采用多种绩效评估方法，如自我评价、同事评价、上级评价等。例如，在项目的每个阶段结束后，让团队成员进行自我评价，同时组织同事之间相互评价，最后由项目经理根据工作成果和工作过程进行综合评价。评估的内容可以包括工作质量、工作效率、团队合作、沟通能力等方面。

绩效反馈和改进：及时向团队成员反馈绩效评估结果，帮助他们了解自己的工作表现，同时制定改进计划。例如，如果发现某个团队成员的代码质量不高，通过绩效反馈会议，与该成员一起分析原因（如技术能力不足、工作态度不认真等），然后制定针对性的改进计划（如安排技术培训、调整工作方式等）。

4.8.4.2 团队激励

激励理论的应用：运用激励理论，如马斯洛的需求层次理论、赫茨伯格的双因素理论等，来激发团队成员的工作积极性。例如，根据马斯洛的需求层次理论，对于刚参加工作的团队成员，满足他们的生理需求和安全需求（如提供合理的薪酬、稳定的工作环境）是基础；对于有一定工作经验的成员，更注重社交需求（如良好的团队氛围）、尊重需求（如获得认可和奖励）和自我实现需求（如承担具有挑战性的任务）。

激励措施的实施：采取多种激励措施，如物质激励（如奖金、奖品）、精神激励（如表扬、荣誉证书）、工作激励（如赋予更多的自主权、提供晋升的机会）等。例如，对于在项目中表现优秀的团队成员，给予一定金额的奖金，同时颁发荣誉证书，在公司内部进行表扬，并在后续的项目中给予他们更多的自主权，如参与重要决策、负责关键模块的开发等。

激励效果的评估：定期评估激励措施的效果，根据评估结果调整激励策略。例如，通过问卷调查、团队成员访谈等方式，了解团队成员对激励措施的满意度和激励效果。如果发现某种激励措施（如物质激励）的效果不明显，或者团队成员更倾向于其他激励方式（如工作激励），则需要调整激励策略，提高激励效果。

4.8.4.3　团队沟通管理

沟通计划制定：制定项目沟通计划，明确沟通的目标、对象、方式、频率和内容。例如，对于一个大型信息系统项目，沟通计划可以规定每周召开一次项目团队会议，会议内容包括项目进度汇报、问题讨论和解决方案制定；与客户每两周进行一次沟通，沟通方式为电话会议或面对面会议，沟通内容主要是项目进展情况和需求变更情况。

沟通渠道选择：选择合适的沟通渠道，包括正式沟通渠道（如会议、报告）和非正式沟通渠道（如聊天软件、电子邮件）。例如，对于紧急问题的沟通，选择即时通信软件等快速沟通渠道；对于重要的决策和通知，采用正式会议或书面报告的形式进行沟通。

沟通效果评估：定期评估沟通效果，及时发现沟通中存在的问题并加以解决。例如，通过观察团队成员对沟通内容的理解程度、反馈的及时性和准确性等方面来评估沟通效果。如果发现团队成员对某些沟通内容理解不一致，或者沟通反馈不及时，分析原因是沟通方式不当、语言表达不清晰还是其他问题，然后采取相应的措施，如调整沟通方式、加强沟通技巧培训等。

4.9　项目沟通管理

4.9.1　信息系统项目沟通管理的基本概念

4.9.1.1　定义

信息系统项目沟通管理是指在信息系统项目的全生命周期内，确保项目信息及时且正确地生成、收集、发布、存储和最终处置的过程。其目的是保证项目团队成员以及项目干系人之间能够进行有效的信息交流，从而确保项目目标的顺利实现。

4.9.1.2 重要性

协调团队工作：在信息系统项目中，涉及多个专业领域的人员，如系统分析师、程序员、测试人员等。良好的沟通能够使团队成员明确各自的职责和任务，协调工作进度。例如，在软件开发过程中，开发人员和测试人员通过及时沟通，可以确定软件功能是否按照需求实现，以及发现的缺陷能否及时修复。

管理项目干系人期望：项目干系人包括客户、用户、管理层等。通过沟通，可以了解他们的期望和需求，并及时反馈项目进展情况，避免误解和冲突。例如，定期向客户汇报项目进度和成果，确保客户的需求得到满足，提高客户满意度。

应对项目变更：项目在实施过程中难免会出现变更，有效的沟通可以及时传达变更信息，协调各方资源来应对变更。例如，当用户提出新的功能需求时，通过沟通渠道将需求传达给项目团队，评估变更对项目进度、成本和质量的影响。

4.9.1.3 沟通渠道和方式

正式沟通渠道：包括项目会议、项目报告、备忘录等。例如，每周的项目进度会议，项目经理在会上向团队成员和相关干系人汇报项目的进展、问题和解决方案；项目结束后的总结报告，用于记录项目的整体情况。

非正式沟通渠道：如电子邮件、即时通信工具、电话沟通、面对面交流等。例如，项目团队成员之间通过即时通信工具快速交流技术问题，或者在休息时间面对面讨论项目中的有趣想法。

4.9.2 沟通管理计划的编制

4.9.2.1 沟通需求分析

识别项目干系人：首先要确定所有与项目有关的人员和组织，包括内部团队成员、客户、供应商、上级领导等。例如，对于一个企业资源规划（ERP）系统项目，内部干系人有企业的各个部门（如财务、采购、生产等）的代表，外部干系人有 ERP 软件供应商、硬件供应商等。

分析干系人的沟通需求：了解每个干系人对项目信息的需求，包括信息内容、格式、详细程度、频率等。例如，企业高层领导可能只需要季度性的项目进度报告，重点关注项目是否按计划进行和重大风险；而项目团队成员则需要每天交流工作进展和遇到的问题。

4.9.2.2　沟通管理计划内容

沟通目标和策略：明确沟通要达到的目标，如及时传达项目进度、确保干系人对项目变更达成共识等。沟通策略包括采用何种沟通方式、沟通频率等。例如，对于重要的项目决策，采用正式会议的沟通策略，邀请关键干系人参加，确保决策过程透明、公平。

沟通渠道和方式选择：根据沟通需求和项目特点，选择合适的沟通渠道和方式。例如，对于需要快速反馈的问题，选择即时通信工具；对于正式的文件传递，使用电子邮件并要求对方回复确认。

沟通时间和频率安排：确定各种沟通活动的具体时间和频率。例如，项目进度会议每周 上午召开，项目状态报告每月最后 个工作口发布。

沟通责任分配：明确谁负责发起沟通、谁负责收集信息、谁负责回应等。例如，项目经理负责每周进度会议的组织和主持，项目成员负责准备自己工作部分的进度汇报材料。

4.9.2.3　沟通管理计划的工具和技术

干系人分析矩阵：通过矩阵形式列出干系人，以及他们的沟通需求、期望的沟通方式等信息，有助于系统地分析和规划沟通。例如，在矩阵中可以清晰地看到客户希望通过每月一次的面对面会议和每周一次的电话会议来了解项目进展。

沟通模型：如香农－韦弗通信模型，它包括信息源、编码器、信道、解码器、接收者等要素，有助于理解沟通的过程和可能出现的干扰因素。在编制计划时，可以考虑如何减少噪声（干扰）对沟通的影响，如选择稳定的通信信道。

4.9.3　信息分发

4.9.3.1　信息收集与整理

收集项目信息：从各个渠道收集项目相关信息，包括项目进度、质量状况、风险情况等。例如，从项目管理软件中获取任务完成情况，从测试报告中收集软件质量信息。

整理信息格式：根据沟通管理计划中规定的格式和要求，对信息进行整理。例如，将项目进度信息整理成表格形式，包括任务名称、责任人、计划进度、实际进度等内容，方便干系人阅读和理解。

4.9.3.2　信息发布

选择发布渠道：按照沟通管理计划，选择合适的渠道发布信息。例如，将项目状态报告通过电子邮件发送给相关干系人，将重要的项目通知发布在项目团队的共享工作空间。

确保信息接收：采取措施确保信息被接收方正确接收。例如，在发送重要电子邮件时，要求接收方回复确认；对于大型会议，提前发送会议议程和相关资料，确保参会人员做好准备。

4.9.3.3　信息存储与检索

信息存储管理：建立项目信息存储系统，如项目文档管理库，将各种项目信息进行分类存储。例如，将需求文档、设计文档、测试文档等分别存放在不同的文件夹中，方便团队成员查找和使用。

信息检索功能：提供便捷的信息检索功能，使项目干系人能够快速找到所需信息。例如，在文档管理库中设置关键词搜索功能，通过输入项目名称、任务编号等关键词，可以快速定位相关文档。

4.9.4　沟通管理对组织过程资产的影响

4.9.4.1　对组织知识的积累

经验教训总结：通过项目沟通，收集和记录项目过程中的经验教训。例如，在项目收尾阶段的沟通会议上，团队成员分享项目成功的经验和遇到的问题，这些信息可以作为组织的知识资产存储起来，供后续项目参考。

最佳实践传播：有效的沟通可以将项目中的最佳实践在组织内部传播。例如，某个项目团队采用了一种新的敏捷开发方法取得了良好的效果，通过内部培训、经验分享会等沟通方式，将这种方法推广到其他项目团队。

4.9.4.2　对组织文化的影响

促进团队合作文化：良好的沟通管理能够营造积极的团队合作氛围，使组织文化更加注重协作和沟通。例如，鼓励团队成员之间开放、诚实地沟通，形成一种相互支持、共同进步的团队文化。

增强组织透明度文化：及时、准确的沟通有助于增强组织的透明度。例如，通过定期发布项目进展报告、财务报告等，让员工和干系人了解组织的运营情况，形成一种透明、信任的组织文化。

4.9.4.3　对组织流程的改进

反馈与流程优化：沟通可以收集对组织流程的反馈意见，从而推动流程的改进。例如，项目团队成员在沟通中提出当前采购流程烦琐，影响项目进度，组织可以根据反馈对采购流程进行优化。

沟通流程本身的优化：在项目沟通管理过程中，可以总结沟通流程的经验，优化组织的沟通流程。例如，发现某种沟通方式（如频繁的会议）效率低下，调整为更高效的沟通方式（如定期的书面报告和必要的紧急会议相结合）。

4.9.5　绩效报告

4.9.5.1　绩效数据收集

确定绩效指标：明确用于衡量项目绩效的指标，如进度绩效指标、成本绩效指标、质量指标（如缺陷率）等。例如，对于一个软件项目，进度绩效指标可以通过比较实际进度与计划进度来确定，成本绩效指标通过实际成本与预算成本的对比来计算。

收集数据来源：从多个渠道收集绩效数据，包括项目管理工具、财务系统、质量检测工具等。例如，从项目管理软件中获取任务的开始时间、结束时间和实际消耗的工时来计算进度绩效；从财务报表中获取项目的实际成本数据。

4.9.5.2　绩效报告编制

选择报告格式：根据沟通管理计划和受众的需求，选择合适的绩效报告格式，如表格、图表（柱状图、折线图等）、文字说明等。例如，对于高层领导，可能更倾向于简洁的图表形式来展示项目的关键绩效指标；对于项目团队成员，详细的表格和文字说明更有助于分析问题。

内容组织与呈现：在绩效报告中，包括项目绩效的现状、与计划的偏差、原因分析和预测等内容。例如，在进度绩效报告中，说明目前项目的进度是提前还是滞后，分析是资源不足、需求变更，还是其他原因导致的偏差，同时对未来的进度进行预测，提出改进措施。

4.9.5.3　绩效报告分发与沟通

按计划分发报告：按照沟通管理计划规定的时间和对象，分发绩效报告。例如，每月将项目绩效报告发送给项目客户和高层领导，每周在项目团队内部会议上汇报绩效情况。

解释与沟通绩效结果：在分发绩效报告后，与干系人进行沟通，解释绩效结果，回答他们的疑问。例如，在客户对项目成本超支提出疑问时，项目经理通过详细的成本分析和解释，说明超支的原因是原材料价格上涨和一些不可预见的技术难题导致的额外支出，同时提出控制成本的措施。

4.9.6　项目干系人管理

4.9.6.1　干系人识别与分类

识别干系人：找出所有可能影响或受项目影响的个人或组织。例如，在一个城市交通信息系统项目中，识别出的干系人包括交通管理部门、公交公司、出租车司机、市民等。

分类干系人：根据干系人对项目的利益、影响程度、权力等因素进行分类。例如，可以将干系人分为关键干系人（如项目投资方、主要用户）、重要干系人（如合作供应商）和一般干系人（如间接受到项目影响的周边社区居民）。

4.9.6.2　干系人期望管理

了解干系人期望：通过沟通、调研等方式，了解每个干系人的期望和需求。例如，对于交通信息系统项目，交通管理部门期望系统能够提高交通管理效率，市民期望能够方便地获取交通信息。

管理和调整期望：在项目实施过程中，根据项目实际情况，管理和调整干系人的期望。例如，当项目进度可能延迟时，提前与关键干系人沟通，说明情况并调整他们对项目交付时间的期望。

4.9.6.3　干系人参与管理

促进干系人参与项目：采取措施鼓励干系人积极参与项目，如邀请他们参加项目会议、参与需求评审等。例如，在交通信息系统项目的需求评审会议上，邀请公交公司代表和市民代表参加，听取他们的意见，提高他们对项目的参与度。

处理干系人冲突：当干系人之间或干系人与项目团队之间出现冲突时，及时进行处理。例如，公交公司和出租车司机可能对交通信息系统中的某些功能有不同的需求，产生冲突，项目经理需要组织双方进行沟通和协商，找到一个平衡双方利益的解决方案。

? 思考

某国有大公司信息化外包项目建设方负责人刘工认为，项目绩效考核对象应是承建方，因此制定了针对建设方的绩效考核办法。在项目管理过程中，无论建设方还是承建方都出现了一些问题，导致项目进度迟缓。刘工的领导宋主任认为，刘工的绩效考核办法不够详细、不够严格，要求刘工对现有绩效考核管理办法进行改进。请问在上述案例中，刘工和宋主任的工作方法是否合理，存在哪些问题？

4.10　项目风险管理

在信息系统项目管理领域，风险管理是保障项目成功交付、达成目标并控制意外负面影响的核心环节，贯穿项目启动至收尾全过程，主要过程包括：风险管理规划、风险识别、风险评估、风险应对规划和风险监控。

风险管理规划是"定规矩、明方向"的前置步骤。需确定风险管理团队构成，涵盖项目经理、技术骨干、业务代表等，各司其职，如项目经理把控全局、技术人员评估技术风险；界定风险管理活动的频度，如每周定期开展例会专项研讨，或依项目关键里程碑灵活开展；挑选适配方法工具，定性的头脑风暴、德尔菲法汇聚专家经验判断，定量的蒙特卡洛模拟量化成本、进度风险数值；编制详细计划文档，明晰各阶段任务流程、资源投入，为有序应对风险筑牢根基。

风险识别犹如"排雷行动"的侦察环节，要全面且深入。从项目内、外部双视角挖掘，内部涵盖技术架构选型（新架构可能不稳定）、团队协作（成员沟通不畅导致需求误解）、资源调配（关键设备不足延误工期）；外部关联法规政策（行业新规限制技术应用）、市场竞争（对手抢先推出类似系统抢夺份额）、自然环境（数据中心受自然灾害威胁）。借助工作分解结构（WBS）、流程图逐环节梳理，参考历史项目档案"以史为鉴"，结合行业研究"知己知彼"，形成风险登记册，逐一描述风险来源、表现形式与可能影响领域。

风险评估是对识别出的风险"称重、量度"。定性评估按发生可能性（高、中、低）与影响程度（严重、较大、一般、轻微）二维矩阵分类，如核心功能技术难题发生可能性为中，但影响严重；定量评估则运用数据模型，在成本维度上，基于风险概率、损失金额算出预期成本超支值，在进度维度上，分析工序延误概率、分析时长预估项目整体延期天数，精准量化风险"威力"，筛选出高优先级风险重点管控。

风险应对规划是针对不同"风险猛兽"，备好应对"猎枪与盾牌"。规避策略，若新技术风险过高，退而选成熟技术；转移策略，通过外包非核心模块、购买保险将风险转嫁给第三方；减轻策略，对可能的性能瓶颈，提前优化代码、升级硬件，削弱风险冲击；接受策略，针对低影响小概率风险，预留应急储备金、机动时间，坦然应对。为各策略制定详尽行动步骤、负责人与时间节点，确保落地生效。

风险监控是在项目"航行"中时刻瞭望"风险暗礁"。设立监控指标，成本偏差率超10%、进度滞后超一周等即亮"红灯"；定期审查风险登记册，跟踪风险状态变化，已处理风险归档，新风险及时补录；依据项目实际与环境动态，灵活调整应对策略，市场需求突变时，快速重评风险、调配资源，保障项目始终在"安全航道"驶向成功彼岸，实现信息系统项目价值最大化与目标最优化。

4.10.1　风险管理规划

风险管理规划是夯实信息系统项目风险防控的根基。

风险管理规划作为信息系统项目管理中把控不确定性的首要环节，通过精心布局人员架构、合理设定活动节奏、精准甄选方法工具以及缜密编制执行计划，为项目全程的风险应对勾勒清晰蓝图、筑牢坚实根基。以下对其关键要素进行细化阐述并佐以实例。

4.10.1.1 确定风险管理团队构成

➤ 核心成员角色与职责明晰

项目经理： 犹如项目风险管理"指挥官"，肩负整体把控重任。项目经理不仅会统筹规划，还会在风险决策关头拍板定夺。例如，在某电商平台升级项目里，项目经理依据项目进度、资源分配及外部市场竞争态势，权衡各类风险对项目目标的影响，决定是否调整项目范围以规避潜在交付延期风险。当技术团队反馈新功能开发可能拉长工期时，权衡业务上线急迫性与功能完整性，选择部分功能后置上线，确保主体按时交付。

技术骨干： 作为技术风险"把关人"，凭借深厚技术功底洞察系统架构、代码实现、软硬件兼容性等层面隐患。像金融系统迁移项目，技术骨干剖析旧有系统与新云平台架构差异，预估数据迁移过程中可能遭遇的接口不兼容、数据丢失风险，提前制定技术应对预案，包括编写数据校验脚本、搭建模拟测试环境排查隐患。

业务代表： 立足业务需求视角，精准识别功能不符、流程不畅等风险。以医疗信息化系统建设为例，业务代表熟悉医院挂号、诊疗、计费流程，能察觉系统设计中与实际业务规则相悖之处，如药品计费规则未考虑医保报销特殊场景，业务代表能及时提出修正意见，防范上线后业务混乱、医患纠纷风险。

➤ 团队组建多元考量与协同模式

依据项目特性"量体裁衣"招募成员，大型复杂项目需涵盖多领域资深专家，小型项目侧重精简灵活人员配置。例如，开发企业内部办公自动化系统，小型团队中技术人员兼做部分风险评估，业务部门选派熟悉日常办公流程骨干，协同项目经理周会沟通风险；大型智慧城市集成项目，则召集智能交通、安防监控、市政管理等多领域专家，组建专项风险小组，按模块分工协作。

日常工作建立高效沟通协同机制，线上借助即时通信、项目管理软件共享风险信息，讨论应对思路；线下定期面对面研讨，深度剖析复杂风险。如通过周度线上风险简报同步情况，月度线下"风险会诊"集中攻克高难问题，强化团队凝聚力与提升问题解决能力。

4.10.1.2　界定风险管理活动的频度

➢ **定期例会"稳扎稳打"**

每周固定时段召开风险管理例会，雷打不动盘点本周新风险、跟踪旧风险动态。像移动应用迭代项目，每周一上午团队齐聚，开发人员汇报代码漏洞、测试环境异常等技术风险，产品经理反馈用户调研发现的需求变更风险，依此调整当周工作计划，及时调配资源修补漏洞、优化功能设计。

➢ **关键里程碑"重点击破"**

在项目立项、需求评审、系统上线等关键节点，开展深度风险评估专项活动。以社交平台上线为例，上线前夕组织多轮全流程预演，技术测试系统抗压、业务核查功能完整性、运营模拟用户流量涌入场景，针对发现的服务器过载、部分功能操作烦琐等风险集中攻坚，或扩容服务器，或优化界面交互，保障上线平稳。

4.10.1.3　挑选适配方法工具

➢ **定性方法：集思广益凝智慧**

头脑风暴：项目启动初期，组织跨部门头脑风暴激发创意、挖掘潜在风险。例如智慧工厂建设项目伊始，召集工程、IT、生产、安全等部门人员齐聚一堂，围绕自动化设备集成、工业网络搭建、生产数据安全等话题畅所欲言，短时间内罗列出上百条风险线索，经梳理提炼聚焦关键二三十项，如设备通信协议不统一、网络攻击致生产线瘫痪风险，纳入重点管控范围。

德尔菲法：针对复杂技术选型、战略决策类风险评估，邀请业内权威专家匿名多轮反馈。如企业拟引入区块链溯源技术优化供应链管理，通过德尔菲法向高校科研者、行业资深顾问等发放问卷咨询技术成熟度、应用适配性、成本效益风险，历经三轮收敛意见，精准判断技术应用时机与潜在风险，辅助决策。

➢ **定量方法：数据为基精量化**

蒙特卡洛模拟：大型工程项目估算成本与工期风险时大显身手。以高铁基建信息化项目为例，将各施工环节（桥梁建造、轨道铺设、信号安装等）工期、成本设定概率分布，借助专业软件模拟数千次项目执行场景，得出成本超支大概率区间在5%~10%、工期延误均值约1~2个月，据此预留合理应急资金与缓冲时间，精细化管理风险。

4.10.1.4 编制详细计划文档

➤ 全流程覆盖，阶段任务精细拆解

分项目启动、规划、执行、监控、收尾阶段梳理风险任务。启动期着重识别政策法规、市场趋势风险；规划期聚焦技术选型、资源分配风险评估应对；执行期落实监控指标、调整策略；监控期强化跟踪预警；收尾期审视遗留风险、总结经验。如在线教育平台项目启动期剖析教育政策对课程内容、师资资质要求，规划期权衡自研教学工具与外购成本效益风险，执行期依用户反馈监控功能体验风险，各阶段步步为营、有序衔接。

➤ 资源投入明确，责任落实到人

清晰列示各阶段风险管理人力、物力、财力投入，为风险活动"粮草先行"。同时每项任务指定唯一责任人，签订"责任状"。例如智能物流系统升级，风险监控阶段安排专人每日巡检数据传输、设备运行，配给监测软件、备用服务器等资源，出现异常数据丢包风险，直接问责责任人，督促高效解决，保障项目风险防控全程有资源支撑、有人负责，稳健推进。

4.10.2 信息系统项目管理的"排雷侦察"即风险识别行动

风险识别在信息系统项目管理中是基石般的存在，其精准且全面程度直接关联后续应对成效。从项目内外部的多元维度深度挖掘潜在风险，并借助科学方法梳理整合，最终构建翔实的风险登记册，为项目筑牢"安全防线"。

4.10.2.1 内部风险识别

➤ 技术架构选型风险

根源剖析：在追求创新与性能提升时，选用前沿但未经大规模实践验证的技术架构，易陷入稳定性困境。例如，某金融科技公司开发新一代移动支付系统，为实现秒级交易处理与高并发承载，采用新型分布式微服务架构，引入尚处社区版迭代阶段的开源组件。因该组件底层代码未充分优化、对复杂金融业务场景适配欠佳，在联调测试时频繁出现内存泄漏、接口响应超时问题，严重威胁系统按时上线与稳定运行。

表现形式：系统运行时莫名卡顿、业务高峰期交易报错、部分功能模块莫名

"失联"无法响应请求，且随着业务数据量递增、并发用户增多，故障频次呈指数级增长。故障排查难度极大，因涉及多层嵌套服务、多版本依赖库，技术团队需耗费大量时间"抽丝剥茧"找根源。

影响领域：直接冲击项目交付进度，修复架构漏洞、优化组件性能导致开发周期延长；抬高运维成本，上线初期需安排专人紧盯系统，随时重启服务；损害用户体验，交易故障引发客户信任危机，致市场份额流失风险攀升。

➢ **团队协作风险**

症结所在：成员背景多元、专业术语有别且缺乏高效沟通机制，信息"肠梗阻"滋生误解。像跨部门的智能医疗影像分析系统项目，算法团队专注模型精度优化，医学顾问聚焦影像诊断准确性，产品经理着眼用户操作便捷性。因例会无固定议程、沟通文档不规范，算法团队按通用图像标准优化模型，忽略特定病症影像特征，与医学顾问预期大相径庭，返工重调不可避免。

呈现状态：需求规格说明书含糊不清，功能模块边界模糊，各方对同一功能理解"各执一词"；开发进度不同步，接口对接时参数不匹配、数据格式混乱；频繁召开紧急会议协调分歧，邮件"扯皮"不断，团队氛围紧张、效率低下。

波及范围：项目质量下滑，产品功能与业务需求"两张皮"；进度滞后，反复沟通确认、修改代码耽误工时；团队士气受挫，成员成就感缺失、产生离职意向，危及项目可持续推进。

➢ **资源调配风险**

诱发因素：预算预估偏差、采购流程烦琐或供应商突发变故，致关键资源"掉链子"。例如，某电商企业旺季前升级仓储管理系统，计划引入新型自动化分拣设备提升效率。但因预算申报时忽视配套软件授权费、场地改造费，资金缺口致使设备购置搁置；且原选定供应商生产线故障，交货延期 2 个月，旺季订单处理能力大打折扣。

外在表征：项目关键路径上任务因设备不到位、人力不足"停摆"，开发测试环境搭建滞后，无法按计划开展工作；临时拼凑替代资源，如用低配置服务器暂代，导致系统性能测试结果失准，隐藏性能隐患。

影响范畴：项目里程碑节点失守，上线时间推迟错过市场黄金窗口；额外投入资金紧急调配资源，成本失控；仓促上线未达预期性能的系统，运营初期问题丛生，影响业务正常运转。

4.10.2.2　外部风险识别

➢ **法规政策风险**

政策风向转变：随着数据安全、隐私保护法规趋严，诸多行业项目合规压力剧增。像在线教育平台项目，早期设计侧重课程内容多元、授课形式灵活，未深度考量未成年人隐私保护新规。收集学生学习轨迹、个人信息远超必要范围，且存储、使用环节加密防护不足，面临监管巨额罚单、责令整改下架风险，运营戛然而止。

行业标准更迭：新兴技术领域尤甚，标准常快速更新。以新能源汽车车联网项目为例，刚按旧国标设计车辆远程监控、智能充电交互系统，新国标出台要求更高数据传输加密、身份认证强度，系统需大规模重构，研发投入、时间成本飙升，否则无法进入市场销售。

影响层面：项目合法性存疑被迫中断整改，前期投入打水漂；重塑产品合规架构拉长周期，市场先机被竞争对手抢占；企业声誉因违规受创，用户信任坍塌，为长期经营蒙上阴影。

➢ **市场竞争风险**

对手先发制人：同赛道竞品常"贴身肉搏"、抢占市场。如办公协同软件赛道，A 公司精心打磨功能、筹备半年上线新版本，含智能文档助手、高清视频会议等创新功能。然而竞品 B 公司提前一个月推出类似且部分功能更优的产品，A 公司市场推广遇冷，用户拉新、留存艰难，预期营收目标折戟。

市场需求突变：宏观经济、社会潮流变化下，用户偏好"变脸"快。共享出行初创项目聚焦高端商务出行，配置豪华车型、定制高端服务，投入大量资源开发专属 APP。但经济下行，用户倾向高性价比出行，青睐拼车、低价网约车，项目定位"水土不服"，订单量稀少，盈利无望。

波及后果：市场份额萎缩，用户、客户流向竞品；营收锐减，资金回笼困难，后续研发、运营投入难以为继；战略方向被迫调整，前期投入资源浪费，项目陷入"二次创业"的艰难处境。

➢ **自然环境风险**

极端天气"突袭"：数据中心作为信息系统"心脏"，脆弱不堪。沿海地区数据中心夏日台风季，狂风暴雨可破坏建筑外部设施、扯断网络通信线缆，致数据传输中断；洪水倒灌淹没机房底层，服务器硬件短路报废，业务系统全面瘫痪，像电商"618""双 11"大促前夕遭遇此劫，交易损失惨重。

地质灾害"发难"：处于地震带、山体滑坡高发区的数据中心，一旦受灾，物理设备损毁、电力供应中断，恢复难度极大。山区某云计算数据中心地震后，机房建筑结构受损、精密制冷设备故障，重启需先评估建筑安全性、更换大量硬件，业务中断以周甚至月计，依赖其服务的企业线上业务停摆，损失不可估量。

影响广度：业务瞬间中断，交易停摆、服务"失联"，客户满意度雪崩；修复成本高昂，涵盖硬件更换、数据恢复、机房重建；长期看，企业信誉受质疑，合作伙伴信任动摇，市场竞争力削弱。

4.10.2.3　借助工具梳理与形成风险登记册

工作分解结构（WBS）"按图索骥"：以智慧城市交通管理系统项目为例，依项目交付成果细化 WBS，从基础硬件层（服务器、传感器、通信基站采购安装）、软件平台层（交通数据处理平台、信号控制算法开发）到应用服务层（公交智能调度、违章监测 APP）逐层级分析。在硬件层识别传感器受恶劣天气影响精度失准、基站供电不稳风险；软件层察觉算法对复杂交通流适配不佳、数据平台扩展性受限风险，依层级、工序系统梳理，不漏死角。

流程图"顺藤摸瓜"：绘制电商订单处理系统流程图，从用户下单、支付验证、库存扣减、物流分配到订单完成各环节排查。支付验证时，遇第三方支付接口不稳定、银行风控拦截订单风险；物流分配环节，物流商系统对接不畅、爆仓致配送延迟风险一目了然，按流程走向深挖隐患。

历史项目档案"以史为鉴"：回顾过往医疗信息化项目档案，曾因医院科室间数据标准不统一，导致信息互联互通受阻。新项目启动便聚焦此风险，提前制定数据规范、接口标准，防患未然。档案中开发团队频繁加班致效率低下、质量下滑问题，促使新项目优化人力安排、引入敏捷开发，规避"覆辙"。

行业研究"知己知彼"：新能源汽车智能座舱项目组定期研读行业报告、参加峰会。得知芯片供应紧张成行业"心病"，提前与多家芯片商签长期协议、拓展供应链；了解竞品在人机交互设计上强化语音情感识别、多屏联动趋势，审视自身不足，识别潜在功能落后、用户体验不佳的风险，调整研发策略。

风险登记册编制：整合上述成果，为每个风险详细记录来源（如"选用未经充分验证的开源微服务架构"）、表现形式（"系统交易高峰期报错、响应超时"）、影响领域（"延误项目上线、增加运维成本、损害用户信任"），赋予唯一编号，初步评估风险等级，为后续评估应对铺就坚实"基石"，让项目在复杂多变环境中有备无患、稳健前行。

4.10.3 风险评估

风险评估是对已识别出的风险进行分析和衡量，以确定其对项目目标影响的严重程度以及发生的可能性，从而为后续的应对决策提供依据。

4.10.3.1 定性评估

评估维度：通常从风险发生的可能性（如高、中、低）和影响程度（如严重、较大、一般、轻微）两个维度进行评估。例如，对于一个电商平台升级项目评估如下：

❶ 技术难题风险：新功能开发涉及复杂算法实现，如果技术团队对相关技术掌握不够熟练，那么该风险发生的可能性可评估为"中"。而一旦出现问题，可能导致新功能无法按时上线，影响用户体验和平台的竞争力，其影响程度可评估为"严重"。

❷ 用户需求变更风险：在项目进行过程中，用户根据市场反馈提出一些小的功能调整需求是比较常见的，所以这种风险发生的可能性可评估为"高"。但如果项目团队有良好的需求管理流程，能够及时响应和处理这些变更，其影响程度可能仅为"一般"。

❸ 评估结果呈现：通过建立可能性和影响程度的二维矩阵，将不同的风险定位在矩阵中的不同区域，如高可能性且高影响程度的风险为重点关注风险，需立即制定应对措施；低可能性且低影响程度的风险可适当关注或暂不做重点处理。

4.10.3.2 定量评估

成本维度评估：运用数据和模型来量化风险对成本的影响。例如，在建筑工程项目中，存在材料价格波动的风险。假设通过市场分析和历史数据得知，某种主要建筑材料在项目施工期间价格上涨 10% 的概率为 30%，而该材料占项目总成本的 20%。那么可以计算出该风险导致成本超支的预期值为：项目总成本 × 20%×10%×30%= 项目总成本 ×0.6%。

进度维度评估：同样以建筑项目为例，恶劣天气可能影响室外施工进度。经统计，该地区在施工季节出现连续 3 天以上暴雨天气的概率为 20%，每次出现这种情况会导致室外施工工序延误 5 天。那么该风险对项目进度延误的预期天数为：5 天 × 20%=1 天。通过这样的定量评估，可以更准确地了解风险对项目关键指标的影响程度，以便合理安排资源和制定应对策略。

4.10.4 风险应对规划

根据风险评估的结果，针对不同的风险制定相应的应对策略，以降低风险发生的可能性或减轻其对项目的影响。

4.10.4.1 规避策略

适用情况： 当风险发生的可能性较大且影响严重，且有可行的替代方案时，可采取规避策略。例如，一家企业计划开发一款基于全新且未经市场验证的技术的移动应用，但经过风险评估，发现该技术存在诸多不确定性，可能导致项目失败且成本无法控制。于是，企业决定放弃该技术，转而采用成熟的、市场认可度高的技术来开发应用，从而完全规避了因新技术带来的风险。

4.10.4.2 转移策略

实施方式： 通过合同、保险等方式将风险转移给其他方。比如，在一个大型活动策划项目中，活动场地租赁方担心活动期间可能出现的自然灾害（如暴雨、地震等）导致场地设施损坏，需要承担高额的修复费用。于是，场地租赁方在租赁协议中明确规定，由活动主办方负责购买相关的场地财产保险，将可能出现的场地设施因自然灾害损坏的风险转移给了保险公司。

4.10.4.3 减轻策略

具体举措： 采取措施降低风险发生的可能性或减轻其影响程度。以软件开发项目为例，如果存在服务器性能不足可能导致系统上线后运行缓慢的风险，项目团队可以提前对服务器进行升级优化，增加内存、升级处理器等，同时对代码进行性能优化，减少不必要的数据库查询等操作。通过这些措施，降低了服务器性能不足风险发生的可能性，即使风险发生，也能减轻其对系统运行速度的影响。

4.10.4.4　接受策略

考虑因素：对于一些发生可能性较小且影响程度相对较轻的风险，可以选择接受策略。例如，在一个小型的办公自动化系统升级项目中，存在个别用户可能对新界面风格不太适应的风险，但经过评估，这种风险发生的可能性较低，且即使发生，对整个项目的运行和目标实现影响不大。所以项目团队可以选择接受这一风险，同时在系统上线后，安排客服人员关注用户反馈，以便及时处理可能出现的问题。

4.10.5　风险监控

在项目实施过程中，持续对风险进行跟踪和监测，及时发现风险状态的变化，并根据需要调整应对策略，以确保项目始终处于可控状态。

4.10.5.1　设立监控指标

成本监控指标：例如，设定成本偏差（CV）作为监控指标，CV= 已完成工作的预算成本（BCWP）− 已完成工作的实际成本（BCWR）。当 CV 的值超出一定范围（如 ±10%）时，说明成本出现了较大偏差，可能存在成本超支的风险，需要及时进行分析和处理。

进度监控指标：常用的进度监控指标有进度偏差率（SV），SV= 已完成工作的预算成本（BCWP）− 计划完成工作的预算成本（BCWS）。如果 SV 的值小于 0 且绝对值较大（如小于 −5%），则表明项目进度滞后，可能存在影响项目按时交付的风险，需要采取相应的措施加快进度。

4.10.5.2　定期审查风险登记册

在项目的每周例会上，对风险登记册进行审查。查看之前识别出的风险状态是否发生了变化，比如风险的发生可能性是否提高、影响程度是否改变等。例如，在一个互联网产品迭代项目中，最初识别出的用户流失风险，经过一段时间的运营，发现竞争对手推出了更有吸引力的产品，导致用户流失风险的发生可能性从"中"提高到了"高"，影响程度也从"一般"变为了"严重"。此时，就需要根据新的情况重新评估并调整应对策略。

4.10.5.3　动态调整应对策略

根据项目实际情况和风险状态的变化，灵活调整应对策略。仍以互联网产品迭代项目为例，针对用户流失风险，原本采取的是减轻策略，通过优化产品功能和用户体验来留住用户。但当发现竞争对手的产品优势明显，用户流失风险加剧后，项目团队决定采取规避策略，暂停当前正在进行的一些次要功能开发，集中资源对核心功能进行深度优化和创新，以提升产品的核心竞争力，重新吸引用户，从而有效应对风险状态变化带来的挑战，确保项目目标的实现。

4.11　项目采购管理

4.11.1　定义内涵

信息系统项目采购管理是指在信息系统项目实施过程中，从项目团队外部获取产品、服务或成果的一系列管理过程。其目的是确保项目所需的资源能够按时、按质、按量获取，并且在合理的成本范围内，以保障项目的顺利进行。采购管理涉及多个方面，包括采购规划、供应商选择、合同管理、采购执行与监控等环节，是一个综合性的管理活动，对项目的成功与否有着重要的影响。

4.11.2　规划采购管理

（1）主要工作

确定采购需求： 明确项目需要从外部获取的产品、服务或成果的详细内容、规格、数量等。例如，在一个企业资源规划（ERP）系统项目中，确定需要采购的服务器配置、数据库软件功能模块、外部咨询服务的范围等。

制定采购策略： 根据项目需求、市场情况和组织政策，选择合适的采购方式，如公开招标、邀请招标、竞争性谈判、单一来源采购等。同时，确定采购的时间安排、合同类型（如固定总价合同、成本加酬金合同等）。

编制采购管理计划： 该计划是采购管理的指导性文件，包括采购工作的流程、角色与职责、预算、进度安排等内容。例如，规划采购工作的里程碑节点，明确采购负责人在不同阶段的工作任务。

制定采购工作说明书（SOW）：详细描述拟采购的产品、服务或成果的技术规格、质量标准、交付日期、验收标准等。例如，对于软件采购，SOW 中应明确软件的功能要求、性能指标、用户界面设计要求、兼容性要求等。

输入：项目管理计划（特别是范围管理计划和需求管理计划），提供项目的范围和需求信息，作为确定采购需求的基础；项目文件，如需求文件、风险登记册等，用于识别可能影响采购的因素；事业环境因素，包括市场条件、法律法规等，影响采购策略的选择；组织过程资产，如采购政策、以往的采购经验教训等。

输出：采购管理计划，用于指导整个采购过程；采购工作说明书，作为供应商提供产品或服务的依据；采购文件，如招标文件、询价文件等，用于向潜在供应商征求报价或建议书；供方选择标准，用于评估和选择供应商。

（2）工具和技术

自制或外购分析：通过比较自制和外购的成本、风险、质量等因素，决定是由项目团队自行开发还是从外部采购。例如，对于一个简单的数据分析工具，如果项目团队自己开发需要投入大量的人力和时间，且质量难以保证，而市场上有成熟的产品可供购买，且价格合理，那么就选择外购。

专家判断：依靠行业专家、采购专家等的经验和知识，对采购策略、供应商选择等问题提供建议。例如，在选择复杂的信息系统软件供应商时，咨询软件行业的资深专家，了解供应商的信誉、技术实力等情况。

市场调研：了解市场上的产品或服务的供应情况、价格水平、技术发展趋势等。例如，在采购云计算服务之前，对不同云服务提供商的服务内容、价格、安全性等进行调研。

4.11.3 实施采购

（1）主要工作

发布采购信息：通过各种渠道（如官方招标网站、行业媒体、电子邮件等）发布采购文件，向潜在供应商公开采购信息。例如，在公开招标项目中，按照规定在指定的招标网站上发布招标公告，包括项目概况、招标范围、投标人资格要求、招标文件获取方式等内容。

供应商资格审查：对有意向参与采购的供应商进行资格审查，确保其具备提供所需产品或服务的能力。例如，审查供应商的营业执照、资质证书、业绩记录、财务状况等，剔除不符合要求的供应商。

获取供应商建议书或报价：接收供应商提交的建议书或报价文件，作为选择供应商的依据。例如，在竞争性谈判中，要求供应商在规定的时间内提交详细的技术方案和报价单。

选择供应商：根据预先制定的供方选择标准，对供应商的建议书或报价进行评估和比较，选择最合适的供应商。例如，采用综合评分法，对供应商的技术方案、价格、交付能力、售后服务等方面进行打分，得分最高者作为中标供应商。

输入：采购管理计划，明确采购的流程和要求；采购文件，用于向供应商传达采购需求；潜在供应商名单，作为发布采购信息和邀请参与的对象；项目文件，如风险登记册，用于考虑供应商选择过程中的风险。

输出：选定的供应商名单，确定最终的合作供应商；采购合同授予，与选定的供应商签订合同；资源日历，记录供应商提供资源的时间安排。

（2）工具和技术

投标人会议：在招标过程中，组织潜在供应商参加会议，解答他们对采购文件的疑问，确保所有供应商对采购要求有清晰的理解。例如，在一个大型信息系统硬件采购招标中，召开投标人会议，就硬件的技术规格、安装调试要求、验收标准等问题进行答疑。

建议书评价技术：包括加权系统、筛选系统等，用于对供应商的建议书进行评价。加权系统是根据不同的评价标准赋予相应的权重，对供应商进行综合评分；筛选系统则是设定一系列关键指标，不符合指标的供应商直接被淘汰。例如，在软件采购中，对软件的功能完整性、易用性、兼容性等评价标准分别赋予一定的权重，计算每个供应商的得分来选择最佳供应商。

4.11.4 控制采购

（1）主要工作

合同管理：监督合同的执行情况，确保供应商按照合同约定提供产品或服务。例如，检查供应商是否按时交付产品、产品质量是否符合要求、服务是否按规定的标准执行等。

采购绩效监控：跟踪和评估采购工作的绩效，包括成本、进度、质量等方面。例如，对比实际采购成本与预算成本，监测供应商的交付进度是否与计划一致，评估采购产品或服务的质量是否满足项目需求。

变更控制：管理采购过程中的变更请求，包括合同条款的变更、采购需求的变更等。例如，当项目需求发生变化，需要供应商调整产品功能或服务范围时，按照规定的变更管理流程进行处理。

输入：采购管理计划，作为控制采购的基准；采购文件，用于核对供应商的执行情况；合同，明确双方的权利和义务，是合同管理的依据；批准的变更请求，用于实施采购过程中的变更；工作绩效数据，如供应商的交付进度、产品质量检验数据等，用于绩效监控。

输出．工作绩效信息，包括采购绩效的分析结果，如成本偏差、进度偏差等；变更请求，当发现采购过程中需要进行变更时，提出变更请求并进行处理；项目管理计划更新，根据采购绩效和变更情况，更新项目管理计划；项目文件更新，如更新风险登记册、采购文件等。

（2）工具和技术

合同变更控制系统：规定了合同变更的流程、审批权限等，确保合同变更的合理性和合法性。例如，当需要变更合同价格时，按照合同变更控制系统的要求，由相关负责人进行审批，记录变更原因和变更后的价格。

采购绩效审查：定期对采购绩效进行审查，采用挣值分析等方法评估成本和进度绩效。例如，计算采购工作的成本绩效指数（CPI）和进度绩效指数（SPI），如果 CPI 小于 1，说明成本超支；SPI 小于 1，说明进度滞后。

检查与审计：对供应商的工作进行检查和审计，包括产品质量检查、财务审计等。例如，在软件采购项目中，对供应商交付的软件进行功能测试、性能测试等质量检查；对大型采购项目的供应商进行财务审计，确保其财务状况稳定，能够履行合同。

4.11.5 结束采购

（1）主要工作

合同收尾：完成合同的所有工作后，进行合同的结算和关闭。包括核实供应商的最终交付成果，支付合同尾款，获取供应商的履约证明等。例如，在信息系统项目验收合格后，按照合同约定支付剩余款项，同时要求供应商提供产品质量保证和售后服务的承诺文件。

采购档案管理：整理和归档采购过程中的所有文件和记录，包括采购计划、采购文件、供应商建议书、合同文件、验收报告等。这些档案可以为后续的项目审计、经验教训总结等提供参考。

输入：采购管理计划，明确结束采购的流程和要求；采购文件，用于核对采购工作的完成情况；合同，作为合同收尾的依据；验收文件，证明供应商的产品或服务已经满足要求。

输出：结束的采购合同，完成合同的关闭；采购档案，记录采购全过程的文件和记录；经验教训文档，总结采购过程中的经验教训，为未来项目提供参考。

（2）工具和技术

采购审计：对采购过程进行审计，检查采购活动是否符合法律法规、组织政策和采购计划的要求。例如，审计采购过程中的招投标程序是否合规、合同签订是否合理等。

协商解决：在合同收尾过程中，如果出现争议或未解决的问题，通过协商的方式与供应商达成一致。例如，对于产品质量存在的小瑕疵，与供应商协商解决方案，如维修、更换或给予一定的经济补偿。

5

信息配置
管理

信息系统的配置管理不是国际通用九大知识领域中的内容，但却十分重要且容易被大家忽视。一个信息化项目在没有较好的配置管理体系模式的情况下，往往也可以上线运行，但这个系统将会十分脆弱，一旦某个环节出现问题，就如同千里大堤上出现蚁穴，想要解决处理会相当困难，稍有不慎，可能会出现溃堤式崩溃。造成这种窘境的根本原因就是配置管理混乱缺失，就好比一台机器出现问题后需要查阅图纸去排查问题，可当打开图纸时发现，这份图纸上所绘的和出问题的机器根本不一致。这里图纸就相当于我们在信息系统项目管理中的配置管理体系。

那么，信息系统配置管理到底要管什么？简而言之，信息系统配置管理主要是管理信息系统中的各种"零部件"以及它们的组合方式，确保信息系统稳定、有序地运行和更新。

5.1 配置管理主要概念

5.1.1 管理系统的组成部分（配置项）

硬件方面：就像是管理一个复杂机器的各个零件一样，它要管信息系统里的服务器、存储设备、网络设备等硬件。例如，知道服务器的型号、配置（CPU 类型、内存大小等），存储设备的容量、存储方式（是普通硬盘存储还是固态硬盘存储），网络设备的品牌、接口数量等。这些硬件的信息都要记录清楚，因为任何一个硬件的变化（比如服务器增加内存、更换存储设备）都可能影响整个信息系统的运行。

软件方面：包括操作系统（如 Windows Server、Linux 等）、应用程序（像企业用的办公软件、财务管理软件等）、数据库管理系统（如 MySQL、Oracle 等）。它要清楚软件的版本号，例如，企业使用的办公软件是哪个版本，是否有更新的补丁需要安装；还要知道软件之间的相互关系，比如某个应用程序是依赖特定版本的数据库才能正常运行。

文档方面：文档也是配置管理的重要部分，就像机器的使用说明书一样。像需求规格说明书（记录了系统应该实现什么功能）、设计文档（包括系统架构设计、数据库设计等）、测试报告（说明系统经过测试后是否符合要求）等文档都要进行管理。这些文档可以帮助人们了解系统是怎么构建的，有什么功能，以及之前测试发现的问题等。

5.1.2　管理系统的变化（配置变更）

变更的流程控制： 当信息系统需要做出改变时（比如因为业务需求变化，需要在软件中增加一个新功能，或者因为硬件老化需要更换新的服务器），配置管理要确保这个变化是经过深思熟虑并且有计划地进行。就像是给一艘航行中的船进行改装，不能随意改动，需要先提交变更申请，说明为什么要改、怎么改、会有什么影响等。然后经过相关人员（如开发人员、测试人员、管理人员等）的评估和批准后，才能实施变更。

变更的记录与跟踪： 在变更过程中，要详细记录每个步骤。比如，记录是哪位开发人员修改了软件代码，修改了哪些部分，修改后的代码经过了怎样的测试，最终是否成功上线等。这样一来，如果变更后出现了问题（比如系统出现故障），可以通过这些记录快速地追溯原因，知道是哪一个环节出了问题，方便进行回滚或者修复。

5.1.3　管理系统的不同版本（版本管理）

版本的标识与存档： 信息系统的软件和文档会随着时间不断更新版本，配置管理要给这些不同的版本做好标记，就像给一本书的不同版次编号一样。例如，软件从1.0版本升级到1.1版本，要清楚地记录每个版本之间的差异（是修复了一个漏洞，还是增加了新的功能）。同时，要把旧的版本存档，以便在需要的时候可以查看或者恢复到以前的版本。

版本的发布管理： 当一个新版本的软件或者文档要发布时，配置管理要确保发布的过程是顺利的。比如，要检查发布的版本是否经过了充分的测试，是否包含了所有应该有的功能和修改，发布到不同的环境（如测试环境、生产环境）是否有相应的流程和规范，以保证新的版本不会对系统造成意外的破坏。

5.1.4　确保系统的完整性和一致性

系统部件的匹配性：配置管理要保证系统里的各个部分是相互匹配的。就像组装一台电脑，CPU、主板、内存等各个硬件要相互兼容，信息系统中的软件和硬件也要相互配合。例如，某个软件需要特定的操作系统支持，如果操作系统升级了，要确保软件还能在新的操作系统上正常运行；或者如果硬件设备更新了，相关的驱动软件也要及时更新，以保证系统的完整性。

数据的一致性维护：在系统变化过程中，还要确保数据的一致性。例如，当数据库的结构发生变化（如增加了一个新的表或者字段），使用这个数据库的所有应用程序都要能正确地处理这些变化，不会出现数据不一致的情况（比如有的程序能正确读取新的数据结构，有的程序却出错）。

5.2　配置基线

提到配置管理就不得不提到一个重要概念，就是"基线"的概念。那么到底什么叫做基线呢？在信息系统配置管理中，基线是一个经过正式评审和批准的配置项集合，它代表了信息系统在某个特定时刻的一种稳定的、一致认可的状态，可以将其理解为是信息系统配置的一个"标准版本"或者"参考点"。就像是建筑施工中的蓝图，它规定了系统构建和配置的基本框架和标准，后续的配置管理活动都是围绕这个基线展开的。

5.2.1　构成要素

配置项的特定版本组合：基线包含了一系列配置项，并且每个配置项都有明确的版本。例如，对于一个企业的信息系统，基线可能包括操作系统是 Windows Server 2019 版本、数据库管理系统是 Oracle 12c 版本、关键应用程序是其 3.0 版本，这些特定版本的配置项组合在一起构成了系统的基线状态。

配置参数和设置：除了配置项的版本，基线还涵盖了这些配置项的具体参数和设置。以网络设备为例，基线中会规定路由器的 IP 地址分配规则、访问控制列表（ACL）的具体条目、端口的 VLAN 划分等详细的配置参数，这些参数确保了网络设备在基线状态下能够按照预定的方式运行，为系统提供稳定的网络支持。

5.2.2 基线的作用

稳定性和一致性的保障：基线为信息系统提供了一个稳定的参考标准，确保系统在不同的环境（如开发环境、测试环境、生产环境）下能够保持一致的配置状态。例如，在软件开发过程中，开发团队在开发环境中按照基线配置进行软件的开发和测试，当软件部署到生产环境时，生产环境的基线配置能够保证软件在相似的配置状态下运行，减少因环境差异导致的问题。

变更管理的基础：所有的配置变更都是相对于基线而言的。当需要对系统进行变更时，基线可以帮助评估变更的范围和影响。例如，如果要对系统中的一个应用程序进行功能升级，通过与基线配置进行对比，可以清楚地了解到这个升级会涉及哪些其他的配置项（如数据库结构是否需要改变、与其他应用程序的接口是否需要调整等），从而更好地规划和控制变更过程。

问题追溯和恢复的依据：在系统出现问题（如故障、性能下降等）时，基线可以作为一个参考点来追溯问题的根源。如果系统偏离了基线配置，很可能是导致问题的原因之一。并且，如果需要将系统恢复到一个已知的稳定状态，基线配置提供了明确的恢复目标。例如，当发现系统的性能在某次变更后下降，通过将当前配置与基线配置进行比较，可以找出可能导致性能下降的配置项变化，并且可以根据基线配置将系统恢复到变更前的状态。

5.3 配置管理的工作流程

5.3.1 配置项识别与规划

➤ 工作流程

系统架构分析：首先对信息系统的整体架构进行剖析，包括硬件架构（服务器、存储设备、网络设备的布局和连接方式）、软件架构（操作系统、应用程序、中间件的层次和交互关系）以及数据架构（数据的存储结构、流向和处理逻辑）。例如，在一个电商系统中，要明确商品管理模块、订单处理模块、用户认证模块等各个子系统的构成和相互关系。

业务流程梳理：结合企业的业务流程，确定与业务紧密相关的配置项。比如，对于电商系统的订单处理业务流程，需要识别出订单数据库、订单处理应用程序、支付接口等配置项，因为这些配置项直接参与业务操作并且对业务的正常运行至关重要。

配置项分类与定义：将识别出的配置项按照一定的标准进行分类，如硬件类、软件类、文档类等。同时，对每个配置项进行详细定义，包括其名称、功能、版本号、责任人等属性。以软件类配置项为例，对于电商系统中的用户认证软件，要定义其名称为"用户认证系统"，功能是验证用户登录信息，当前版本为 1.0，责任人为开发团队中的某一小组。

➢ **成果**

配置项清单：形成一份完整的配置项清单，详细列出所有已识别的配置项及其属性。这份清单是配置管理的基础文件，就像一个物品清单一样，方便后续对每个配置项进行管理和跟踪。例如，清单中会记录服务器的型号、IP 地址，软件的名称、版本，文档的编号、作者等信息。

配置项分类架构图：绘制配置项分类架构图，以直观的方式展示不同类别配置项之间的层次关系和关联情况。这有助于管理人员从整体上把握信息系统的配置结构，理解各个配置项在系统中的位置和作用。例如，在架构图中可以清晰地看到硬件配置项如何为软件配置项提供运行环境，软件配置项之间如何相互协作来支持业务流程。

5.3.2　配置项版本管理

➢ **工作流程**

版本编号规则制定：确定适合企业信息系统的版本编号规则，通常采用主版本号 . 次版本号 . 修订号的形式。例如，对于软件配置项，当进行重大功能更新或架构调整时，更新主版本号；当添加一些小的功能或优化时，更新次版本号；当修复一些小的缺陷或问题时，更新修订号。

版本控制与更新记录：使用版本控制工具（如 Git 或 SVN）对配置项的版本进

行控制。开发人员在对配置项进行修改时，需要按照规定的流程将修改提交到版本控制系统中，同时记录每次版本更新的详细信息，包括更新的内容、原因、时间、人员等。例如，在软件代码的修改中，每次提交代码时要编写清晰的提交注释，说明修改的功能点或修复的问题。

版本分支管理：对于复杂的配置项，特别是软件配置项，可能需要进行版本分支管理。当需要开发新功能或进行实验性修改时，创建新的分支，在分支上进行开发和测试，当功能成熟或测试通过后，再将分支合并回主版本。例如，在开发一个大型软件项目时，为开发新的报表功能创建一个单独的分支，在这个分支上进行代码编写和测试，避免影响主版本的稳定性。

➢ **成果**

版本记录文档：生成详细的版本记录文档，记录每个配置项的所有版本信息，包括版本号、更新日期、更新内容、更新人员等。这对于追溯配置项的历史演变过程非常重要，例如，当出现问题时可以查看是哪个版本引入了问题，或者了解某个功能是在哪个版本中添加的。

版本发布说明：在配置项进行版本发布时，编写版本发布说明，向用户（如内部员工使用软件系统或外部客户使用产品）清晰地说明本次版本发布的主要内容、新增功能、修复的问题以及可能带来的问题和风险。

5.4　配置管理的工具和技术

5.4.1　版本控制工具

➢Git

分布式版本控制系统特点：Git 是目前最流行的分布式版本控制工具。与传统的集中式版本控制系统不同，它允许每个开发者在本地拥有完整的代码仓库副本。这意味着开发人员可以在本地进行代码的提交、分支管理和合并等操作，而不需要频繁地与中央服务器进行交互。例如，在一个软件开发团队中，开发人员可以在没有网络连接的情况下，在本地记录自己的代码修改历史，等网络恢复后再将本地修改同步到远程仓库。

分支管理和合并功能：Git 的分支管理功能非常强大。开发团队可以轻松地创建多个分支来并行开发不同的功能或修复不同的问题。例如，为开发新功能创建一个"feature-new-function"分支，为修复线上紧急问题创建一个"hot-fix"分支。分支之间的合并操作也相对简单，Git 可以自动检测合并冲突，并提供工具帮助开发人员解决冲突。

广泛的应用场景和社区支持：Git 被广泛应用于各种规模的软件开发项目，从个人开源项目到大型企业级的复杂系统开发。它拥有庞大的社区，这意味着开发人员可以轻松地找到各种插件、工具和文档来帮助他们更好地使用 Git。例如，通过 GitLab 或 GitHub 等代码托管平台，开发人员可以方便地进行代码共享、协作和版本发布。

➤ Subversion（SVN）

集中式版本控制系统工作方式：SVN 是一种集中式版本控制系统。它有一个中央服务器来存储所有的版本信息，开发人员通过客户端与中央服务器进行交互。开发人员在本地修改代码后，需要将修改提交到中央服务器才能保存版本记录。这种方式在管理权限和确保版本的一致性方面具有一定的优势。例如，在一个对代码安全性要求较高的项目中，管理员可以通过控制中央服务器的权限，确保只有经过授权的人员才能进行代码的提交和修改。

适合的项目类型和使用场景：SVN 适合一些对稳定性和集中管理要求较高的项目。特别是在一些传统的企业级开发环境中，团队成员相对固定，开发流程比较规范，SVN 可以很好地满足版本控制的需求。例如，在银行的核心业务系统开发中，SVN 可以帮助团队按照严格的开发流程和权限管理来进行代码的版本控制。

版本管理和权限控制功能：SVN 提供了比较精细的版本管理和权限控制功能。它可以对文件和目录进行不同级别的权限设置，如只读、读写等。在版本管理方面，它可以记录每个文件的修改历史，包括修改的时间、人员和内容等信息。例如，在一个文档管理项目中，可以通过 SVN 来控制不同用户对文档的访问权限，同时记录文档的修改过程，方便追溯和审计。

5.4.2　配置管理数据库（CMDB）

数据存储和管理功能：CMDB 是配置管理的核心工具之一，它用于存储和管理信息系统中的各种配置项（CI）的信息。这些配置项包括硬件设备、软件应用、文档等。CMDB 可以记录配置项的基本属性，如名称、型号、版本、位置等，还可以记录配置项之间的关系，如服务器与运行在其上的软件应用的关联关系。例如，在一个数据中心的管理中，CMDB 可以存储服务器的品牌、CPU 型号、内存大小等硬件信息，以及安装在服务器上的操作系统和应用程序的名称、版本等软件信息，并且能够清晰地展示服务器与软件之间的部署关系。

配置项关系建模和可视化展示：CMDB 能够对配置项之间的复杂关系进行建模和可视化展示。通过图形化的方式，管理人员可以直观地了解系统的架构和配置项之间的依赖关系。例如，在一个企业级的信息系统中，通过 CMDB 可以展示出网络拓扑结构，包括路由器、交换机与服务器之间的连接关系，以及服务器与存储设备之间的数据传输路径。这种可视化的展示方式有助于在系统变更、故障排查和性能优化时快速定位相关的配置项。

在变更管理和故障排查中的应用：在变更管理方面，CMDB 可以作为变更评估的重要依据。当需要对系统进行变更时，管理人员可以通过 CMDB 查询变更涉及的配置项及其相关的依赖关系，评估变更可能带来的影响。在故障排查过程中，CMDB 可以帮助快速定位故障源。例如，如果一个应用程序出现故障，通过 CMDB 可以查找与该应用程序相关的服务器、网络设备和其他依赖的软件组件，缩小排查范围，提高故障排查的效率。

5.4.3　自动化配置管理工具

➢Ansible

配置模板和剧本编写：Ansible 使用 YAML 格式编写配置模板（称为"playbooks"），通过这些模板可以定义一系列的任务，如软件安装、配置文件修改、服务启动和停止等。例如，在部署一个 Web 服务器时，可以编写一个 Ansible playbook，其中包含安装 Web 服务器软件（如 Apache 或 Nginx）、配置虚拟主机、设置防火墙规则等一系列任务，然后通过执行这个 playbook，就可以自动完成 Web 服务器的部署，大大提高了配置管理的效率。

多平台支持和可扩展性：Ansible 可以支持多种操作系统和设备类型，包括 Linux、Windows、网络设备等。这使得它可以在复杂的异构环境中进行统一的配置管理。同时，Ansible 具有良好的可扩展性，可以通过添加模块和插件来扩展其功能。例如，当企业需要管理新类型的网络设备时，只需要开发或获取相应的 Ansible

模块，就可以将这些设备纳入自动化配置管理的范畴。

➢Puppet

基于模型的配置管理方式：Puppet 采用基于模型的配置管理方法，通过定义资源（如文件、软件包、服务等）的期望状态来进行配置管理。它使用自己的声明式语言（Puppet DSL）编写配置脚本，这些脚本描述了系统应该处于的状态，而不是如何达到这个状态。例如，在管理服务器配置时，可以使用 Puppet 脚本定义一个文件的内容、权限和所有者，Puppet 会自动检查服务器上的文件是否符合这个期望状态，如果不符合，就会进行相应的修改。

客户端 – 服务器架构和代理机制：Puppet 采用客户端 – 服务器架构，服务器端（Puppet Master）存储配置信息并管理客户端（Puppet Agent）。客户端会定期向服务器端获取配置信息并执行相应的配置任务。这种架构通过代理机制可以实现对大规模集群的高效管理。例如，在一个拥有数百台服务器的数据中心，Puppet Master 可以统一向所有 Puppet Agent 推送配置更新，确保所有服务器的配置保持一致。

➢Chef

代码即配置理念：Chef 秉承"代码即配置"的理念，使用 Ruby 语言编写配置脚本（称为"cookbooks"）。这种方式使得配置管理具有很强的编程灵活性，可以通过编写复杂的 Ruby 代码来实现各种高级的配置任务。例如，在配置数据库集群时，可以使用 Chef cookbooks 编写代码来处理复杂的集群配置参数、负载均衡设置和数据同步逻辑。

节点管理和收敛机制：Chef 通过节点（Node）来管理不同的设备或服务器，每个节点都有自己的运行列表（Run-List），用于确定在该节点上需要执行的 cookbooks。Chef 的收敛机制确保系统最终会达到配置脚本所定义的期望状态。例如，当对一个节点的配置进行修改后，Chef 会自动检查并根据收敛机制不断调整系统状态，直到系统与配置脚本中的定义完全一致。

5.4.4　配置审计工具

➢ 合规性检查工具

功能特点：合规性检查工具用于检查配置项是否符合企业内部的安全政策、行业法规和最佳实践。这些工具可以对配置项进行深度扫描，检查诸如密码策略、访问控制设置、数据加密等方面的合规情况。例如，在金融行业，合规性检查工具可以检查服务器的配置是否符合巴塞尔协议等相关法规对信息安全的要求，如检查是否启用了足够强度的密码策略，是否对敏感数据进行了加密存储。

应用场景：在受严格监管的行业（如医疗、金融、电信）中被广泛应用。例如，在医疗信息系统中，合规性检查工具可以确保患者数据的存储和访问符合医疗隐私法规（如 HIPAA）的要求，通过定期检查系统配置，防止出现数据泄露风险。

➤ **配置差异比较工具**

功能特点：配置差异比较工具可以比较两个或多个配置项的版本之间，或者配置项的实际状态与期望状态之间的差异。它们通过解析配置文件、数据库记录或系统属性等信息，找出不同之处并以直观的方式展示出来。例如，在软件升级前后，可以使用配置差异比较工具来查看配置文件中哪些参数发生了变化，或者在不同的服务器环境之间比较系统设置的差异。

应用场景：在系统变更管理、故障排查和环境复制等场景中非常有用。例如，当将一个软件应用从测试环境迁移到生产环境时，通过配置差异比较工具可以确保两个环境的配置一致性，避免因配置差异导致的系统故障。

5.4.5　基线管理技术

➤ **基线定义与建立**

工作流程：基线是一组经过正式评审和批准的配置项集合，代表了信息系统的一个稳定状态（前文已详细论述，此处不做赘述）。首先，需要根据企业的业务需求、安全要求和性能标准等因素，确定基线的范围，包括哪些配置项应该包含在基线中，以及这些配置项的标准状态是什么。例如，对于一个企业的办公自动化系统，基线可能包括操作系统的特定版本、办公软件的标准配置、网络连接的基本设置等。然后，通过对这些配置项进行详细的记录和审核，建立基线。

成果：形成基线文档，其中详细描述了基线中每个配置项的名称、版本、配置参数等信息，以及整个基线所代表的系统状态和功能。这个文档是后续进行配置管理的重要参考依据，就像一个标准模板一样，用于衡量系统配置是否发生了非预期的变化。

> **基线变更控制**

工作流程：当需要对基线进行变更时，要遵循严格的变更控制流程。这包括提出变更请求，说明变更的原因、内容和影响；由相关的技术专家和管理人员对变更请求进行评估和审批；在变更实施过程中，对变更进行详细的记录和跟踪；变更完成后，对变更后的基线进行重新审核和验证。例如，如果要对办公自动化系统的基线进行变更，如升级操作系统版本，需要提交变更请求，说明升级的必要性、可能对现有办公软件和业务流程产生的影响，经过评估和审批后，按照计划进行升级，并记录升级过程中的所有操作，最后验证升级后的系统是否符合新的基线要求。

成果：在基线变更过程中，会产生一系列的文档，如变更请求单、变更评估报告、变更实施记录和变更验证报告等。这些文档记录了基线变更的全过程，确保基线变更是经过合理评估和控制的，同时也为今后的配置管理和系统维护提供了历史参考。

5.5 配置管理应用举例

5.5.1 举例一：软件开发项目中的配置管理

> **版本控制与分支管理**

（1）场景描述

一家软件公司正在开发一款移动应用程序，包括前端用户界面开发和后端服务器端逻辑开发。开发团队使用 Git 作为版本控制工具。

（2）具体应用

版本控制：开发人员在本地克隆远程代码仓库后，每次完成一个功能模块（如用户注册功能）或者修复一个缺陷（如登录界面的显示错误）后，会将代码提交到本地仓库，并附上清晰的提交信息，说明修改的内容。然后将本地修改推送到远程仓库，这样就记录了软件的每一个版本变化。例如，当软件从 1.0 版本迭代到 1.1 版本，通过 Git 的版本记录可以清楚地看到每个版本之间的代码差异，包括新增了哪些功能、修改了哪些代码以及修复了哪些问题。

分支管理：在开发过程中，为了同时开展多个任务，开发团队会创建不同的分支。比如，为了开发新的支付功能，创建一个名为"feature-payment"的分支。在这个分支上，开发人员可以独立地进行代码编写和测试，而不会影响主分支（"main"分支）的稳定性。当支付功能开发完成并经过测试后，再将"feature-payment"分支合并回主分支，确保主分支包含了最新的功能。

> 配置项管理与构建管理

（1）场景描述

在上述移动应用开发项目中，配置项包括代码文件、开发工具（如集成开发环境 IDE）、第三方库、数据库配置等。

（2）具体应用

配置项管理：使用配置管理数据库（CMDB）来记录所有的配置项。对于代码文件，记录其文件名、路径、所属模块、版本号等信息；对于第三方库，记录库的名称、版本、来源以及在项目中的引用位置等。例如，项目中使用了一个名为"Alamofire"的网络请求第三方库，在 CMDB 中记录其版本为 5.4.0，用于处理应用程序中的所有网络请求操作，这样在需要更新库或者排查问题时可以快速定位相关信息。

构建管理：通过自动化构建工具（如 Jenkins 或 Gradle），根据配置项的信息来构建软件。在构建过程中，自动化工具会按照预先定义的配置（如选择正确版本的编译器、链接正确的第三方库等）来生成可执行的应用程序。例如，在构建移动应用的测试版本时，构建工具会读取 CMDB 中的配置信息，获取测试环境下的数据库配置参数，将其应用到构建过程中，确保测试版本能够正确连接到测试数据库进行测试。

5.5.2　举例二：数据中心管理中的配置管理

> 硬件配置管理与资产跟踪

（1）场景描述

一个大型企业的数据中心拥有众多服务器、存储设备、网络设备等硬件资产。

（2）具体应用

硬件配置管理：使用专门的硬件管理工具或者 CMDB 来记录每台设备的详细配

置信息。对于服务器，记录其品牌、型号、CPU 类型和数量、内存容量、硬盘容量和类型、网络接口数量等；对于存储设备，记录存储容量、存储类型（如磁盘阵列 RAID 级别）、连接方式等；对于网络设备，记录设备型号、端口数量、支持的协议等。例如，数据中心有一台戴尔 PowerEdge R740 服务器，在配置管理系统中记录其配置为两颗英特尔至强金牌 5218 处理器、128GB 内存、4 块 1TB 的 SAS 硬盘，用于运行企业的邮件服务。

资产跟踪：通过给每个硬件设备贴上唯一的识别标签（如条形码或 RFID 标签），并将标签信息与配置管理系统中的记录相对应，可以实现对硬件资产的跟踪管理。从设备的采购、入库、安装、使用到报废的整个生命周期过程中，都可以通过配置管理系统查询设备的位置、状态、维护历史等信息。例如，当需要对一台服务器进行维护时，可以通过配置管理系统快速定位它在数据中心的位置，查看它的维护记录，了解之前是否出现过类似的问题以及是如何解决问题的。

> **软件和服务配置管理与变更控制**

（1）场景描述

在数据中心中，服务器上运行着各种操作系统、数据库管理系统、中间件以及企业应用程序等软件，同时还提供各种网络服务。

（2）具体应用

软件配置管理：记录软件的名称、版本、安装路径、配置文件内容、许可证信息等。对于操作系统，如 Windows Server，记录其版本（如 2019）、更新补丁情况、安全策略设置等；对于数据库管理系统，如 Oracle，记录其版本（如 19c）、数据库实例名称、表空间配置、用户权限设置等。例如，在数据中心的一台服务器上安装了 MySQL 数据库管理系统，版本为 8.0，配置管理系统记录了其配置文件中关于字符集设置为 UTF-8、最大连接数设置为 100 等参数，以确保软件配置的一致性和可维护性。

服务配置管理：对于网络服务（如 Web 服务、邮件服务等），记录服务的名称、端口号、运行状态、依赖的软件和硬件资源等。例如，企业的 Web 服务运行在 80 端口，使用 Apache 服务器软件，依赖于特定的服务器硬件和操作系统，配置管理系统记录了这些信息，并且在服务出现问题时可以快速查找原因。

变更控制：当需要对数据中心的软件或服务进行变更时（如升级操作系统、更新数据库模式或者调整网络服务的配置），严格按照配置管理的变更控制流程进行。

首先提交变更请求，说明变更的原因、内容、影响范围和预计的时间等；然后由相关的技术人员和管理人员进行评估和审批；在变更实施过程中，详细记录变更的操作过程和结果；最后进行变更验证，确保变更后的软件和服务能够正常运行，并且没有引入新的问题。例如，当需要将数据中心的部分服务器操作系统从 Windows Server 2016 升级到 2019 时，通过变更控制流程，评估升级对运行在其上的应用程序的影响，在升级过程中记录每个步骤的操作情况，升级完成后验证服务器的性能、应用程序的兼容性等是否符合要求。

信息安全体系

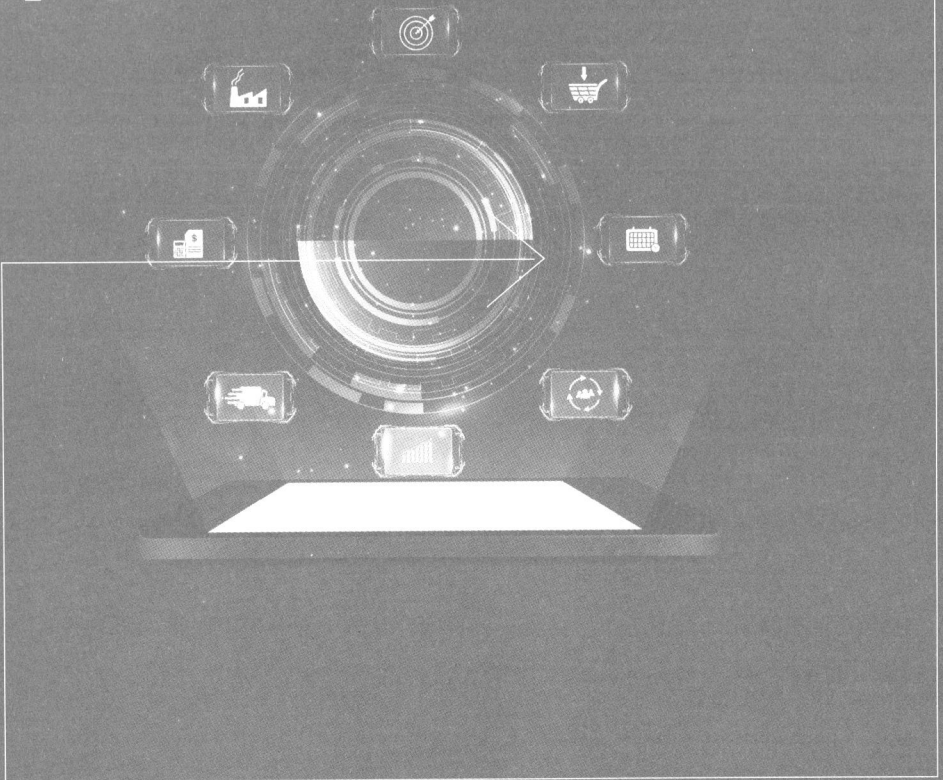

6

信息安全体系对企业意义非凡，堪称企业稳健运营与长远发展的"基石"。它在多维度发挥关键效用：在资产层面，严密守护数据资产及知识产权，筑牢核心竞争力"防护墙"；着眼声誉形象，凭借稳固安全防护赢取客户信任、稳固品牌价值，免遭负面事件冲击；立足合规运营，促使企业严守国内外法规与行业标准、契合合同约定，规避法律风险；聚焦业务连续，有效抗击网络攻击、灾难事故，以完备应急及备份机制，保障运营不停摆，为企业战略落地铺就安全"轨道"，支撑企业在复杂多变的市场环境中稳步前行。

信息安全体系的重要性主要体现在以下几个方面：

一是保护企业核心资产

数据资产安全保障：企业的数据包含大量敏感信息，如客户的个人身份信息（姓名、身份证号、银行卡号等）、企业的商业机密（产品研发资料、财务数据、营销策略等）。信息安全体系通过加密、访问控制等多种手段，防止这些数据被窃取、篡改或泄露。例如，金融机构依靠强大的信息安全体系，对客户资金账户信息进行加密存储和传输，确保客户资金安全。一旦数据泄露，不仅会导致客户隐私暴露，还可能使企业面临巨额赔偿和法律责任。

数据完整性也是至关重要的。在一些对数据准确性要求极高的行业，如医疗、科研，信息安全体系确保数据在存储和传输过程中不被恶意修改或意外损坏。以医疗数据为例，患者的病历、检查结果等数据的准确性直接关系到医生的诊断和治疗方案。信息安全措施可以防止数据被篡改，保障医疗服务的质量和安全。

知识产权保护：对于科技型企业和创新型公司，知识产权是其核心竞争力。信息安全体系能够防止企业的专利技术、软件源代码、创意设计等知识产权被竞争对手窃取或非法使用。例如，一家软件开发公司通过代码加密、访问权限严格限制等措施，保护自己的软件源代码，确保自己的技术优势不被侵犯，从而在市场竞争中占据有利地位。

二是维护企业声誉和品牌形象

增强客户信任：客户愿意与能够保障其信息安全的企业合作。当企业建立了完善的信息安全体系，客户会觉得自己的信息在该企业手中是安全的，从而增强对企业的信任。例如，电商企业通过采用安全的支付系统，保护用户的购物记录和个人信息，让消费者放心购物。一旦发生信息安全事件，如用户信息泄露，会导致客户信任度急剧下降，进而影响企业的市场份额和业务发展。

对于涉及金融、医疗等对信任要求极高的行业，企业的声誉更是建立在信息安全的基础之上。金融机构如果不能保证客户资金和信息安全，将会引发储户恐慌，导致银行挤兑等严重后果；医疗机构若不能保护患者隐私，会损害自身的社会形象和公信力。

维护品牌价值： 品牌形象是企业长期积累的宝贵财富。信息安全事件可能会对品牌形象造成严重的负面影响。例如，知名品牌曾发生过用户数据泄露事件，导致品牌形象受损，品牌价值在短时间内大幅缩水。而一个拥有良好信息安全记录的企业，其品牌在市场上更具吸引力，有助于提升品牌的美誉度和忠诚度。

三是确保企业合规运营

遵守法律法规： 随着信息安全相关法律法规的日益完善，企业需要遵守诸多法律规定。例如，欧盟的《通用数据保护条例》（GDPR）对企业收集、存储、使用和保护个人数据提出了严格的要求。企业建立信息安全体系是满足这些法律法规的必要条件，否则将面临巨额罚款等严重法律后果。在中国，也有《中华人民共和国网络安全法》等一系列法律法规，要求企业保障网络安全和信息安全。

特定行业还有其特殊的法规要求。如医疗行业的《医疗废物管理条例》《医疗机构病历管理规定》等，其中涉及医疗信息安全的内容，企业必须依法执行，确保医疗信息的安全管理和合规使用。

满足行业标准和合同要求： 许多行业有自己的信息安全标准，如支付卡行业数据安全标准（PCI DSS）。如果企业涉及信用卡支付业务，就必须达到该标准，以确保支付安全。此外，企业在与合作伙伴签订的合同中，往往也包含信息安全条款。例如，企业与云服务提供商签订的合同会要求云服务提供商保障企业数据的安全存储和处理，企业自身也需要建立相应的信息安全体系来监督和配合。

四是保障企业业务连续性

应对网络攻击和灾难事件： 网络攻击［如黑客攻击、病毒感染、分布式拒绝服务（DDoS）攻击等］可能会导致企业信息系统瘫痪，业务无法正常开展。信息安全体系中的防火墙、入侵检测系统、入侵预防系统、应急响应计划等措施，可以有效抵御网络攻击，在攻击发生时迅速采取措施，减少损失，尽快恢复业务。例如，当企业遭受 DDoS 攻击时，通过流量清洗设备和应急响应预案，能够及时恢复网站访问，保障业务的正常进行。

除了网络攻击，自然灾难（如火灾、洪水等）和人为事故（如设备损坏、人为误操作等）也可能对企业的信息系统造成破坏。信息安全体系中的备份恢复策略可以确保在这些情况下，企业能够快速恢复数据和业务。例如，企业定期备份数据到异地存储中心，当本地数据中心因灾难受损时，可以从异地恢复数据，继续开展业务。

支持企业战略目标实现：企业的战略目标往往依赖于稳定的业务运营。信息安全体系为企业的战略实施提供了一个安全稳定的环境。无论是企业拓展新市场、推出新产品，还是进行数字化转型，都离不开信息系统的支持，而信息安全体系能够保障信息系统的安全可靠运行，从而助力企业战略目标的实现。例如，企业在开展跨境电商业务时，需要保障跨境数据传输安全和境外用户信息安全，信息安全体系能够为这一战略举措保驾护航。

6.1　信息安全体系的概念和主要内容

6.1.1　基本概念

信息安全体系是一个综合性的框架，用于管理和保护组织的信息资产，确保信息的保密性（confidentiality）、完整性（integrity）和可用性（availability），通常简称为CIA。

➤ **保密性**

指信息不被未经授权的个人、实体或过程获取或披露的特性。这就像是给信息加上一把锁，只有被授权的"钥匙"持有者才能访问。例如，企业的商业机密、客户的个人隐私信息等都需要严格保密。通过加密技术、访问控制等手段，限制信息的访问范围，防止信息泄露给无关人员。

➤ **完整性**

信息在整个生命周期内保持准确、完整和未被篡改的特性。可以理解为信息从产生到存储、传输和使用的过程中，没有被有意或无意地修改、损坏或丢失。例如，在金融交易系统中，交易数据的完整性至关重要。通过数字签名、数据校验等技术，确保数据在传输和存储过程中的完整性，防止数据被非法篡改，以维护交易的公平性和准确性。

➤ 可用性

确保授权用户在需要时能够正常访问和使用信息的特性。信息系统应该能够在合理的时间内提供服务，并且在面临各种故障或攻击时能够快速恢复，以保证信息的可用性。例如，电商平台在购物高峰期，要保证用户能够顺利访问网站、查询商品信息、完成购物流程。通过冗余系统、负载均衡等技术，提高信息系统的可用性，避免因系统故障或网络拥塞导致用户无法正常使用信息系统。

6.1.2 主要内容

6.1.2.1 信息安全策略与方针

➤ 安全策略制定

信息安全策略是组织在信息安全方面的总体指导原则，它明确了组织对信息安全的目标、意图和方向。安全策略通常由组织的高层领导基于组织的业务战略、法律法规要求、行业最佳实践以及风险承受能力等因素制定。例如，一家金融机构的安全策略可能会强调保护客户资金和个人信息的安全是首要任务，同时要确保金融交易系统的高度可靠性和可用性。

➤ 方针指导原则

方针是在安全策略的基础上，进一步细化的指导原则，用于指导组织内部各个部门和人员在日常工作中如何实施信息安全措施。方针可能包括对信息分类分级的原则、访问控制的原则、数据备份和恢复的原则等。例如，信息分类分级方针可能规定，涉及客户资金信息为最高机密级别，内部管理文件为一般机密级别，不同级别信息采用不同的保护措施。

6.1.2.2 人员安全

➤ 安全意识培训

这是人员安全的核心内容之一。通过定期的培训活动，提高组织内所有人员的信息安全意识。培训内容包括识别网络钓鱼邮件、保护个人账号密码、遵守信息安全制度等。例如，通过案例分析，向员工展示网络钓鱼的常见手段和危害，让员工学会如何识别可疑邮件，避免点击恶意链接，从而降低因人为疏忽导致的信息安全风险。

➤ **人员权限管理**

根据员工的工作职责和岗位需求，合理分配信息系统的访问权限。遵循"最小特权"原则，即只授予员工完成工作任务所需的最少权限。例如，普通员工可能只有读取和处理部分业务数据的权限，而系统管理员则拥有更高的权限来维护和管理系统，但这些权限也应该受到严格的限制和监督，以防止权限滥用。

6.1.2.3　物理安全

➤ **设施访问控制**

对存放信息系统设备（如服务器、存储设备等）的机房、数据中心等物理设施进行访问控制。这包括使用门禁系统、监控摄像头、保安巡逻等措施，限制未经授权的人员进入。例如，只有经过授权的运维人员和安全管理人员才能通过门禁卡进入数据中心，并且他们的进出行为会被监控摄像头记录下来，以备审计和追溯。

➤ **环境安全保护**

确保物理设施的环境条件符合信息系统设备的运行要求，包括温度、湿度、电力供应等。例如，数据中心需要配备精密空调系统，以维持适宜的温度和湿度，防止设备因过热或受潮而损坏。同时，还需要有可靠的不间断电源（UPS）和备用发电机，以应对电力中断的情况，保证信息系统的持续运行。

6.1.2.4　网络安全

➤ **网络边界防护**

通过防火墙、入侵检测 / 预防系统（IDS/IPS）等技术，对组织的网络边界进行防护。防火墙可以根据预设的规则，允许或禁止网络流量的进出，过滤掉非法的访问请求。IDS/IPS 则可以实时监测网络中的异常活动，如入侵行为、恶意扫描等，并及时采取措施进行防范。例如，企业网络与外部互联网之间的防火墙可以阻止外部攻击者对内部网络的非法访问，同时允许合法的业务流量（如员工访问互联网、客户访问企业网站等）通过。

➤ **网络通信安全**

保障网络通信过程中的信息安全，主要通过加密技术实现。例如，使用 SSL/TLS 协议对网站访问、电子邮件传输等网络通信进行加密，确保信息在传输过程中的保密性和完整性。同时，还可以采用虚拟专用网络（VPN）技术，为远程办公人员提供安全的网络连接，使其能够通过公共网络安全地访问企业内部网络。

6.1.2.5　系统安全

➢ 操作系统安全

操作系统是信息系统的基础，确保操作系统的安全至关重要。这包括及时安装操作系统更新和补丁，以修复已知的安全漏洞；进行安全配置，如关闭不必要的服务和端口、设置强密码策略等。例如，Windows 操作系统会定期发布安全更新，企业的系统管理员需要及时安装这些更新，以防止黑客利用操作系统的漏洞进行攻击。

➢ 应用系统安全

应用系统（如企业资源规划系统—— ERP、客户关系管理系统—— CRM 等）的安全也是信息安全体系的重要组成部分。这涉及应用系统的开发安全（如代码安全、防止 SQL 注入和跨站脚本攻击—— XSS 等）和运行安全（如应用系统的访问控制、数据验证等）。例如，在开发 Web 应用时，开发人员需要采用安全的编码实践，对用户输入进行严格的验证和过滤，以防止恶意用户通过输入恶意代码来攻击应用系统。

6.1.2.6　数据安全

➢ 数据分类分级

根据数据的敏感程度、重要性和价值，对组织内的数据进行分类分级。例如，客户的个人身份信息、企业的商业机密等敏感数据可能被划分为高等级数据，而一般性的办公文档等可能被划分为低等级数据。不同等级的数据采用不同的安全保护措施，如高等级数据采用更严格的加密、访问控制等措施。

➢ 数据加密与备份

数据加密是保护数据保密性的重要手段。通过加密算法对数据进行加密，使数据在存储和传输过程中以密文形式存在，只有拥有正确密钥的授权用户才能解密并查看数据。同时，数据备份也是必不可少的，定期备份数据可以在数据丢失或损坏时进行恢复。例如，企业可以采用全盘加密技术对存储在服务器上的数据进行加密，并且每天进行增量备份，每周进行全量备份，以确保数据的安全性和可恢复性。

6.2.1 评估企业信息安全现状与需求

➤ 资产清查与风险评估

资产清查：对企业内部的所有信息资产进行全面梳理，包括硬件（服务器、存储设备、办公终端等）、软件（操作系统、应用程序、数据库等）、数据（客户信息、财务数据、业务文档等）以及网络（网络拓扑结构、网络设备等）。例如，通过资产清查可以明确企业拥有多少台服务器，分别运行什么业务系统，存储哪些重要数据。

风险评估：从内部和外部两个方面识别潜在风险。内部风险如员工操作失误、内部权限滥用、流程漏洞等；外部风险包括网络攻击、自然灾害、法律法规变化等。利用风险评估工具和方法（如定性和定量分析），评估风险发生的可能性和影响程度。例如，对于一家电商企业，内部风险可能是员工误删除订单数据，外部风险可能是遭受 DDoS 攻击导致网站瘫痪。

➤ 业务需求分析

业务流程理解：深入了解企业的业务流程，明确每个环节对信息安全的要求。不同业务流程可能涉及不同级别的敏感信息，需要不同程度的安全保护。例如，金融企业的资金转账流程涉及高风险的客户资金信息，需要高度安全的身份认证和加密措施；而普通的内部通知流程对信息安全的要求相对较低。

战略目标对接：将信息安全需求与企业的战略目标相结合。如果企业计划拓展海外市场，那么在信息安全体系建设中需要考虑跨境数据传输安全、不同国家和地区的法律法规要求等。例如，企业要开展跨境电商业务，就需要确保在不同国家存储和处理客户数据符合当地的数据保护法规。

6.2.2 制定信息安全策略与方针

➤ 策略制定

基于风险和业务：根据前面的风险评估和业务需求分析结果，制定具有针对性的信息安全策略。策略应明确信息安全的目标、范围和重点保护对象。例如，对于一家以数据为核心资产的大数据公司，其信息安全策略可能侧重于数据的保密性、完整性和可用性，重点保护数据存储和处理过程中的安全。

体现企业价值观和风险承受能力：企业的价值观和对风险的承受能力也会影响信息安全策略的制定。一些对声誉非常重视的企业可能采取更为保守的策略，尽量避免任何信息安全事件的发生；而对于一些创新型的互联网企业，可能在一定程度上愿意承受风险以追求快速发展，但也要确保关键信息资产的安全。

➤ **方针细化**

明确原则和标准：在信息安全策略的基础上，细化方针，明确信息安全工作的原则和标准。例如，在访问控制方针中，规定遵循"最小特权"原则，即只授予员工完成工作所需的最少权限；在数据分类分级方针中，明确如何划分数据的敏感程度和相应的保护措施。

指导具体操作：方针要能够指导企业内部各个部门和人员在日常工作中实施信息安全措施。例如，数据备份方针要明确备份的周期、备份数据的存储位置、备份恢复的测试要求等，以便运维人员能够按照方针进行具体的备份操作。

6.2.3　构建人员安全管理体系

➤ **安全意识培训**

分层培训：根据员工的岗位和职责，开展分层级的安全意识培训。对于普通员工，重点培训基本的信息安全知识，如识别钓鱼邮件、保护个人办公设备安全等；对于技术人员和管理人员，培训内容可以更加深入，包括安全技术趋势、安全管理策略等。例如，为普通员工提供网络安全知识普及课程，为 IT 技术人员开展网络攻击与防御技术培训。

持续教育与考核：信息安全意识培训不是一次性的活动，而是需要持续进行。定期开展培训，并通过考核、模拟演练等方式检验员工的学习效果。例如，每季度组织一次安全意识考核，对成绩优秀的员工进行奖励，对未通过考核的员工进行补考和针对性辅导。

➤ **人员权限管理**

权限分配原则：遵循"最小特权"原则，根据员工的工作内容和职责范围，精确分配信息系统的访问权限。例如，客服人员只有访问客户基本信息和服务记录的权限，而没有修改财务数据的权限；系统管理员虽然拥有较高的权限，但这些权限应该受到严格的审计和监督。

权限变更管理：当员工岗位发生变动或业务流程调整时，及时变更其权限。建立权限变更审批流程，确保权限变更的合理性和安全性。例如，当员工从一个部门调到另一个部门时，在新岗位的权限生效前，要先收回原岗位的权限，并经过相关领导审批后，再授予新的权限。

6.2.4 加强物理安全防护措施

➢ 设施访问控制

门禁与监控系统：在企业的重要设施（如机房、数据中心等）安装门禁系统，限制人员的进出。同时，配备监控摄像头，对设施内部和周边环境进行实时监控。例如，只有经过授权的人员能够通过门禁卡进入机房，并且他们在机房内的活动会被监控摄像头记录下来，方便事后审计。

人员与设备登记：对进入重要设施的人员和设备进行登记。记录人员的姓名、所属部门、进入时间、带出设备等信息。例如，当外来人员需要进入机房进行设备维护时，要先进行登记，记录其身份证号码、工作单位、维护设备的名称和编号等信息。

➢ 环境安全保护

温湿度与电力控制：确保信息系统设备所处的环境符合要求，包括温度、湿度、电力供应等。安装空调系统、湿度调节设备和不间断电源（UPS）等。例如，数据中心需要保持适宜的温度和湿度，通过精密空调系统进行调节；同时，UPS 可以在停电时为设备提供临时电力，保证设备正常关机，避免数据丢失。

灾难备份与恢复场所：考虑建立灾难备份场所，用于在发生自然灾害或其他严重事件时恢复业务。备份场所可以是异地的数据中心或临时办公地点。例如，企业在另一个城市建立一个备份数据中心，定期将重要数据同步到备份中心，当主数据中心因火灾等灾害无法正常工作时，可以在备份中心恢复业务。

6.2.5 完善网络与系统安全保障

➢ 网络安全防护

边界防御体系：在企业网络边界部署防火墙、入侵检测 / 预防系统（IDS/IPS）等安全设备。防火墙设置访问规则，过滤非法的网络流量；IDS/IPS 实时监测网络中的异常活动并及时报警。例如，防火墙可以阻止外部网络对企业内部网络的未授权访问，IDS/IPS 能够检测到网络扫描和入侵尝试等异常行为。

网络通信安全：采用加密技术保障网络通信的安全，如使用 SSL/TLS 协议对网站访问、电子邮件传输等进行加密。对于远程办公人员，提供虚拟专用网络（VPN）服务，确保其通过公共网络安全地访问企业内部网络。例如，企业的官方网站使用 SSL 证书进行加密，用户在访问网站时，浏览器与服务器之间传输的数据是加密的，防止数据被窃取。

➢ 系统安全维护

操作系统安全配置：对操作系统进行安全配置，包括及时安装更新和补丁、关闭不必要的服务和端口、设置强密码策略等。例如，对于 Windows Server 操作系统，定期更新安全补丁，禁用不必要的远程桌面服务，设置复杂的密码要求，以防止操作系统被攻击。

应用系统安全加固：针对企业使用的各种应用系统（如 ERP、CRM 等），进行安全加固。在开发阶段，采用安全的编码实践，防止常见的安全漏洞（如 SQL 注入、跨站脚本攻击—— XSS 等）；在运行阶段，加强访问控制和数据验证。例如，在开发 Web 应用时，对用户输入进行严格的过滤和验证，避免恶意代码注入；在应用系统运行过程中，对用户的访问权限进行严格控制，确保只有授权用户能够访问敏感数据。

6.2.6 建立数据安全管理机制

➢ 数据分类分级

分类标准制定：根据数据的性质、来源、敏感程度和用途等因素，制定数据分类标准。例如，将数据分为客户数据、财务数据、业务运营数据、内部管理数据等几大类。

分级保护措施：对不同级别的数据采取不同的保护措施。数据一般可以分为绝密、机密、秘密和一般四个级别。绝密级数据采取最高级别的保护，如严格的加密、访问控制和审计；一般级别的数据可以采取相对宽松的保护措施。例如，客户的银行卡号等敏感信息属于绝密级数据，需要进行加密存储和严格的访问限制；而企业内部的一般性通知文件属于一般级别数据，只需要进行基本的访问控制。

➢ **数据加密与备份**

加密技术选择：根据数据的重要性和风险程度，选择合适的加密技术。对于存储的数据，可以采用全盘加密、文件加密或数据库字段加密等方式；对于传输的数据，使用SSL/TLS等协议进行加密。例如，企业对存储在服务器上的重要财务数据进行全盘加密，在数据传输过程中，使用SSL加密协议确保数据的保密性。

备份策略规划：制定数据备份策略，包括备份的频率、备份数据的存储位置、备份恢复的测试等。例如，每天对核心业务数据进行增量备份，每周进行全量备份，备份数据存储在异地的数据中心，并且每月进行一次备份恢复测试，确保备份数据的可用性。

6.2.7 持续监控、评估与改进信息安全体系

➢ **安全监控与预警**

监控系统部署：建立信息安全监控系统，对网络、系统、应用和数据等方面进行实时监控。监控内容包括网络流量、系统性能、用户行为、数据访问等。例如，通过网络监控工具监测网络流量的异常变化，通过系统性能监控工具观察服务器的CPU使用率、内存占用等指标。

预警机制设置：设置合理的预警阈值，当监控指标超过阈值时，及时发出预警。预警信息可以发送给安全管理人员、运维人员等相关人员。例如，当发现某台服务器的CPU使用率连续5分钟超过90%，或者网络流量出现异常峰值时，系统自动发送预警邮件给相关人员，提醒他们进行检查。

➢ **审计与评估机制**

内部审计定期开展：定期进行内部审计，检查信息安全体系的运行情况。审计内容包括安全政策和方针的执行情况、安全措施的有效性、人员的合规操作等。例如，每年进行一次内部审计，检查各部门是否按照访问控制政策进行权限管理、安

全设备是否正常运行等。

外部评估引入助力：适时引入外部评估机构，对企业的信息安全体系进行独立评估。外部评估机构具有专业的知识和丰富的经验，可以提供客观的评估意见和改进建议。例如，每两年邀请专业的信息安全咨询公司对企业的信息安全体系进行全面评估，根据评估报告进行针对性的改进。

➤ 改进措施实施跟进

问题整改落实：根据监控、审计和评估中发现的问题，制定改进措施并落实。改进措施可以包括完善安全政策、更新安全技术、加强人员培训等。例如，发现员工安全意识淡薄的问题后，增加安全意识培训的频率和深度；发现安全设备配置存在漏洞后，及时更新设备配置和规则。

体系优化迭代：持续优化信息安全体系，使其适应企业业务发展和外部环境的变化。例如，随着企业业务的拓展，增加新的安全控制措施；随着新的网络攻击手段的出现，更新安全防护技术和策略。

6.3　保证企业信息安全体系高效动态运转

6.3.1　建立灵活的安全策略调整机制

➤ 策略监测与评估

设置关键指标：确定用于评估信息安全策略有效性的关键指标，如安全事件发生率、数据泄露次数、系统故障时间等。通过安全信息和事件管理系统（SIEM）等工具，持续收集和分析这些指标的数据。例如，每月统计安全事件发生率，分析事件类型和影响范围，以判断现有安全策略是否能够有效应对威胁。

定期评估策略：按照固定的周期（如每季度或每年）对信息安全策略进行全面评估。评估过程中，要考虑企业内部业务变化、外部威胁环境演变以及法律法规更新等因素。例如，随着企业开展新的业务线，涉及新的数据类型和处理流程，需要评估现有的数据安全策略是否仍然适用。

➤ 策略更新流程

变更触发机制：建立明确的策略变更触发条件，当出现新的重大安全风险（如新型网络攻击手段出现）、企业战略调整（如进入新的市场领域）或法律法规变化（如数据保护法规加强）时，自动启动策略更新流程。例如，当《中华人民共和国数据安全法》等法律法规更新后，企业需要及时调整其数据安全策略，以确保合规。

跨部门协作更新：信息安全策略的更新需要跨部门协作。安全管理部门牵头，联合业务部门、法务部门、技术部门等共同参与策略更新工作。例如，在更新访问控制策略时，业务部门提供业务流程和人员权限需求，法务部门确保策略符合法律法规，技术部门评估技术可行性，最终由安全管理部门整合各方意见，完成策略更新。

6.3.2　持续的人员能力提升与激励

➢ 技能培训与知识更新

动态培训计划：根据信息安全领域的最新发展趋势（如人工智能在安全检测中的应用、零信任架构的兴起）和企业安全体系的实际需求，制定动态的人员培训计划。培训内容包括新兴安全技术、安全管理理念、最新安全法规等。例如，定期组织内部培训课程，邀请行业专家讲解零信任安全模型的原理和实践案例。

实践与理论结合：采用理论学习与实践操作相结合的培训方式。除了课堂讲解，还设置模拟演练、案例分析、实验室实践等环节。例如，在网络安全培训中，组织员工进行网络攻击与防御的模拟演练，让他们在实践中掌握防火墙配置、入侵检测等技能。

➢ 人员激励机制

奖励优秀行为：建立激励机制，对在信息安全工作中表现优秀的员工给予奖励。奖励可以包括物质奖励（如奖金、奖品）和精神奖励（如荣誉证书、公开表扬）。例如，对及时发现并报告安全漏洞的员工给予现金奖励，对在安全管理工作中表现出色的团队颁发荣誉证书。

职业发展支持：为信息安全人员提供职业发展支持，如晋升机会、专业认证资助等。例如，企业为安全工程师提供晋升安全主管的通道，并且资助员工参加CISSP（国际注册信息系统安全专家）等专业认证考试，激励员工提升自身能力，积极投入到安全体系的维护工作中。

6.3.3　强化技术设施的动态更新与维护

➢ 安全技术更新

技术监测与选型：设立专门的技术监测团队或使用安全技术监测服务，关注信息安全技术领域的最新动态，如新型加密算法、高级威胁检测技术等。根据企业的安全需求和风险评估结果，选择合适的新技术进行引入。例如，当发现量子计算可能对现有的加密技术构成威胁时，企业开始研究抗量子计算攻击的加密技术，并适时引入。

技术更新流程：建立安全技术更新流程，包括技术测试、试点应用、全面部署等阶段。在技术更新过程中，要确保新技术与现有安全体系的兼容性和稳定性。例如，在更新入侵检测系统时，先在测试环境中进行功能测试和性能评估，然后在部分业务系统中进行试点应用，观察对业务的影响，最后再进行全面部署。

➢ 系统与设备维护

定期维护计划：制定系统和设备的定期维护计划，包括硬件设备（服务器、网络设备等）的巡检、清洁、部件更换，以及软件系统（操作系统、应用程序等）的更新、优化和漏洞修复。例如，每月对服务器进行一次硬件巡检，检查风扇、硬盘等部件的运行状况；每周对操作系统进行安全更新检查，及时安装补丁。

故障应急响应：建立故障应急响应机制，当系统或设备出现故障时，能够快速响应并恢复正常运行。应急响应团队应具备快速诊断故障原因、采取临时措施恢复服务以及彻底解决问题的能力。例如，当企业网站遭受 DDoS 攻击导致服务中断时，应急响应团队迅速启动流量清洗设备，恢复网站访问，然后深入分析攻击来源，采取措施防止再次攻击。

6.3.4　优化安全流程的自动化与集成化

➢ 流程自动化实施

识别自动化场景：对信息安全流程进行梳理，识别可以自动化的环节，如安全漏洞扫描、用户权限审批、安全事件报告等。例如，利用自动化漏洞扫描工具，定期对企业网络和系统进行扫描，自动生成漏洞报告，提高安全检查的效率。

自动化工具选型与集成：选择合适的自动化工具，并将其集成到企业的安全管理平台中。例如，选用自动化的用户权限管理系统，与企业的身份认证系统集成，实现用户权限的自动审批和动态调整，减少人工操作带来的错误和延迟。

> **流程集成与协同增效**

跨流程集成：将信息安全流程与企业的其他业务流程（如业务开发流程、运维流程、人力资源流程等）进行集成。例如，在业务开发流程中嵌入安全开发周期（SDL）理念，从项目需求阶段就开始考虑安全需求，在开发过程中进行安全测试，确保开发出的业务系统具有较高的安全性。

协同工作平台建设：建立跨部门的安全工作协同平台，实现信息共享、任务分配、进度跟踪等功能。例如，通过安全工作协同平台，安全管理部门可以将安全任务分配给相关部门，各部门在平台上反馈任务进度和问题，提高安全工作的协同效率。

6.3.5 加强安全文化建设与沟通

> **安全文化培育**

文化活动开展：通过开展各种安全文化活动，如安全知识竞赛、安全主题演讲、安全月活动等，营造良好的安全文化氛围。例如，每年举办一次安全知识竞赛，鼓励员工积极参与，提高他们对安全知识的学习兴趣。

文化理念传播：将信息安全文化理念融入到企业的价值观和企业文化中，通过内部宣传渠道（如企业内刊、宣传栏、内部网站等）进行传播。例如，在企业内刊上开设安全文化专栏，定期发布安全小贴士、安全案例分析等内容，让员工在日常工作中潜移默化地接受安全文化理念。

> **有效沟通机制**

内部沟通渠道畅通：建立畅通的内部安全沟通渠道，包括安全问题反馈渠道、安全政策解读渠道、安全事件通报渠道等。例如，设立安全热线电话，员工可以随时拨打反馈安全问题；定期组织安全政策解读会议，让员工了解安全政策的背景、目的和具体内容。

外部沟通与协作：加强与外部机构（如行业协会、监管部门、合作伙伴等）的沟通与协作。及时了解行业安全动态、法规政策变化，并与合作伙伴共享安全信息，共同应对安全威胁。例如，参加行业安全研讨会，与其他企业交流安全经验；与合作伙伴签订安全合作协议，明确双方的安全责任和信息共享机制。

6.4 信息化项目生命周期过程中的安全体系

6.4.1 项目启动阶段

➢ 安全需求确定

业务目标对接：在项目启动伊始，安全团队与项目相关方（包括业务部门、管理层等）紧密合作，将安全需求与项目的业务目标相结合。例如，对于一个新的电商平台建设项目，安全团队要了解平台的交易流程、用户数据处理方式等业务细节，确定需要保护的关键资产，如客户的支付信息、个人隐私数据等。

法规与标准遵循：同时，考虑项目必须遵循的法律法规和行业标准。如金融行业的信息化项目需要满足巴塞尔协议等金融监管要求，医疗行业项目要符合医疗数据保护法规。安全团队梳理这些法律法规要求，将其转化为具体的安全需求，如数据加密标准、访问控制策略等。

风险评估启动：初步评估项目可能面临的安全风险，包括技术风险（如新技术带来的未知漏洞）、业务风险（如业务流程变化导致的数据泄露风险）和外部环境风险（如网络攻击威胁）。这一阶段的风险评估为后续的安全规划提供基础。

➢ 安全规划与策略制定

安全架构规划：基于安全需求和风险评估结果，设计项目的安全架构。这包括确定网络安全拓扑结构（如是否采用 DMZ 区隔离内外网）、系统安全配置（如操作系统和应用程序的安全基线）和数据安全策略（如数据分类分级和存储方式）。例如，规划一个包含防火墙、入侵检测系统的网络安全边界，为核心业务系统服务器配置双因素认证等。

安全策略制定：制定贯穿项目周期的安全策略，明确安全目标、责任分工、安全控制措施等。例如，制定数据访问策略，规定只有经过授权的角色才能访问特定级别的数据；制定安全事件响应策略，明确在发生数据泄露、系统故障等事件时的报告流程、应急措施和恢复计划。

6.4.2 项目规划阶段

➤ **安全设计融入项目计划**

任务分解与资源分配：将安全相关任务纳入项目计划的任务分解结构（WBS）中，明确各任务的先后顺序、时间估算和资源需求。例如，将安全系统（如防火墙、加密软件）的安装和配置作为独立的任务，分配给专业的安全工程师，并确定其完成时间应在系统上线前。

安全预算规划：制定安全预算，包括安全技术采购（如安全设备、软件许可证）、安全服务费用（如安全咨询、渗透测试）和人员培训成本等。确保安全预算合理分配到项目各个阶段，满足安全工作的实际需要。例如，为购买高级威胁检测工具预留一定的资金，为安全人员参加专业培训安排相应的费用。

安全标准与规范明确：在项目计划中明确安全标准和规范，作为项目实施和验收的依据。这些标准可以是国际通用标准、行业特定标准（如支付卡行业数据安全标准——PCI DSS）或企业内部自定义的安全标准。例如，规定项目开发过程中必须遵循安全编码规范，避免常见的安全漏洞。

➤ **安全风险再评估与应对计划**

详细风险评估：在项目规划阶段，对项目进行更详细的安全风险评估。考虑项目的技术架构细节、业务流程复杂性、数据流动情况等因素，识别潜在的安全威胁和脆弱点。例如，对于一个采用微服务架构的项目，分析微服务之间的接口安全风险，如是否存在未授权访问、数据传输安全等问题。

风险应对策略制定：针对识别出的风险，制定具体的应对策略。策略可以包括风险规避（如避免采用高风险的技术方案）、风险降低（如通过安全控制措施减少风险发生的可能性和影响程度）、风险转移（如购买网络安全保险）和风险接受（对于一些低风险且成本高昂的风险采取接受的态度）。例如，为降低数据存储风险，采用数据加密和冗余存储策略。

6.4.3 项目执行阶段

➤ **安全技术实施与集成**

安全系统部署：按照安全规划和项目计划，实施安全技术措施。这包括安装和配置网络安全设备（如防火墙、入侵检测/预防系统）、部署系统安全软件（如防病毒软件、主机入侵检测软件）和建立数据安全机制（如数据加密、备份系统）。例如，在企业网络边界部署防火墙，设置访问规则，阻止外部非法访问；在服务器上安装防病毒软件，实时监测和清除病毒。

安全技术集成：将安全技术与项目的其他技术组件进行集成。例如，将身份认证系统与业务应用系统集成，实现用户单点登录和权限控制；将安全监控系统与业务系统集成，实时收集业务系统的安全事件和性能数据。确保安全技术的集成不会影响项目的正常功能和性能。

安全开发实践：在软件开发项目中，遵循安全开发实践。开发人员采用安全编码规范，进行代码审查和安全测试（如静态代码分析、动态安全测试），避免引入安全漏洞。例如，在开发 Web 应用时，对用户输入进行严格的验证和过滤，防止 SQL 注入和跨站脚本攻击（XSS）。

➢ 人员安全管理执行

安全意识培训开展：针对项目团队成员，开展安全意识培训。培训内容包括项目相关的安全知识（如系统操作安全、数据处理安全）、安全政策和程序（如访问控制流程、安全事件报告流程）以及安全威胁识别（如网络钓鱼防范）。例如，通过线上培训课程和线下工作坊的形式，向项目成员讲解如何识别和避免钓鱼邮件，保护项目数据安全。

人员权限管理实施：根据安全策略，实施人员权限管理。为项目团队成员分配适当的系统访问权限，遵循"最小特权"原则，确保成员只能访问和操作与其工作职责相关的资源。例如，开发人员只有对开发环境的访问权限，测试人员只有在测试阶段对测试环境的访问权限，并且权限范围仅限于测试相关的功能。

安全监督与考核：建立安全监督机制，对项目团队成员的安全行为进行监督和考核。例如，通过安全审计工具监测成员的系统操作行为，对违反安全规定的行为进行记录和警告；将安全工作绩效纳入项目成员的绩效考核体系，激励成员遵守安全规定。

6.4.4 项目监控阶段

➢ 安全性能监控与评估

安全指标设定与监测：确定用于监控项目安全性能的关键指标，如系统漏洞数量、安全事件发生率、数据访问违规次数等。利用安全监控工具（如安全信息和事件管理系统——SIEM）对这些指标进行实时监测。例如，设置 SIEM 系统，每小时收集一次系统安全日志，分析其中的安全事件信息，如登录失败次数、异常的网络连接等。

安全性能评估：定期（如每周或每月）对项目的安全性能进行评估，对比实际安全指标与安全目标的差距。评估安全技术措施的有效性、安全政策的执行情况以及安全流程的顺畅性。例如，通过比较实际发生的安全事件数量与预期的安全事件控制目标，评估安全防护措施是否有效；通过检查安全政策的执行记录，评估团队成员是否遵守安全规定。

安全风险动态监控：持续监控项目的安全风险状况，因为在项目执行过程中，风险可能会因各种因素（如业务变化、外部威胁演变）而发生变化。重新评估风险发生的可能性和影响程度，及时调整风险应对策略。例如，当发现一种新的网络攻击针对项目所使用的技术框架时，重新评估该攻击对项目的风险，加强相应的安全防护措施。

➢ **安全流程审计与优化**

安全流程审计：对项目的安全流程（如访问控制流程、安全事件处理流程、变更管理流程）进行审计。检查流程是否符合安全政策和标准，是否存在漏洞或不合理之处。例如，审查访问控制流程，检查用户权限申请、审批和授予过程是否合规，是否存在权限滥用的情况。

流程优化建议：根据审计结果，提出安全流程优化建议。优化流程可以提高安全工作的效率和效果，减少安全风险。例如，如果发现安全事件处理流程过于烦琐，导致响应时间过长，建议简化流程，明确各环节的责任人和时间限制，提高应急响应速度。

6.4.5 项目收尾阶段

➢ **安全验收与交付**

安全验收标准确认：在项目收尾阶段，首先确认安全验收标准。这些标准应在项目启动和规划阶段就已明确，包括安全功能测试（如安全系统是否正常运行、安全机制是否有效）结果、安全性能指标（如漏洞修复率、安全事件控制在合理范围内）达标情况和安全文档（如安全设计文档、操作手册等）完整性。例如，要求安全系统的漏洞扫描工具显示漏洞数量为零，或者在可接受的风险范围内。

安全验收测试：进行全面的安全验收测试，包括功能测试（如验证身份认证系统是否能够正确识别用户身份）、性能测试（如测试加密系统的加密和解密速度是否满足业务需求）和安全性测试（如进行渗透测试，检查系统是否能够抵御外部攻击）。例如，聘请专业的渗透测试团队，按照行业标准的攻击方法对项目系统进行测试，确保系统的安全性达到交付标准。

安全交付物整理：整理项目的安全交付物，包括安全技术文档（如安全系统配置文件、安全设备操作手册）、安全管理文档（如安全政策文件、安全培训记录）和安全测试报告（如漏洞扫描报告、渗透测试报告）。这些交付物将为项目后续的运维和安全管理提供重要的参考依据。

➤ **安全经验总结与知识转移**

经验教训总结：组织项目团队和安全相关人员，对项目周期中的安全工作进行总结。回顾安全需求确定、规划、实施、监控等各个阶段的工作情况，分析成功经验和不足之处。例如，总结在安全开发过程中，哪些安全编码规范执行得较好，哪些环节容易出现安全漏洞。

知识转移与传承：将项目中的安全知识和经验转移给运维团队和其他相关部门。这包括对安全系统的操作培训、安全政策和流程的讲解以及安全风险的告知。例如，为运维团队提供安全系统的详细操作培训，包括如何配置防火墙规则、如何查看安全日志等，确保他们能够顺利接手项目的安全运维工作。

6.5 信息系统上线安全测评

6.5.1 安全测评的目的和重要性

➤ **目的**

识别安全风险：信息系统上线安全测评的主要目的是全面、系统地识别系统中可能存在的安全风险。这些风险包括但不限于网络攻击漏洞、数据泄露隐患、系统故障风险等。例如，通过测评可以发现系统中的软件是否存在 SQL 注入漏洞，这可能会被攻击者利用来非法获取数据库中的数据。

确保合规性：测评还用于检查系统是否符合相关的法律法规、行业标准和企业内部的安全政策。不同行业有不同的法规要求，如金融行业要遵循巴塞尔协议等金融监管法规，医疗行业要符合医疗数据保护相关规定。通过安全测评，确保系统在数据处理、用户隐私保护等方面满足这些要求。

验证安全控制有效性：验证在系统建设过程中所实施的各种安全控制措施（如访问控制、加密技术、安全审计等）是否有效。例如，通过测试访问控制机制，检查是否只有授权用户能够访问特定的系统资源，以此来验证访问控制措施的有效性。

➤ **重要性**

保护企业资产安全：信息系统通常存储和处理企业的关键资产，如客户数据、商业机密、财务信息等。安全测评能够提前发现安全漏洞，防止这些资产被窃取、篡改或破坏，从而保护企业的核心利益。例如，对于电商企业，安全测评可以避免客户的支付信息泄露，维护企业的商业信誉。

保障业务连续性：未经安全测评的系统上线后可能会遭受各种安全威胁，导致系统故障或瘫痪，进而影响业务的正常开展。通过安全测评，能够降低系统上线后的故障风险，确保业务能够持续、稳定地运行。例如，一个企业资源规划（ERP）系统经过安全测评后再上线，可以有效避免因系统故障而导致的生产、供应链等业务环节的中断。

满足监管和合作要求：越来越多的行业监管机构要求企业对其信息系统进行安全测评，以确保信息安全。同时，企业与合作伙伴（如供应商、客户）合作时，对方也可能要求提供安全测评报告，以证明系统的安全性。例如，企业在与金融机构合作进行在线支付业务时，金融机构通常会要求企业提供信息系统安全测评报告，以确保支付安全。

6.5.2　安全测评的主要内容

➤ **网络安全测评**

（1）网络拓扑与边界安全

检查网络拓扑结构是否合理，是否划分了不同的安全区域（如 DMZ 区、内部办公区等）。例如，对于有互联网接入的系统，检查是否通过防火墙将内部网络与外部网络进行了有效隔离。

评估网络边界防护措施，包括防火墙、入侵检测/预防系统（IDS/IPS）的配置和有效性。例如，测试防火墙规则是否能够正确阻止未经授权的外部访问，IDS/IPS是否能够及时检测到网络扫描和入侵尝试。

（2）网络通信安全

检查网络通信过程中的加密措施，如是否使用SSL/TLS协议对敏感信息传输（如用户登录、数据传输等）进行加密。例如，通过网络抓包工具检查在用户登录系统时，密码等敏感信息是否以加密形式传输。

评估虚拟专用网络（VPN）的安全性，如果系统支持远程办公等功能，检查VPN的配置和认证方式是否安全。例如，查看VPN是否采用了多因素认证，加密算法是否符合安全标准。

➤ **系统安全测评**

（1）操作系统安全

检查操作系统的安全配置，包括用户账户管理（如密码策略、账户锁定策略等）、服务和端口管理（是否关闭不必要的服务和端口）。例如，检查Windows操作系统是否设置了强密码要求，是否禁用了远程桌面等高危服务。

验证操作系统的更新和补丁管理情况，确保系统安装了最新的安全补丁。例如，通过系统更新记录查看是否及时安装了操作系统厂商发布的安全补丁。

（2）应用系统安全

对应用系统（如Web应用、企业管理软件等）进行代码安全审查，检查是否存在常见的安全漏洞，如SQL注入、跨站脚本攻击（XSS）、跨站请求伪造（CSRF）等。例如，使用专业的代码扫描工具检查Web应用的代码，查看是否有对用户输入未进行安全过滤的情况。

评估应用系统的访问控制机制，检查是否根据用户角色和权限正确地限制了对系统功能和数据的访问。例如，测试不同权限的用户登录应用系统后，是否只能访问和操作其权限范围内的功能和数据。

➤ **数据安全测评**

（1）数据分类分级

检查数据是否按照敏感程度和重要性进行了合理的分类分级。例如，查看企业是否将客户的个人身份信息、财务数据等划分为高敏感级别，将一般的业务文档等划分为低敏感级别。

评估分类分级后的数据保护措施是否与数据级别相匹配。例如，对于高敏感数据是否采用了更高级别的加密和严格的访问控制措施。

（2）数据存储与备份安全

检查数据存储的安全性，包括存储设备的物理安全（如数据中心的访问控制、存储介质的加密）和数据存储方式的安全（如数据库的加密、文件系统的访问控制）。例如，查看数据库中的敏感字段是否进行了加密存储，存储服务器是否位于安全的机房环境中。

评估数据备份策略的有效性，包括备份的频率、备份数据的完整性和可恢复性。例如，检查是否按照预定的备份计划进行备份，通过恢复测试验证备份数据是否能够成功恢复。

➢ **人员安全与安全管理测评**

（1）人员安全意识

通过问卷调查、访谈等方式评估系统相关人员（包括开发人员、运维人员、用户等）的安全意识。例如，询问员工是否了解网络钓鱼的防范方法，是否知道如何正确处理敏感数据。

检查企业是否开展了安全意识培训活动，培训内容是否涵盖了系统安全相关知识。例如，查看培训记录，检查培训课程是否包括系统操作安全、数据保护等内容。

（2）安全管理措施

检查安全管理制度的完整性，包括访问控制制度、安全事件应急响应制度、安全审计制度等。例如，查看制度文件是否明确了用户权限的审批流程、安全事件的报告和处理流程。

评估安全管理措施的执行情况，通过查看系统操作记录、审计日志等检查是否按照制度执行。例如，检查安全审计日志是否记录了用户的关键操作，是否对安全事件进行了及时的报告和处理。

6.5.3　安全测评的方法和工具

➢ **测评方法**

（1）漏洞扫描

网络漏洞扫描： 使用专业的网络漏洞扫描工具，对信息系统所在的网络进行扫描，发现网络设备、服务器等存在的安全漏洞。例如，扫描工具可以检测防火墙是否存在配置错误、服务器是否开放了高危端口等。

应用漏洞扫描： 针对应用系统，采用应用漏洞扫描工具检查代码中的安全漏洞。这些工具可以模拟黑客攻击行为，检测 SQL 注入、XSS 等漏洞。例如，通过对Web 应用进行扫描，发现用户注册页面是否存在 SQL 注入风险。

（2）安全测试

渗透测试： 由专业的安全测试人员模拟真实的黑客攻击场景，对信息系统进行渗透测试。测试人员会利用各种工具和技术，尝试突破系统的安全防线，以发现系统的深层次安全漏洞。例如，测试人员可能会尝试通过社会工程学手段获取用户账号密码，然后利用这些账号密码尝试获取系统更高权限。

功能测试与安全机制验证： 对系统的安全功能（如身份认证、访问控制、加密等）进行测试，验证其是否能够正常工作。例如，通过模拟用户登录场景，测试身份认证系统是否能够正确识别合法用户和非法用户；通过测试不同权限用户访问系统资源，验证访问控制机制是否有效。

（3）安全审计

系统审计： 查看系统的各种日志（如系统日志、应用日志、安全审计日志等），检查系统的运行情况和用户的操作行为。例如，通过查看系统日志，发现是否有异常的登录尝试、系统故障等情况。

流程审计： 对企业的安全管理流程（如访问控制流程、安全事件处理流程等）进行审计，检查流程是否符合规定，是否存在漏洞。例如，查看访问控制流程的审批记录，检查是否存在未经授权的权限授予情况。

（4）问卷调查与访谈

向系统相关人员（包括开发人员、运维人员、用户等）发放调查问卷，了解他们对系统安全知识的掌握情况、对安全政策的理解和执行情况等。例如，通过问卷询问员工是否知道如何报告安全事件，是否了解公司的数据分类分级政策。

对关键人员（如安全管理人员、系统管理员等）进行访谈，深入了解系统的安全管理情况、安全措施的实施情况等。例如，通过访谈安全管理人员，了解企业的安全培训计划、安全预算分配等情况。

> ➤ 测评工具

（1）网络扫描工具

Nessus：一款功能强大的网络漏洞扫描工具，能够扫描多种操作系统、网络设备和应用程序，检测出各种网络安全漏洞，如开放端口、弱密码、未授权服务等。

OpenVAS：这是一个开源的网络漏洞扫描工具，它提供了定期更新的漏洞库，可以对网络进行全面扫描，生成详细的扫描报告。

（2）应用安全测试工具

Acunetix：主要用于 Web 应用安全测试，能够自动检测多种 Web 漏洞，如 SQL 注入、XSS、CSRF 等，并且可以生成直观的漏洞报告，帮助开发人员和安全人员快速定位和修复问题。

OWASP ZAP：这是一个免费的开源 Web 应用安全测试工具，它可以在应用开发和测试阶段进行主动和被动扫描，发现潜在的安全风险，支持多种扫描模式和插件扩展。

（3）安全审计工具

Splunk：是一款流行的安全信息和事件管理系统（SIEM）工具，用于收集、分析和可视化系统日志，能够帮助安全管理人员快速发现安全事件和异常行为，通过关联不同的日志源，提供全面的安全审计功能。

ELK Stack（由 Elasticsearch、Logstash、Kibana 组成）：这是一个开源的日志管理和分析解决方案，能够高效地收集、存储和分析大量的系统日志，通过 Kibana 的可视化界面，可以方便地进行安全审计和监控。

6.5.4 安全测评的流程

> ➤ 测评准备阶段

确定测评目标和范围：明确信息系统上线安全测评的目标，如评估系统是否满足安全要求、是否可以上线等。同时，确定测评的范围，包括系统的硬件、软件、数据等各个方面。例如，对于一个新开发的电商系统，测评范围可能包括 Web 服务器、数据库服务器、应用程序代码、用户数据等。

组建测评团队：组建一个专业的测评团队，团队成员应包括网络安全专家、系统安全专家、应用开发专家、数据安全专家等。例如，网络安全专家负责网络安全测评，系统安全专家负责操作系统和应用系统安全测评，数据安全专家负责数据安全测评。

收集测评资料：收集与系统相关的各种资料，如系统设计文档、网络拓扑图、安全政策文件、用户操作手册等。这些资料将为测评工作提供参考依据。例如，通过系统设计文档了解系统的架构和功能，通过安全政策文件了解企业对系统安全的要求。

制定测评计划：根据测评目标、范围和资料，制定详细的测评计划。测评计划应包括测评的步骤、方法、时间安排、人员分工等内容。例如，计划中明确先进行网络安全测评，再进行系统安全测评，明确每个测评阶段的具体方法（如漏洞扫描、渗透测试等），以及每个任务的负责人和时间节点。

➤ 测评实施阶段

网络安全测评实施：按照测评计划，首先进行网络安全测评。使用网络扫描工具对网络进行漏洞扫描，检查网络拓扑结构和边界防护措施；通过网络抓包工具和加密检测工具对网络通信安全进行检查。例如，使用 Nessus 扫描工具对网络中的服务器和网络设备进行扫描，记录发现的漏洞；使用 Wireshark 抓包工具检查网络通信中的数据加密情况。

系统安全测评实施：接着进行系统安全测评。对操作系统进行安全配置检查和更新管理验证；对应用系统进行代码安全审查和访问控制机制评估。例如，通过手动检查操作系统的安全配置参数，使用代码扫描工具对应用系统代码进行扫描，通过模拟用户操作测试应用系统的访问控制功能。

数据安全测评实施：然后进行数据安全测评。检查数据的分类分级情况和保护措施；对数据存储和备份安全进行评估。例如，查看数据分类分级文档，检查数据存储设备的物理安全措施，通过恢复测试验证备份数据的可用性。

人员安全与安全管理测评实施：最后进行人员安全与安全管理测评。通过问卷调查、访谈等方式了解人员安全意识；检查安全管理制度的完整性和执行情况。例如，发放安全知识问卷给系统相关人员，查看安全管理制度文件，检查安全审计日志等。

> ➤ **测评结果分析阶段**

整理测评结果：对测评过程中收集到的各种数据和发现的问题进行整理。例如，将网络漏洞扫描报告、应用系统安全测试报告、人员安全调查问卷结果等进行汇总，形成一个完整的测评结果文档。

分析安全风险：对测评结果进行分析，识别系统中存在的安全风险。根据风险的严重程度、发生的可能性等因素对风险进行分类和排序。例如，将可能导致数据泄露的 SQL 注入漏洞列为高风险，将安全管理制度执行不严格列为中风险。

提出整改建议：针对分析出的安全风险，提出具体的整改建议。整改建议应包括整改措施、整改期限、责任部门等内容。例如，对于发现的 SQL 注入漏洞，建议开发人员在规定时间内对代码进行修复，加强输入验证；对于安全管理制度执行不严格的问题，建议安全管理部门加强培训和监督。

> ➤ **测评报告编制与反馈阶段**

编制测评报告：根据测评结果分析，编制详细的安全测评报告。测评报告应包括测评目的、范围、方法、结果、风险分析和整改建议等内容。报告应清晰、准确地反映系统的安全状况。例如，在报告中详细描述系统存在的安全漏洞、风险等级，以及对应的整改措施和建议。

反馈测评结果：将测评报告反馈给系统建设方、使用方和相关管理部门。例如，将报告交给系统开发团队，让他们了解系统存在的安全问题并进行整改；将报告提供给企业管理层，为他们决策系统是否上线提供参考依据。

跟踪整改情况：对整改情况进行跟踪，确保系统建设方按照整改建议进行整改。定期检查整改后的系统是否符合安全要求，直到系统安全状况达到可接受的水平。例如，在整改期限过后，对系统进行复查，检查之前发现的安全漏洞是否已经修复，安全管理制度是否得到有效执行。

7

信息系统
运行维护

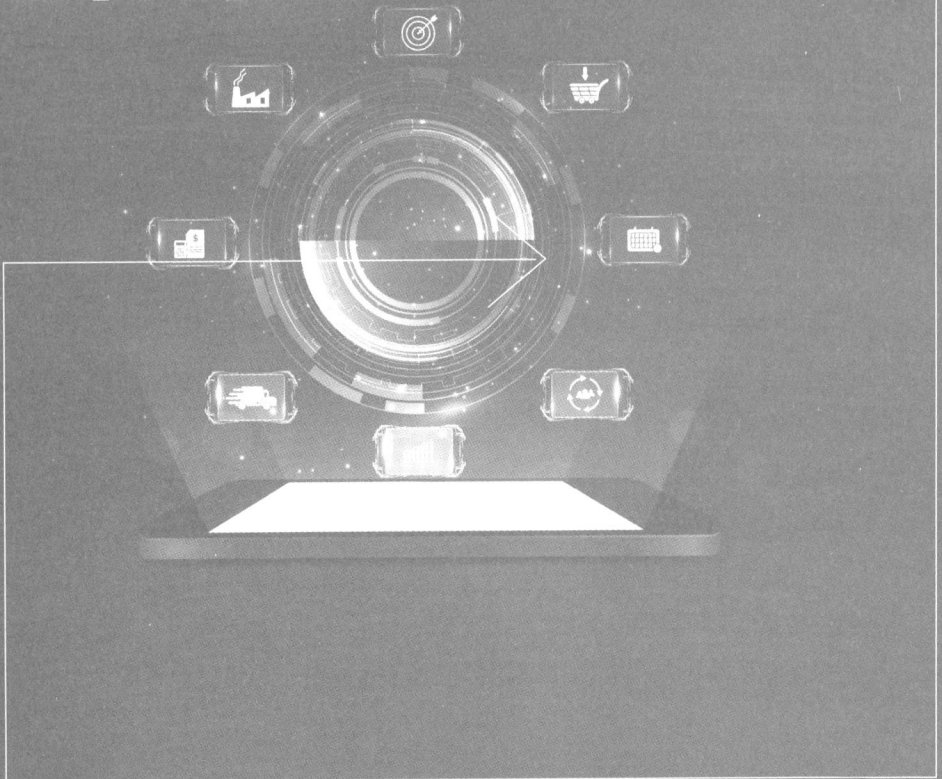

信息化运行维护（简称信息化运维）是指为了保障信息化系统（包括硬件、软件、数据等）的稳定运行、高效使用和持续优化而开展的一系列活动。从业务架构上，我们认为信息化运维可以分为：桌面运维、系统运维、安全运维等方面。桌面运维是企业最基础的运维，是对计算机终端、打印机等办公设备的运行维护，如果这些领域出现问题，企业最基础的工作就无法开展了，因此说它是最基础的运维。系统运维是针对已建成的信息系统的软硬件的运行维护，这里着重强调一下，系统运维是包括数据运维的，但围绕数据开展的一系列工作都是孤立地对数据的操作，不会针对任何业务主题。安全运维是对企业信息化相关的一切内容进行审计、加固、可持续管理。

为了保障信息系统运行维护工作的高效开展，我们需要首先建立合理的组织架构。

7.1　信息系统运维组织架构

7.1.1　运维管理层

> **运维经理**

运维经理是信息化运维团队的负责人，全面负责运维工作的规划、组织、协调和控制。他们需要制定运维策略和计划，确保信息化系统能够稳定、高效地运行，满足企业业务的需求。

例如，运维经理要根据企业的战略目标和业务发展规划，制定年度运维预算，合理分配资源用于硬件维护、软件升级、人员培训等方面。同时，要与其他部门（如业务部门、开发部门）进行沟通协调，了解业务需求和系统变更计划，对运维工作进行统筹安排。

> **运维主管（分领域）**

系统运维主管：主要负责硬件系统（服务器、存储设备、网络设备等）的运维管理。他们要制定硬件设备的维护计划，监督运维人员对硬件设备的操作，确保硬件系统的稳定性和可靠性。例如，系统运维主管要安排人员定期对服务器进行巡检，检查服务器的硬件状态（如CPU温度、内存使用情况、硬盘健康状况等），并根据检查结果安排硬件的维修、更换或升级等工作。

软件运维主管：聚焦于软件系统（操作系统、应用程序等）的运维管理。他们要监督软件的部署、更新和故障排除等工作，保障软件系统的正常运行。例如，软件运维主管要负责组织应用程序的版本升级工作，在升级前协调测试人员进行测试，确保软件的功能和性能符合要求，并且在升级过程中指导运维人员进行操作，避免出现软件故障影响业务的情况。

数据运维主管：负责数据的维护和管理，包括数据备份与恢复、数据质量控制等工作。他们要确保数据的安全性、完整性和可用性。例如，数据运维主管要制定数据备份策略，根据业务的重要性和数据的更新频率，安排全备份和增量备份的时间和方式。同时，要定期检查备份数据的完整性，并且在数据出现问题时，组织人员进行数据恢复工作。

7.1.2　一线运维团队

➢ 系统运维工程师

系统运维工程师直接负责硬件系统的日常维护工作。他们要进行服务器的安装、配置和维护，包括服务器操作系统的安装、网络连接的设置等。

例如，当企业采购新的服务器时，系统运维工程师要负责将服务器上架，安装操作系统（如 Linux 或 Windows Server），并进行基本的配置，如设置 IP 地址、安装服务器管理软件等。他们还要对服务器进行日常的巡检，及时发现并处理硬件故障，如更换故障的硬盘、内存等硬件组件。

➢ 软件运维工程师

软件运维工程师主要从事软件系统的运维工作。他们要进行软件的部署、更新和维护，解决软件运行过程中的问题。

例如，软件运维工程师要将开发部门交付的应用程序部署到生产环境中，按照操作手册进行安装和配置。在软件运行过程中，他们要监控软件的性能，如响应时间、资源占用等指标。当软件出现故障时，如出现错误提示或者运行缓慢，他们要通过查看日志、调试代码等方式查找原因，并进行修复。

➢ 数据库运维工程师（DBA）

DBA 负责数据库的管理和维护工作。他们要进行数据库的安装、配置和优化，确保数据库的高效运行和数据的安全。

例如，DBA 要根据企业的业务需求选择合适的数据库管理系统（如 Oracle、MySQL 等），进行数据库的安装和初始配置，包括设置数据库的字符集、存储引擎等参数。他们还要定期对数据库进行备份，优化数据库的性能，如通过调整查询语句、索引等来提高数据库的查询速度。

➢ 网络运维工程师

网络运维工程师专注于网络系统的维护和管理。他们要进行网络设备（路由器、交换机等）的配置和维护，保障网络的畅通和安全。

例如，网络运维工程师要负责企业内部网络的规划和部署，根据企业的办公区域和业务需求，合理划分 VLAN（虚拟局域网）。他们还要定期检查网络设备的状态，更新网络设备的固件，设置防火墙规则和访问控制列表，防止网络入侵和非法访问。

7.1.3 运维支持团队

➢ 监控与告警团队

这个团队负责建立和维护信息化系统的监控体系。他们要选择合适的监控工具（如 Zabbix、Prometheus 等），对系统的性能指标（如服务器的 CPU 使用率、内存使用率、网络带宽等）和可用性指标（如应用程序是否可以正常访问）进行实时监控。

例如，监控与告警团队要在监控工具中设置合理的告警阈值，当系统的某个指标超过阈值时，如服务器 CPU 使用率超过 90%，及时发出告警信息。告警信息可以通过多种方式发送给运维人员，如短信、邮件、即时通信工具等，以便运维人员能够及时采取措施。

➢ 知识管理团队

知识管理团队负责运维知识的收集、整理和共享工作。他们要建立运维知识库，将运维过程中的经验、技术文档、故障案例等知识进行存储和管理。

例如，每次系统发生故障后，知识管理团队要组织相关运维人员对故障进行分析，总结故障原因、解决方法和预防措施，并将这些内容记录在知识库中。同时，他们还要定期对知识库进行更新和维护，方便运维人员在遇到类似问题时能够快速查询解决方案。

7.2.1 硬件维护方面

服务器维护：服务器是信息化系统的核心硬件设备。运维工作包括对服务器的物理状态进行检查，例如查看服务器的温度、湿度等环境指标是否在正常范围。因为服务器过热可能会导致硬件损坏、性能下降，甚至系统崩溃。同时，还要定期检查服务器的硬件组件，像硬盘是否有坏道、内存是否正常工作等。例如，通过服务器自带的诊断工具或者专业的硬件检测软件，如 HD Tune（用于检测硬盘）来检查硬件的健康状况。

存储设备维护：存储设备用于存储大量的数据，如企业的数据中心里的磁盘阵列。运维人员需要关注存储设备的存储空间使用情况，当存储空间接近饱和时，要及时进行扩容或者数据清理。同时，要确保存储设备的冗余机制正常工作，以防止数据丢失。例如，在 RAID（独立磁盘冗余阵列）系统中，检查磁盘的冗余备份是否有效，当有磁盘出现故障时，能及时进行更换和数据恢复。

网络设备维护：包括路由器、交换机等网络设备的维护。要定期更新网络设备的固件，因为固件更新可以修复安全漏洞、提高设备性能。例如，思科的网络设备会定期发布固件更新，运维人员需要按照安全策略和业务需求及时进行更新。同时，还要检查网络端口的连接状态，确保网络畅通，比如通过查看交换机端口的指示灯状态或者使用网络测试工具（如 Ping、Traceroute）来检查网络连接。

7.2.2 软件维护部分

操作系统维护：无论是 Windows Server 还是 Linux 等操作系统，都需要进行定期的维护。这包括安装安全补丁，因为操作系统厂商会不断发现和修复安全漏洞。例如，微软会定期发布 Windows Server 的安全更新，运维人员需要及时安装这些补丁，防止系统被黑客攻击。同时，还要对操作系统的系统服务进行优化，比如根据业务需求调整某些服务的启动方式（自动、手动或者禁用），以提高系统性能。

应用程序维护：企业使用的各种应用程序，如办公自动化（OA）软件、企业资源计划（ERP）软件等都需要维护。这涉及应用程序的版本更新，当软件开发商发布新版本，运维人员需要在测试环境中进行测试，确保新版本不会对现有业务产生负面影响后，再将其部署到生产环境。另外，还要关注应用程序的性能，例如通过性能测试工具来检测应用程序的响应时间、资源占用情况等，当发现性能问题时，及时进行优化。

7.2.3　数据维护相关内容

数据备份与恢复：这是信息化运维中保障数据安全的关键环节。运维人员需要制定合理的数据备份策略，包括备份的周期（如每天全备份、每小时增量备份）、备份的介质（磁带、磁盘或者云端存储）等。例如，对于金融企业的数据，可能需要每天进行全备份到磁带库，同时每小时进行增量备份到磁盘存储，并且定期进行备份数据的恢复测试，以确保在数据丢失或者损坏的情况下能够及时恢复数据。

数据质量管理：要确保数据的准确性、完整性和一致性。例如，在一个电商企业中，商品信息数据（如价格、库存等）需要保持准确和及时更新。运维人员可以通过数据校验工具和流程来检查数据质量，如对数据库中的数据进行完整性约束检查，发现不符合规则的数据要及时进行处理。

7.2.4　网络维护范畴

网络安全维护：包括设置防火墙规则，防止外部网络的非法入侵。例如，只允许特定的 IP 地址段访问企业内部的关键服务器。同时，要部署入侵检测系统（IDS）或者入侵防御系统（IPS），对网络中的异常行为进行监测和拦截。例如，当检测到有大量来自某个 IP 地址的异常访问请求（如端口扫描）时，要及时进行报警并采取相应的防护措施。

网络性能维护：要保证网络的带宽能够满足业务需求。例如，在一个视频制作公司，当员工需要频繁上传和下载大型视频文件时，运维人员需要根据业务需求合理分配网络带宽，或者进行网络升级，以避免网络拥塞，提高网络的传输效率。

7.2.5 监控与管理环节

性能监控：通过各种监控工具，对信息化系统的性能指标进行实时监测。例如，对于服务器，监控其 CPU 使用率、内存使用率、磁盘 I/O 等指标；对于网络，监控带宽使用率、网络延迟等。当这些指标出现异常时，能够及时发现并采取措施。

故障管理：当信息化系统出现故障时，运维人员要及时进行故障定位、排除。例如，当用户反馈无法访问某个应用程序时，运维人员要通过系统日志、网络诊断工具等手段，快速确定是服务器故障、网络故障，还是应用程序本身的问题，然后采取相应的解决措施。同时，还要对故障进行记录和分析，总结经验教训，以防止类似故障的再次发生。

参考文献

[1] 刘明亮，宋跃武. 信息系统项目管理师教程 [M]. 北京：清华大学出版社，2023.

[2] 柳纯录. 系统集成项目管理工程师教程 [M]. 北京：清华大学出版社，2012.

[3] 美国项目管理协会（PMI）. 项目管理知识体系指南. 北京：机械工业出版社，2018.

[4] 周琦玮，刘鑫，李东红. 企业数字化转型的多重作用与开放性研究框架 [J]. 西安交通大学学报（社会科学版），2022，42（03）：102-111. 2022.

[5] 史宇鹏，王阳，张文韬. 我国企业数字化转型：现状、问题与展望 [J]. 经济学家，2021（12）：82-91. 2021.